당신 안에
이미 답은 있습니다.
이 책이 그 답을
발견하는 거울이 되길...

ORIGINAL CODE
오리지널 코드

오리지널 코드

ORIGINAL CODE

**상위 1%의 비밀,
결국 나를 사게 만드는 절대 공식**

오은환 지음

북파머스

당신이
부족하다고 느끼는
바로 그것

10년 전, 한 어른이 저에게 이렇게 말씀하셨습니다.

"고등학교 졸업하고 대학, 대학원 거쳐 엄마가 된 평범한 여자가 영향력 있는 인물이 되긴 어렵지. 사람들의 마음을 움직일 만한 서사가 없으니까."

그 말은 제게 날카로운 상처였습니다. '나는 안 되는 사람인가'라는 생각이 들 만큼요.

블로그가 한참 사랑받던 시기에, 가족들조차 제게 말했습니다.

"신기루 같은 현상이야. 헛된 일 그만두고 하던 일 열심히 해."

당시 저는 고려대학교 경영대학에서 마케팅 박사과정을 밟고 있었습니다. 강의실에서는 정교한 마케팅 이론을 파고들었지만, 정작 제 블로그를 채운 것은 지극히 사적인 다이어트 기록들이었습니다.

17년 동안 반복된 다이어트 실패, 그 긴 무력감을 뚫고 60kg에서 45kg에 이르기까지의 변화를 꾹꾹 눌러쓴 일기.

그것이 제 첫 콘텐츠의 전부였습니다. 그곳엔 박사 과정생의 화려한 통찰도, 사람들의 마음을 뺏을 만한 거창한 서사도 없었습니다. 오직 한 사람의 정직한 고군분투만이 있었을 뿐입니다.

그런데 이상한 일이 벌어졌습니다. **사람들이 모이기 시작했습니다.**

"저도 딱 그 상황이에요.", "저도 도움 받을 수 있을까요?"

제 실패 기록을 읽고 자신의 현재와 너무 닮았다며 손을 잡고 우는 분들을 만났습니다. 애프터After를 만든 후에는 감사 편지와 선물을 들고 찾아오시는 분들도 많아졌습니다. 개인적인 다이어트 기록이 누군가의 선택을 바꾸고, 그 변화가 기업의 실제 비즈니스에 영향을 미치는 과정은 제게도 큰 충격이었습니다.

그 이후로 저는 여러 번 방향을 바꾸었습니다. 다이어트에서 뷰티로, 커머스로, 다시 콘텐츠 교육과 AI 유튜브로. 겉으로 보면 카테고리는 계속 달라졌지만, 사람들은 저를 떠나지 않았습니다. 분야가 바뀌고 플랫폼이 달라져도 시간이 지나면 결국 저와 함께해 주시는 소중한 분들이 있었습니다. **그들은 제 '정보'를 소비하는 게 아니라, 저라는 '사람'과 연결되어 있었던 것입니다.** 그 단단한 신뢰를 바탕으로 제 앞에는 늘 새로운 기회들이 열렸습니다. 그 과정에서 저는 한 가지를 분명히 목격했습니다.

결국 사람들은 정보보다 사람을 기억한다는 사실을요.

2년 전, 저는 남편의 주재원 발령으로 싱가포르에 오게 되었습니다. 동반 비자Dependant's Pass를 받아 입국했습니다. 그런데 이곳에 와서 이런 생각이 들었습니다.

'내가 하는 일은 장소를 타지 않아. 콘텐츠는 국경을 타지 않아.'

그래서 싱가포르에서 법인을 설립했습니다. 그리고 까다롭고 엄격하기로 알려진 싱가포르 취업비자EP, Employment Pass를 신청했습니다. 회사의 성장 가능성, 경제 기여도까지 검토하는 심사였는데, 생각보다 빠르게 승인되었습니다.

그날 저는 한참을 가만히 앉아 있었습니다. 정확히 11년 전, "신기루니까 그만둬"라는 말을 들었던 장면이 떠올랐습니다. 박사과정을 하면서 '내가 누군가를 가르칠 수 있을까?' 하고 스스로를 의심하던 날들도 함께 떠올랐습니다.

그저 블로그에 일기를 쓰던 사람이, 이제는 한 나라의 정부로부터 "이 비즈니스는 확장 가능성이 있다"라는 평가를 받았습니다. 그 순간 이상하게도 기쁨보다는 고요함이 먼저 밀려왔습니다.

'아, 이게 신기루가 아니었구나.'

돌아보니 저를 여기까지 데려온 것은 화려한 자격증이 아니었습니다. 학위로 지식을 쌓았지만, 사람들이 저를 선택한 건 제가 아는 것 때문이 아니었습니다. 그걸 상대의 언어로 건넬 수 있었기 때문입니다.

처음부터 끝까지 중심에 있었던 건 단 하나였습니다.
콘텐츠.
그리고 그 안에 담긴 사람에 대한 진심.

이 책은 당신을 위해 준비되었습니다.
콘텐츠를 만들고, 사람을 모으고, 신뢰를 쌓아 비즈니스를 만들어가는 길 위에서 흔들릴 때마다 다시 펼쳐볼 수 있는 단 한 권의 책. 저는 그런 책을 쓰고 싶었습니다.

11년 넘게 현장에서 검증한 것들 중에 진짜 작동하는 것만 추리고, 또 추렸습니다. 오래전에도, 지금도, 그리고 AI가 세상을 뒤집어 놓을 앞으로도 똑같이 작동하는 원리들. **수십 권을 읽지 않아도 이 한 권 안에서 길이 보이는 책.**

누구보다 제 자신이 그런 책의 수혜자가 되고 싶었고, 그 절실함으로 한 줄 한 줄을 적었습니다.

한 가지, 약속을 드립니다.

세상은 빠르게 변합니다. AI 시대, 어제까지 맞았던 것이 오늘부터 달라지는 일이 비일비재합니다. 본질을 다루는 이 책에 오늘만 작동할 기술을 담지 않으려고 노력했습니다. 대신, 이 책 곳곳에 17개의 QR 코드를 심어두었습니다.

본질은 책이 붙잡아 줍니다.
변화는 QR이 따라잡습니다.

QR 속 내용은 제가 직접 업데이트합니다. 이 책은 계속 살아 움직일 것입니다. 혼란스러울 때 다시 펼쳐 보세요. 이 책이 중심을 잡아줄 것입니다.

지금 이 책을 펼친 당신은 어쩌면 이렇게 생각하고 있을지도 모릅니다.

"저는 특별한 게 없어서요."

"뭘 해야 할지 모르겠어요."

"열심히는 하는데, 왜 안 되는지 모르겠어요."

저도 그 자리에 있었습니다. 특별한 서사가 없다는 말에 움츠러들었고, 신기루라는 말에 흔들렸고, 자격이 없다고 스스로를 검열했습니다. 그런데 그 모든 부족함이, 결국 제 가장 강력한 자산이 되었습니다.

17년간의 다이어트 실패가, 수만 명을 불러 모은 첫 콘텐츠가 되었습니다. 박사과정인 상태에서 시작한 강의가, 5년 만에 수천 명의 삶을 바꿨습니다. AI 전문가가 아닌 문과생이 시작한 유튜브가, 글로벌 AI 기업들의 앰배서더 제안으로 이어졌습니다.

당신이 부족하다고 느끼는 바로 그것이, 이 시대에 가장 강력한 무기입니다.

이 책을 끝까지 읽고 나면 알게 될 겁니다.

모든 사람에게는 자신만의 고유한 코드가 있다는 것을. 경험, 감정, 관점이 켜켜이 쌓여 만들어진, 누구도 복제할 수 없는 원본 설계도.

그것을 저는 오리지널 코드라고 부릅니다.

결국 사람들은 콘텐츠를 사는 것이 아니라, 그 콘텐츠를 만든 당신을 선택합니다.

지금은 이 문장이 낯설게 들릴 수 있습니다. 하지만 이 책의 원리대로 콘텐츠를 만들어 가다 보면, 어느 날 이 문장이 당신의 현실이 되어 있을 것입니다.

이제 시작해 보겠습니다.

 본질은 이 책 안에 있고, 변화는 디지털로 이어집니다.

차
례

6부
AI 시대, 오리지널리티로 살아남는 콘텐츠 설계법

에필로그

1

부

본질

**사람들은 상품이 아니라
사람을 산다**

ORIGINAL
CODE

당신이
발견하지 못한
당신의 무기

01

평범함 속에
숨겨진 의외의 무기

새롭게 콘텐츠를 시작하려는 분들을 만나면, 거의 약속이라도 한 듯 같은 말부터 하십니다.

"콘텐츠요? 잘하는 사람이 너무 많아요…"

"저는 남들에게 내세울 만한 특별한 재능이 없어서 망설여져요."

매일 아침 SNS를 열면 화려한 일상, 압도적인 전문성, 세련된 영상미로 무장한 크리에이터들의 콘텐츠가 쏟아집니다. 그 거대한 파도 앞에 서면 우리는 한없이 작아집니다. 그리고 이런 생각이 절로 듭니다.

"나같이 평범한 사람이 만든 콘텐츠에 누가 관심을 가질까?"

"내가 올리는 건 다 비슷비슷한데… 차별화가 가능해?"

"조회수 터진 계정만 보면, 괜히 내가 초라해져."

이 감정은 너무 자연스러운 반응입니다. 문제는 이 감정이 커지는 순간, 사람들은 '시작'이 아니라 '포기'를 선택한다는 데 있습니다. 그런데 마케팅과 소비자 심리를 연구해 온 전문가로서, 그리고 수만 명의 성장을 현장에서 지켜본 콘텐츠 전략가로서 제가 발견한 결론은 정반대였습니다.

당신이 약점이라고 생각한 그 '평범함'이, 앞으로의 콘텐츠 시장에서 가장 강력한 승부수가 됩니다.

모든 사람에게는 자신만의 고유한 코드가 있습니다. 경험, 감정, 관점이 켜켜이 쌓여 만들어진, 누구도 복제할 수 없는 원본 설계도. 문제는 대부분의 사람이 그 코드의 존재를 모른 채 살아간다는 것입니다. 지금 당신이 느끼는 그 평범함 안에, 바로 그 코드가 숨어 있습니다. 당신이 별거 아니라고 넘겼던 일상, 감정, 경험, 관점. 그것이야말로 **복제 불가능한 차별점**이 됩니다.

그리고 이건 단순한 격려가 아닙니다. 저는 4년이 넘는 시간 동안 2만 5천 명 이상의 수강생 데이터를 분석하고, 수천 건의 성공 사례를 추적하며 '전환이 터지는 지점'을 집요하게 좇았습니다. 그 과정에서 오히려 더 선명해진 사실이 있습니다.

시장에서 대체 불가능한 위치에 올라 안정적으로 수익을 내는 크리에이터들은, 대부분 '특출난 사람'이 아니었습니다. 화려한 스펙이나 압도적인 기술을 가진 사람이 아니라, 자기 안의 작고 평범한 무언가를 '콘텐츠로 번역'해 낸 사람들이었습니다.

사람들이 상품 대신 선택하는 것

저는 늘 같은 질문 앞에 서 있었습니다.

"어떻게 하면 콘텐츠를 강력한 자산으로 바꿔 수익의 흐름을 만들고, 지속 가능한 비즈니스를 구축할 수 있을까요?"

수강생들과 매일 머리를 맞대고 고민하며, 저는 한 가지 변화를 반복해서 보았습니다. 처음에는 모두 이렇게 시작합니다.

"좋은 정보 올렸는데 반응이 없어요."

"열심히 찍었는데 조회수가 안 나와요."

"전문성은 있는데 왜 매출로 이어지지 않죠?"

그리고 대부분의 콘텐츠가 이 프레임에 갇혀 있습니다.

'결과물'만 보여주는 콘텐츠

- 제품 사진
- 완성된 결과
- "이게 좋다"는 설명

하지만 성과로 이어진 사람들의 콘텐츠는 달랐습니다.

'사람의 시간과 삶'이 보이는 콘텐츠

- 만들기까지의 과정
- 선택하는 기준
- 관계와 감정
- 왜 이 일을 하는지

이 차이가 결과를 갈랐습니다. 댓글이 달라지고, 질문이 달라지고, 구매가 시작됩니다. 사람들이 반응한 건 상품이 아니었습니다. 그 사람 자체였습니다.

당신만의
진짜 차별점

이 원리를 가장 선명하게 증명해 준 분이 있습니다. 세종시에서 5년 동안 묵묵히 반찬 가게 S 상회를 운영해 온 K 대표님입니다.

K 대표님은 누구보다 성실하게 콘텐츠를 올리고 있었습니다. 매일 새벽 좋은 재료를 고르고, 정성껏 반찬을 만들고, 결과물을 사진과 글로 정리해 SNS에 꾸준히 올렸습니다. 그런데 반응은 뜨뜻미지근했습니다. 열심히 할수록 "내가 뭘 잘못하고 있는 걸까?"라는 의문만 깊어졌습니다.

여기 중요한 포인트가 있습니다. K 대표님의 문제는 실력이 부족한 것이 아니었습니다. '자신의 가장 강력한 무기'를 콘텐츠로 번역하는 법을 아직 발견하지 못했을 뿐이었습니다. K 대표님과 만나 함께 일상을 들여다보던 어느 날, 우리는 아주 결정적인 사실 하나를 발견했습니다. 그녀의 콘텐츠에 '반찬'은 있었지만, 그 반찬에 깃든 '시간과 서사'가 통째로 빠져 있다는 점이었습니다.

S 상회의 반찬 뒤에는 K 대표님이 엄마와 함께 새벽 시장을 누비며 계절을 읽어내는 시선, 가족의 삶이 깃든 손맛, 모녀가 주방에서 주고받는 투박하지만 따뜻한 대화, 그 온기가 이미 가득 차 있었습니다. 반찬을 구매하는 핵심타깃이 그토록 갈구하던 '진짜 엄마의 맛'이라는 핵심 가치는, 이미 K 대표님의 삶 안에 있었습니다.

K 대표님은 이 발견을 기점으로 콘텐츠의 방향을 완전히 틀었습니다.

- 화려한 완성 샷 대신, 재료를 고르는 까다로운 기준을 담았습니다.
- 엄마와 북적북적 김장을 담그는 소란스러운 일상을 담았습니다.
- 주방에서 나누는 투박하지만 진심 어린 대화를 릴스로 옮겼습니다.

그리고 반응은 즉각적이었습니다.

"이건 단순한 반찬이 아니라 이야기네요."

"엄마와 함께 정성을 담는 모습에 믿음이 가요."

사람들은 더 이상 반찬 가격만 묻지 않았습니다. 대신 '철학'과 '기준'을 묻기 시작했습니다. 그 순간, 비즈니스의 흐름이 달라졌습니다. K 대표님은 더 이상 어떻게 팔지를 고민하지 않게 되었습니다. 대신 "어떻게 더 진심 어린 이야기를 나눌까"를 고민하게 되었습니다.

이 변화는 비싼 광고나 화려한 편집 기술이 만든 것이 아닙니다. '상품 설명'보다 먼저, 그 상품을 만드는 '사람의 시간과 삶을 보여주기 시작한 순간 시장의 선택이 달라진 것입니다.

오리지널 코드의 세 가지 발견 경로

자신만의 결을 발견해 성장한 크리에이터들은 각기 다른 방식으로 자신의 오리지널 코드를 읽어냈습니다. 핵심은 이겁니다. **오리지널 코드는 '만드는 것'이 아니라, '발견하는 것'에 가깝습니다.** 제가 수천 건의 사례를 분석하며 찾아낸 발견의 경로는 크게 세 가지입니다.

① 경험 코드: 당신이 지나온 시간이 남다른 시선을 만든다

동종 업계 경쟁자가 많아질수록 사람들은 이렇게 생각합니다.

"내가 하는 일은 남들과 다를 게 없는데, 어떻게 차별화하지?"

하지만 사람은 저마다 살아온 경험이 다르기 때문에 같은 직업을 가졌어도 관점과 말하는 방식이 달라질 수밖에 없습니다. 그 한 끗 차이를 콘텐츠로 옮기는 순간, 그것은 세상에 하나뿐인 재료가 됩니다.

바른 몸 사용법 지도자 P 대표님의 사례가 대표적입니다. 겉으로 보면 '요가·필라테스 강사'처럼 보이지만, 그녀의 콘텐츠에는 오직 그녀만이 들려줄 수 있는 이야기가 흐릅니다. 그녀에게는 부상으로 발레리나의 꿈을 포기해야 했던 과거가 있습니다. 그 경험은 고통이었지만, 강사로 전향한 뒤 그녀는 '왜 아팠는지'를 집요하게 파고들었고 그 깊은 이해가 결국 수강생들을 통증의 굴레에서 벗어나게 하는 방법론이 되었습니다.

그녀의 경험을 콘텐츠로 옮기자 변화가 시작됐습니다. 통증으로 고통받던 사람들이 희망을 보기 시작했고, 온라인에서 오프라인으로, 콘텐츠에서 커리어로 연결되기 시작했습니다.

여기서 중요한 건 하나입니다. **당신이 힘들게 통과한 경험은 누군가에게 가장 절실한 해결책이 됩니다.**

② 관점 코드: 당신이 믿는 기준이 사람들을 움직인다

제가 수강생들에게 자신만의 목소리를 찾게 하기 위해 던지는 질문이 있습니다. **"혹시 누군가 판을 깔아준다면, 밤새도록 멈추지 않고 이야기할 수 있는 주제가 있나요?"**

살림 인플루언서 S님은 이 질문을 통해 자신의 삶을 관통하는 키워드를 발견했습니다. 세 아이를 키우며 작은 집에서 북적이는 현실 속에서도, 그녀에게는 흔들리지 않는 믿음이 있었습니다.

"집이 어질러지는 건 한순간이지만, 나만의 법칙을 세우고 원칙에 따라 꾸준히 비움을 실행한다면, 치우는 일은 결코 부담이 되지 않는다."

이 확신은 단순한 생각이 아니라, 그녀가 살아내는 방식 그 자체였습니다. S님은 이 믿음을 콘텐츠로 풀어냈고, 채널은 단순한 살림 정보를 주는 채널이 아니라 '함께 삶을 바꾸는 무브먼트'가 되었습니다.

여기서 핵심은 이겁니다. **당신이 지켜온 기준은 누군가에게 '따라 하고 싶은 삶의 이정표'가 됩니다.**

③ 취약함 코드: 나의 한계를 드러내는 용기가 진정성이 된다

완벽함은 경탄을 부르지만, 취약함을 드러내는 용기는 깊은 공감을 이끕니다.

사실 저의 인플루언서로서의 삶도 이 지점에서 시작되었습니다. 저는 17년 동안 다이어트에 실패해 온 사람이었습니다. 단 한 번도 날씬하다는 말을 들어본 적이 없었습니다. 특히 아이를 낳고 체중이 60kg까지 불어난 다음에 예전으로 돌아가지 못하는 제 모습은, 저를 더 무겁게 짓눌렀습니다.

그 억눌린 마음을 담아 꾹꾹 눌러쓴 다이어트 일기는 제 첫 SNS 콘텐츠가 되었습니다. 15kg을 감량하며 45kg에 도달하는 여정을 진솔하게 기록하자 놀랍게도 그 경험담이 수많은 사람을 제 곁으로 불러 모으는 자석이 되어주었습니다.

"저도 딱 그 상황이에요."

"저도 도움받을 수 있을까요?"

그리고 10년 전, 한 어른이 저에게 던진 말이 아직도 생생합니다.

"고등학교 졸업하고 대학, 대학원 거쳐 엄마가 된 평범한 여자가 영향력 있는 인물이 되긴 어렵지. 사람들의 마음을 움직일 만한 서사가 없으니까."

그 말은 당시 제게 상처였습니다. '나는 안 되는 사람인가'라는 생각이 들 만큼요. 하지만 시간이 지나 저는 깨달았습니다. 그 말이 틀렸다는 것을, '별거 아닌 것 같았던 나의 실패와 회복 기록'이 결국 특별한 서사임을 증명해 냈다는 것을요.

거대한 사건만 콘텐츠가 되는 것이 아닙니다. 자신이 한계라고 느꼈던 것, 숨기고 싶었던 결핍, 약점이 누군가에게 빛이 되는 씨앗이 될 수 있습니다.

당신의 오리지널 코드를 발견하는 방법

자신만의 결을 발견한 사람들에게는 공통점이 있습니다. 스스로를 '잘 팔리는 상품'처럼 포장하기보다, 자신이 살아온 삶의 조각을 정직하게 관찰했다는 점입니다. 당신의 오리지널 코드는 밖이 아니라 안에 있습니다. 만드는 것이 아니라 발견하는 것입니다.

그리고 가장 확실한 힌트는 의외로 가까운 곳에 있습니다. **바로, 다른 사람들이 당신에게 자주 묻는 질문 속에 숨어 있습니다.**

"그걸 어떻게 그렇게 쉽게 설명해요?"

"왜 그런 생각을 하게 됐어요?"

"그걸 어떻게 버텼어요?"

당신이 '당연하게' 여겼던 그 지점이, 누군가에겐 가장 신기한 지점일 수 있습니다.

결이 비즈니스가 되는 순간

S 상회 K 대표님은 지금도 새벽 시장을 누빕니다. P 대표님은 여전히 수강생 한 명 한 명의 통증을 살핍니다. S님은 오늘도 아이들과 함께 집을 정리합니다.

달라진 건 하나입니다. 이제 그들은 '상품을 파는 사람'이 아닙니다. 그들이 믿는 가치를 살아내고, 그 여정을 함께 나누는 사람입니다.

사람들은 반찬이 아니라 모녀의 시간을 삽니다. 요가 수업이 아니라 통증에서 벗어나는 희망을 삽니다. 정리 노하우가 아니라 단정한 집이 주는 행복을 삽니다.

결국, 잘 만든 콘텐츠는 기술이 아니라 사람이 만듭니다. 당신만이 말할 수 있는 경험, 당신만의 방식으로 바라본 세계, 당신만이 느낀 감정. 이 모든 것이 모여, 누구도 복제할 수 없는 단 하나의 콘텐츠가 됩니다.

그리고 그것이 사람들이 결국 '당신'을 사게 되는 이유입니다.

나의 오리지널 코드
발굴하기

이 글을 읽은 오늘, 당신이 당장 할 수 있는 아주 작은 시작이 있습니다. 정답을 찾는 게 아니라, 적기 시작하는 것입니다.

종이 한 장을 꺼내 아래를 그대로 따라 적어보세요(막막하면 예시 중에서 먼저 떠오르는 걸 고르셔도 됩니다).

① 경험 코드

"내가 힘들게 이겨낸 일 중에, 지금 생각해도 '그때 그걸 어떻게 해냈지?' 싶은 순간이 있나요?"

예시 힌트　실패했지만 다시 일어난 경험

　　　　　　관계에서 크게 배운 사건

포기 직전까지 갔던 시기

남들이 모르는 고생·훈련·반복

② 관점 코드

"주변 사람들이 '넌 왜 그런 걸 신경 써?'라고 할 때, 나는 '이게 중요한데'라고 생각했던 것이 있나요?"

예시 힌트

돈보다 중요하다고 믿는 가치

남들은 대충 넘기는 기준

불편함을 못 참고 개선해 온 습관

나만 예민하게 보는 문제

③ 반응 코드

"다른 사람들이 내게 유독 자주 물어보거나 부탁하는 것이 있나요?"

예시 힌트

설명을 잘한다고 듣는 분야

정리를 부탁받는 일

조언을 구해오는 주제

같이 해 달라고 부탁하는 작업

이 세 가지 답변이 만나는 지점에, 당신의 '오리지널 코드'가 있습니다. 지금 당장 완벽한 답이 없어도 괜찮습니다. 이 질문을 품고 다음 챕터로 넘어가세요. 책을 읽는 동안, 당신의 답은 점점 선명해질 테니까요.

당신의 오리지널 코드를 발견하는 순간, 더 이상 경쟁은 무의미해집니다. 그 코드로 작동하는 사람은 이 세상에 당신뿐이기 때문입니다. 그리고 이것이 가장 중요한 이유입니다. **당신의 이야기는 고갈되지 않습니다.** 트렌드가 바뀌고 알고리즘이 변해도, 당신이 살아온 삶과 매일 쌓이는 경험은 계속해서 새로운 콘텐츠의 원천이 됩니다.

이것이 지속 가능한 콘텐츠 비즈니스의 비밀입니다.

 실제로 오리지널 코드를 찾은 사람들, 여기 있습니다.

알고리즘을
압도하는
감정선의 힘

02

사람들이 콘텐츠에
반응하는 이유

열심히 해봤습니다. 사진을 더 잘 찍어 봤습니다. 글을 더 다 듬어 봤습니다. 다섯 시간, 여 섯 시간을 공들여 하나의 콘텐츠를 완성했습니다. 그런데 반응 이 기대만큼 오지 않습니다. 공을 들인 만큼 기대했고, 기대한 만큼 좌절감도 컸습니다. '내가 뭘 잘못하고 있는 걸까?'라는 질문이 머릿속을 맴돕니다.

이때 대부분의 사람들이 내리는 결론은 비슷합니다. "더 좋 은 정보를 담아야 한다. 더 완성도 있게, 더 정성껏." 그래서 또 시간을 들입니다. 그런데 이상하게도, 열심히 할수록 오히려 더 막막해지는 느낌이 드는 건 왜일까요.

저는 11년 넘게 콘텐츠를 운영하고, 수만 명의 크리에이터를 현장에서 지켜보며 그 이유를 반복해서 확인했습니다. 정성이 부족한 것이 문제가 아니었습니다. 완성도가 낮아서도 아니었습니다. **사람들이 콘텐츠에 반응하는 진짜 이유를 모르고 있었던 겁니다.** 그 이유를 찾다 보면 결국 한 곳에 닿게 됩니다. 바로 **알고리즘**입니다.

소셜 미디어마다 하루에도 수만 개의 콘텐츠가 쏟아집니다. 그 안에서 우리는 마치 거대한 파도 위에 선 서퍼처럼, 끊임없이 출렁이는 추천 알고리즘이라는 흐름에 몸을 맡기고 있습니다. 한번 생각해 보세요. 충격적인 교통사고 소식을 접했습니다. 놀라서 관련 영상 몇 개를 봤습니다. 잠깐 자리를 비웠다가 다시 유튜브를 열었을 때, 어떤 콘텐츠가 여러분을 맞이하던가요? 아마 그 사고와 비슷한 영상들이 줄지어 기다리고 있었을 겁니다.

교통사고만이 아닙니다. 눈이 조금 오래 머문 사진, 조금 더 오래 읽은 기사, 끝까지 본 영상. 플랫폼은 이 모든 순간을 기억합니다. "내 유튜브 추천 알고리즘을 다른 사람에게 보여주기 싫다"라는 말이 괜히 나오는 게 아닙니다.

우리는 이미 알고리즘 안에서 콘텐츠를 소비하며 살고 있습니다. 그리고 콘텐츠를 만들기 시작하는 순간, 이 알고리즘을 내 편으로 만들어야 한다는 걸 본능적으로 느끼게 됩니다. '알고리즘을 잘 타야 한다던데, 그걸 가르치는 강의도 있다던데' 하며 공부를 시작합니다.

그런데 알고리즘을 파고들수록 점점 더 복잡하게 느껴집니다. 플랫폼마다 다르고, 어제 통했던 방식이 오늘은 안 통한다고 합니다. "뭔가 듣기만 해도 너무 어렵고 복잡하다"라는 말이 절로 나옵니다.

특히 최근 유튜브를 비롯한 주요 플랫폼의 알고리즘이 '팔로워 기반 노출'에서 '관심사 기반 도달'로 바뀐 것은 주목할 만합니다. 예전에는 내 콘텐츠가 주로 구독자에게만 닿았다면, 이제는 구독자가 아니어도 관심사가 맞는 사람이라면 누구에게나 노출될 수 있는 구조가 된 겁니다. 이건 사실 콘텐츠를 이제 막 시작하는 사람들에게는 엄청난 기회입니다. 구독자 수와 관계없이, 시작하자마자 많은 사람에게 자신의 콘텐츠를 보여줄 수 있는 문이 열렸으니까요.

하지만 동시에 이런 질문도 생깁니다. "그럼 도대체 어떤 콘텐츠를 만들어야 알고리즘을 탈 수 있는 거지?" 바로 이 질문 앞에서 많은 사람들이 막힙니다. 그리고 저는 이 지점에서 11년간 같은 답을 반복해서 확인했습니다. 알고리즘이 실제로 측정하는 건 체류 시간, 영상 완주율, 좋아요, 댓글, 공유입니다. 이 수치들은 모두 한 가지를 가리킵니다.

사람의 감정 반응입니다.

알고리즘은 기술입니다. 하지만 그 기술이 측정하는 건 결국 사람의 마음이 얼마나 움직였는가입니다. **사람은 정보보다 감정에 훨씬 강하게 반응하도록 설계되어 있습니다.**

그런데 여기서 이런 의문이 생길 수 있습니다. "알고리즘 이야기를 하다가 감정 이야기가 왜 나오죠? 알고리즘은 기술적으로 접근해야 하는 것 아닌가요?" 맞습니다. 알고리즘은 기술입니다. 하지만 그 기술이 실제로 측정하는 것은 다음과 같습니다.

- 이 영상에 도달한 사람이 얼마나 오래 봤나요? 끝까지 봤나요?
- 지나치지 않고 좋아요를 눌렀나요? 댓글을 남겼나요?
- 누군가 떠오르는 사람에게 공유했나요? 또 보고 싶어서 저장을 했나요?

플랫폼은 이 질문들에 대한 답을 정확하게 측정하고 분석합니다. 이를 숫자로 보면 철저히 기술적인 이야기처럼 느껴지죠. 그런데 한 번만 가만히 생각해 보세요.

이 지표들은 전부 하나에서 비롯됩니다. 마음이 움직였을 때만 우리는 멈춰서 한참을 봅니다. 마음이 움직여야 좋아요를 누릅니다. 좋아하는 사람에게 보여 주고 싶다는 마음이 들 때만 공유 버튼을 찾습니다. 다시 보고 싶을 때만 굳이 저장하고, 구독까지 합니다. **즉, 알고리즘은 그 마음의 흔적을 숫자로 읽는 겁니다.**

그렇다면 왜 감정은 이토록 강력할까요? 잠시 우리 마음속에 '**가슴**'과 '**머리**'라는 두 명의 의사결정권자가 있다고 상상해 보세요. 가슴(감정)은 매우 빠르고 직관적입니다. 무언가를 보자마자 "와, 좋다!", "왠지 끌려!" 하고 즉각 반응합니다. 반면 머리(이성)는 느리고 분석적입니다. "이게 정말 합리적인 선택일까?", "논리적으로 따져 보자"라며 신중하게 접근하죠.

여러분은 주로 누가 이긴다고 생각하시나요?

노벨경제학상 수상자인 대니얼 카너먼 박사는 놀랍게도 우리 결정의 대부분을 가슴이 내린다고 말합니다. 머리는 가슴이 이미 내린 결정을 뒤따라가며 "그래, 이건 이래서 좋은 선택이었어"라고 합리화하는 역할을 할 뿐이라는 겁니다. 우리가 짧게 스쳐 지나가는 광고 하나에 마음이 흔들리고, 단 한 줄의 이야기에 지갑을 여는 이유가 바로 이 때문입니다. 머리가 분석하기 전에, 가슴이 먼저 반응해 버린 것이죠.

콘텐츠도 마찬가지입니다. 매일 수천 개의 콘텐츠를 마주하는 우리는 모든 정보를 기억할 수 없습니다. 하지만 어떤 영상을 보다가 눈물이 고였다면, 어떤 문장을 읽다가 '내 이야기 같다'라는 울림을 받았다면, 우리는 그것을 기억하고, 다시 찾고, 누군가에게 추천하게 됩니다. 알고리즘은 수치로 움직입니다. 하지만 그 수치를 움직이는 원동력은 언제나 감정입니다.

결국 콘텐츠의 성패를 가르는 핵심은 '감정 연결'입니다.

앞서 살펴본 것처럼 알고리즘은 감정의 흔적을 지표로 삼아 콘텐츠의 가치를 판단합니다. 결국 감정 연결은 기술을 넘어, 콘텐츠가 사랑받고 확산되는 핵심 조건이 됩니다.

이 감정 연결은 공감, 관련성, 신뢰라는 세 가지 축으로 구성됩니다. 이 세 축은 각자 독립된 요소가 아니라, 콘텐츠를 매력적으로 만드는 감정의 구조이자 전략입니다. 그리고 이 세 가지는 바로 앞에서 발견한 당신만의 경험, 관점, 솔직함으로 만들어집니다.

우리가 이 세 가지를 의식적으로 설계하고 전달할 수 있다면, 단지 도달률을 높이는 수준을 넘어 사람들이 기억하고 다시 찾는 콘텐츠를 만들 수 있게 됩니다. 지금부터는 이 세 가지를 어떻게 구성하고 만들어가야 할지 알려드리겠습니다.

① 공감Empathy : "나도 그런데!"

공감은 감정적 연결의 가장 강력한 출발점입니다. 누군가의 이야기를 듣는 순간, "나도 그래"라는 감정이 들면 우리는 그 사람에게 마음을 열게 됩니다. 공감은 정보를 이해해서 생기는 것이 아니라, 감정을 공유하면서 생깁니다. 콘텐츠 안에 담긴 한 사람의 기쁨이나 고민, 혹은 낯선 선택에 담긴 감정이 나의 감정과 연결될 때, 우리는 콘텐츠와 정서적으로 이어지게 됩니다.

이 원리를 선명하게 보여준 사례가 있습니다. 오콘목달에서 함께 공부하며 계정을 개설한, 한 의류 사업가의 이야기입니다. 그녀는 처음에 스튜디오를 빌려 조명을 세팅하고, 옷이 가장 잘 보이는 각도로 촬영했습니다. 전문적이었고, 깔끔하게 정돈된 느낌이었습니다. 그런데 시장의 반응을 끌어내는 건 쉽지 않았습니다. 그녀가 방향을 바꿔 콘텐츠에 새로 더한 것은 바로 감정 연결이었습니다. 그녀는 콘텐츠에 자신의 삶을 담았습니다.

"2015년 vs 2025년, 내가 실제로 입은 옷."

20대의 나와 결혼하고 아이를 낳은 지금의 나. 달라진 취향, 달라진 코디 기준. 그녀는 꾸밈없는 모습을 솔직하게 보여줬습니다.

반응은 폭발적이었습니다. 영상들은 수백만 조회수를 기록했고, 댓글마다 "추억 여행 함께 했네요", "와, 나도 그런데! 진짜 공감!!" 같은 반응이 쏟아졌습니다. 옷이나 소품의 정보를 묻는 다이렉트메시지DM도, 자신의 이야기를 꺼내는 댓글도 함께 늘었습니다. 지금 그녀의 인스타그램 팔로워는 18만 명입니다.

달라진 건 촬영 장비도, 편집 기술도 아니었습니다. 완성된 옷을 진열하는 대신, 그 옷을 입고 살아온 삶의 시간을 보여주기 시작한 것. 그것이 사람들의 마음을 움직였습니다. 공감은 단순한 호감 그 이상을 만듭니다.

사람들은 상품이나 정보를 소비하는 것이 아니라, 자신의 삶과 연결되는 구석이 있다고 느껴지는 사람, 자신을 이해해주는 사람의 이야기에 반응합니다. 콘텐츠는 그때부터 단순한 노출을 넘어 정서적 관계로 이어집니다. 그 출발점은 언제나 당신이 살아온 일상과 감정, 즉 당신만이 가진 이야기입니다.

② 관련성Relevance: "이 이야기가 내 삶과 맞닿아 있네."

공감이 감정의 동기화라면, 관련성은 시청자가 품은 '지금 이 콘텐츠가 내 삶에 왜 중요한가'라는 의문에 대한 대답입니다. 사람들은 단지 재미있거나 유익하다는 이유만으로 콘텐츠에 머무르지 않습니다. 그 콘텐츠가 지금 내 삶과 연결되어 있는가를 직관적으로 판단합니다. 지금의 내 고민과 연결되고, 내가 처한 상황과 공명할 때, 콘텐츠는 강력한 몰입을 만들어냅니다. 말하자면, '정보'가 아니라 '의미'가 콘텐츠 소비를 결정하는 셈입니다.

저 역시 유튜브를 운영하면서 이 관련성이라는 요소에 집중했습니다. 숏폼의 전성기 속에서도 저는 매월 2~4편의 10분 이상 롱폼을 올리는 방식을 고수했습니다. 업로드 주기는 들쭉날쭉했고, 알고리즘이 선호한다고 알려진 패턴과도 다소 거리가 있었습니다. 유튜브 기획팀과의 회의에서 제가 항상 던졌던 질문은 이것이었습니다.

"이 콘텐츠가 시청자의 삶에 어떤 의미, 어떤 관련성을 줄 수 있을까?"

예를 들어 "설마 아직도 파워포인트로 PPT 만드시나요?"라는 영상은 단순한 AI 툴을 소개하는 내용이 아니었습니다. 매일 야근하며 PPT와 씨름하는 직장인의 고민을 정면으로 건드린 콘텐츠였습니다. "직장인이라면 무조건 이 AI 앱 쓰세요"라는 제목으로 올린 영상도 마찬가지입니다. 이 영상은 수많은 직장인의 '나는 열심히 하는데 왜 뒤처지는 것 같지?'라는 불안감과 맞닿아 있었습니다.

알고리즘 패턴을 의식하기보다 시청자의 삶과의 접점을 먼저 물었고, 그 방향이 깊은 연결을 만들었습니다. 제 유튜브 채널(오은환의 하이라이트)은 이 두 영상을 업로드한 이후 9개월 만에 구독자가 10만 명 이상 늘어 약 15만 구독자를 가진 채널로 성장했고, 주요 영상들은 30만~67만 조회수를 기록했습니다. 이처럼 관련성이 높은 콘텐츠는 알고리즘을 통해 더욱 확산되고, 나아가 사람들과 깊은 정서적 연결을 만들어냅니다.

③ 신뢰Trust: "이 사람은 진짜구나!"

신뢰는 감정 연결의 정착점입니다. 콘텐츠를 통해 한 번 연결된 감정이 지속되기 위해서는 신뢰라는 감정적 토대가 필요합니다. 신뢰는 단순히 '정직해 보인다'라는 느낌을 넘어서는 감정입니다. 반복되는 진정성 있는 표현, 삶의 맥락 속에서 이어지는 일관된 가치관, 그리고 무엇보다 실패나 약점을 숨기지 않는 솔직함이 사람들에게 신뢰를 줍니다. 그래서 누군가에게 보여 주기에 부끄럽다고 느꼈던 바로 그 부분이, 콘텐츠에서는 가장 강력한 연결고리가 되기도 합니다.

충남 부여에서 버섯 농장을 운영하는 B 대표님의 실제 이야기입니다. 어느 날 상견례 선물로 참송이버섯을 주문한 고객이 있었습니다. 배우자에게 발송을 부탁했는데, 그날따라 바빴던 배우자분이 그만 그 버섯을 택배를 보내는 것을 잊고 말았습니다. 한 사람의 일생에 너무나도 중요한 날, 애써 준비한 선물이 빠지게 된 것입니다.

대표님은 이 일을 숨기지 않았습니다. 상황을 그대로 설명하고, 퀵으로 바로 보내겠다고 약속했습니다. 그리고 정성껏 포장한 버섯을 퀵으로 보내며 이렇게 말했습니다. "비용이 중요한 게 아닙니다. 저는 사람과의 신뢰가 중요하다고 생각해요. 저는 장사를 하는 데 있어 신용을 잃으면 전부를 잃는다고 생각하는 사람이에요."

버섯값보다 훨씬 비싼 운임을 감수하는 장면. B 대표님은 이걸 그대로 콘텐츠로 올렸습니다. 조회수는 빠르게 70만을 넘겼습니다. 사람들이 반응한 건 참송이버섯이 아니었습니다. 실수를 인정하고, 손해를 감수하며, 약속을 지키는 사람의 태도였습니다.

이후 한 고객이 다른 업체 버섯을 B 대표님의 상품으로 착각해 항의 전화를 했을 때도 마찬가지였습니다. 대표님은 화내지 않고 차분하게 오해를 풀었고, 그 고객은 결국 이런 리뷰를 남겼습니다. "B 대표님 농장의 버섯은 겉은 갈색이 돌지만, 속이 뽀얀 게 어찌나 신선한지. 역시 판매자 직송 제품이 믿을 만한 것 같아요. 별 다섯 개."

실패와 실수, 그리고 그것을 대하는 태도. 날것 그대로의 그 장면이 콘텐츠가 될 때, 신뢰는 저절로 생겨납니다. 오콘목달에서 함께 콘텐츠를 공부하며 이 모든 순간을 기록으로 남긴 대표님은 지금도 여전히 충남 부여의 농장에서 버섯을 정성스럽게 키우고 있습니다. 달라진 건 하나입니다. 이제 농장에서 일어난 일들이 고스란히 콘텐츠가 된다는 점입니다.

신뢰는 한 번의 멋있는 콘텐츠로 만들어지지 않습니다. 실수했을 때 어떻게 반응하는지, 손해 앞에서 어떤 선택을 하는지, 그 반복되는 서사가 서서히 쌓여 신뢰가 되고, 이 신뢰가 결국 팬과 고객을 넘어 '지지자'를 만들어 냅니다.

내 이야기와
보는 이의 감정 연결점 찾기

『하버드 비즈니스 리뷰』와 컨설팅 회사 맥킨지McKinsey의 연구에 따르면, 브랜드와 감정적으로 연결된 고객은 단순히 만족한 고객보다 52% 더 높은 경제적 가치를 창출합니다. 더 오래 머물고, 더 자주 구매하며, 더 강하게 지지합니다. 그리고 결국 이런 말을 하게 됩니다. "당신이 만든 것이라면 무조건 사요."

어떤 마케팅 예산으로도 구매할 수 없는 고객의 진심이 가득 담긴 말입니다. 결국 사람들은 정보를 사는 것이 아니라, 감정이 연결된 사람을 선택합니다.

알고리즘은 계속 변합니다. 하지만 당신의 진솔한 이야기와 그것이 만드는 감정적 연결은 쉽게 변하지 않습니다. 이것이 바로 당신의 콘텐츠와 브랜드를 지켜줄 가장 튼튼한 방패이자,

가장 강력한 무기입니다.

다음 세 가지 질문에 솔직하게 답해 보세요.

① 당신의 어떤 이야기가 "나도 그런데!"라는 공감을 일으킬까요?
② 당신의 어떤 관점이 "이건 내 삶과 맞닿아 있네!"라는 관련성을 느끼게 할까요?
③ 당신의 어떤 경험 공유가 "이 사람은 진짜구나!"라는 신뢰를 줄까요?

이 질문이 알고리즘을 넘어 사람들의 마음에 닿는 콘텐츠를 만드는 출발점입니다. 그리고 콘텐츠의 끝에 질문을 하나 남겨보세요. "저는 이런 경험을 했어요. 당신은 어떤가요?" 그 한 마디가 소비로 끝날 콘텐츠를 대화로 바꿉니다.

TIP 여기까지 읽었는데도 연결 전략이 막막하다면 AI에게 물어보세요. 당신의 분야, 오리지널 코드, 타깃 고객을 알려주고 "감정 연결 스토리텔링 아이디어를 세 가지 정도 제안해 줘"라고 시작하면 됩니다. 구체적인 프롬프트 활용법은 6부에서 다루겠습니다.

사람은
정보가 아니라
감정에 반응한다

03

감정 연결은 재능이 아니라 기술이다

감정적 연결의 중요성을 강의에서 이야기할 때면 거의 매번 받는 질문이 있습니다. "저는 감성적인 사람이 아닌데 어떻게 해야 하죠?" 강연장에서 이 말을 들으면, 저는 늘 같은 생각을 합니다. '이분은 지금 사람들이 늘 하는 그 오해를 하고 계시는구나.'

감정 연결을 이야기하면 많은 분이 이렇게 반응합니다. "그럼 힐링 콘텐츠를 만들라는 건가요? 감성 브이로그 본 적 있어요! 그렇게 감성적으로 연출하라는 뜻인가요?", "저는 원래 감성적인 사람이 아닌데요……", "전 평소에도 공감 능력이 부족한 편이라, 감정을 연결하라는 말이 너무 어렵게 느껴져요."

그런데 여기서 분명히 말씀드리고 싶은 게 있습니다. **감정 연결은 감성 콘텐츠를 만들라는 뜻이 아닙니다.** 보는 이를 눈물 흘리게 만드는 영상을 찍으라는 것도, 냉철하고 객관적인 사람에게 감정에 무조건적으로 공감을 하라는 것도 아닙니다. 극도로 이성적이라는 평가를 받는 사람들조차도, 좋아요를 누르고 댓글을 달고 공유하는 그 모든 행동의 이면에는 감정이 깔려 있습니다. 그것이 기쁨이든, 울컥함이든, 동지의식이든 간에요.

즉, 감정 연결이란 사람이라면 누구나 경험하는 자연스러운 반응을 설계하는 것을 의미합니다. 억지로 나에게 없는 어떤 것을 연기하라는 게 아닙니다. 감정 연결은 타고나는 게 아닙니다. 원리를 이해하고 표현을 연습하면, 누구나 익힐 수 있는 기술입니다.

이번 챕터에서는 앞에서 확인한 공감, 관련성, 신뢰를 실제로 어떻게 콘텐츠에 반영하는지, 그리고 많은 크리에이터가 이 과정에서 빠지기 쉬운 위험한 함정은 무엇인지 구체적으로 살펴보겠습니다.

감정 연결, 이렇게 하면 됩니다

감정 연결이 잘 되는 콘텐츠에는 공통된 패턴이 있습니다. 이 패턴은 화려한 편집도, 탁월하게 연출된 대본도, 전문적인 촬영 기법도 아닙니다. 감정을 설계하는 방식입니다. 아래 세 가지는 오콘목달 커뮤니티에서 크리에이터들이 실제로 사람들과 콘텐츠를 통해 감정 교감을 만들어가고 있는 구체적인 방법들입니다. 콘텐츠를 기획할 때 참고해 보세요.

① 출발점과 회복점을 함께 보여주세요

힘들었던 순간만 꺼내놓으면 공감은 되지만 연결이 약합니다. 거기서 어떻게 달라졌는지, 회복의 지점까지 함께 보여줄 때 콘텐츠는 정보가 아니라 희망이 됩니다.

오콘목달에서 함께 콘텐츠를 만들어가고 있는 한 육아 크리에이터의 릴스 사례입니다. 바디프로필 촬영 준비를 하며 운동하는 모습을 올렸을 때 이런 질문을 받았습니다. "아기가 어린데 어떻게 운동할 시간이 나요?" 그녀는 이렇게 답했습니다.

"맞아요. 아기의 루틴이 잡히지 않았을 때 엄마 혼자만의 시간은 아예 불가능한 사치처럼 느껴지죠. 저도 아기 낳고 2개월은 동굴 속에서 보낸 것처럼 시간이 어떻게 흘러가는지 모르고 지냈어요. 남편이 출근하고 나면 아침부터 저녁까지는 물론 새벽 수유까지 오로지 제 몫이었는데, 루틴 안 잡힌 아이와 하루 내내 씨름하니 정말 사는 게 아니었어요."

여기까지가 출발점입니다. 그런데 그녀는 거기서 멈추지 않았습니다. "그때 누군가 아기 하루를 정리하는 기준을 조금만 일찍 알려줬다면 덜 힘들지 않았을까. 그 마음으로 자료를 만들었어요." 그리고 그 시절의 메모와 기록을 꺼내 정리한 자료를 무료로 공유했습니다.

콘텐츠에는 7천5백 개가 넘는 댓글이 달렸습니다. 사람들이 반응한 건 단순한 운동 팁이 아니었습니다. '동굴 속의 시간'이라는 표현으로 자신의 감정을 발견했고, 그 감정을 겪어낸 사람이 내미는 손을 잡고 싶었던 겁니다. 출발점의 솔직함으로 회복점의 신뢰를 만들고, 그 신뢰로 "댓글에 '육퇴' 남겨주세요"라는 단 한 줄의 행동 유도를 강력하게 작동시켰습니다.

② 감정 단어를 구체화하세요

막연한 감정 표현은 막연한 공감을 만듭니다. 감정의 '결'을 정확한 단어로 붙이는 순간, 독자는 자신의 감정과 겹치는 지점을 발견합니다. 예를 들어, "힘들었습니다"와 "우리집이 창피했습니다"라는 말이 전달하는 무게는 다릅니다. 전자는 읽히고 지나가지만, 후자는 멈추게 만듭니다.

오콘목달에서 함께 성장하고 있는 살림 크리에이터 S님은 "우리집이 창피했어요"라는 단 한 줄의 카피로 시작하는 릴스로 155만 명을 만났습니다. 지금은 23만 팔로워를 가진 채널로 성장했습니다. "창피했어요"라는 선명한 감정 단어 하나가 뜨거운 반응과 몰입을 만들어 낸 것입니다.

감정을 표현할 때 이렇게 자문해 보세요. "지금 내가 쓴 이 단어, 다른 사람도 똑같이 쓸 수 있는 말인가?" 그렇다면 감정을 더 구체적으로, 더 나만 느낀 감정의 결로 한 번 더 좁혀보세요. 그 한 끗이 반응을 바꿉니다.

③ 질문으로 대화의 문을 여세요

콘텐츠를 정보로 끝내지 말고, 질문으로 끝내 보세요. 그 한 마디가 일방적인 발신을 쌍방의 대화로 바꿉니다.

"당신도 비슷한 기분을 느낀 적이 있습니까?"

또 다른 육아 크리에이터 수강생의 실제 릴스 사례입니다. 100일 모유 수유를 마치고 단유를 결정하기까지의 흔들리는 마음을 솔직하게 담았습니다.

"그만둘까, 말까, 수없이 고민하다가 그래도 100일까지는 꼭 해 보자 싶어서 버텨봤어요. 막상 단유를 결정해 놓고도 수유할 때 아기랑 꼭 붙어 있는 그 느낌이 생각나고, 눈 감고 편안해 보이던 표정을 보면 마음이 계속 흔들렸어요."

그리고 이렇게 마무리합니다. "이런 마음, 저만 그런 건 아니겠죠? 여러분은 어떤 방식으로 수유하고 계신가요?"

이 콘텐츠는 30만 명 이상이 조회하고, 1천7백 명에 가까운 사람들이 좋아요를 누르는 성과를 얻었습니다. "저만 그런 건 아니겠죠?"라는 한마디는 혼자 고민하던 사람에게 "당신 혼자가 아니에요"라고 말을 거는 문장입니다. 그리고 "여러분은요?"는 댓글을 쓰게 만드는 물음입니다. 댓글이 달리면서 알고리즘이 반응하고, 알고리즘이 반응하면서 더 많은 사람에게 닿습니다. 감정 연결이 도달로, 도달이 성장으로 이어지는 순간입니다.

콘텐츠 말미에 함께 대화할 수 있는 질문 하나를 덧붙이는 습관을 만들어보세요. 예를 들어, "저는 이런 선택을 했어요. 여러분은 어떠셨나요?", "이 순간, 여러분도 비슷한 감정을 느껴본 적 있으신가요?" 이 한마디가 팔로워를 대화 상대로 만들고, 대화 상대는 결국 당신의 가장 든든한 지지자가 됩니다.

이것만큼은 피하세요(Don't s)

감정 연결을 시도하다 오히려 역효과를 내는 경우가 있습니다.

11년 동안 콘텐츠 시장을 지켜보며 실제로 크리에이터들이 크게 무너지는 순간을 자주 목격했습니다. 그 패턴은 늘 같았습니다. 세 가지입니다.

① 꾸미거나 부풀리지 마세요

브랜드가 소셜 미디어상의 고객 생성 콘텐츠를 발견, 관리, 게시, 분석할 수 있도록 돕는 인공지능 플랫폼 스택라Stackla의 조사에 따르면 86%의 소비자가 브랜드 선택 시 진정성을 핵심 기준으로 삼는다고 합니다. 진정성이 중요하다는 걸 알기 때문에, 역설적으로 진정성을 연기하는 사람들이 생겨납니다.

시청자들은 이걸 직관적으로 알아챕니다. 연기라고 느끼는 순간 마음이 열리는 대신 차단막이 생깁니다. 소비자의 감각은 점점 더 예민해지고 있습니다. 콘텐츠가 확산될수록 검증하려는 시선도 비례해서 늘어납니다. "정말 그랬을까?", "너무 과장된 것 아닐까?", "약간 미화한 느낌이 드는데?"

꾸며낸 가짜 이야기는 독입니다. 제가 현장에서 목격한 가장 뼈아픈 실패는 콘텐츠가 목표를 달성하지 못한 경우가 아니라, 과장과 거짓이 들통났을 때였습니다. 이렇게 한 번 흔들린 신뢰는 다시는 돌아오지 않습니다.

② 감정을 지우지 마세요

"약해 보이고 싶지 않다", "전문적으로 보여야 한다"라는 마음, 충분히 이해합니다. 그런데 여기서 한 가지 짚고 싶은 게 있습니다. 강의 현장에서 취약함을 드러내라고 말씀을 드리면 이런 질문을 많이 받습니다. "제 서투른 모습을 공개하라는 뜻인가요?", "저는 기업 대표인데, 약점을 드러내면 브랜드에 타격이 오지 않을까요?"

취약함을 드러내라는 이야기는 여러분의 치부를 드러내라는 게 아닙니다. 우리는 빈틈이 전혀 없는 사람에게는 말을 걸기 어려워합니다. 인간적인 유대는 '완벽함'이 아니라 '결'에서 생깁니다. 내가 어떤 어려움을 통과했고, 거기서 무엇을 얻었는지. 그 흐름을 담백하게 보여주는 것만으로도 충분합니다. 그것이 약점 노출이 아니라 신뢰 구축입니다.

『하버드 비즈니스 리뷰』에 실린 신경과학자 폴 잭Paul J. Zak 박사의 연구에 따르면, 리더가 취약성을 적절히 드러낼 때 신뢰도가 현저히 높아지며 참여도가 76% 더 높게 나타났습니다. 이 원리는 콘텐츠에도 그대로 작동합니다. 완벽해 보이려 할수록 사람들은 멀어집니다. '결'이 보이는 사람에게 사람들은 가까이 다가옵니다.

③ 내 이야기를 쏟아내지 마세요

친구 사이에서도, 직장에서도 적정선을 넘는 순간 관계가 갑자기 어색해지는 경험, 해보신 적 있으신가요? 사람 사이의 거리에는 보이지 않는 선이 있습니다. 그 선을 인지하고 존중하는 것이 더 깊은 관계를 만드는 기반이 됩니다.

콘텐츠도 마찬가지입니다. "내 속 깊은 이야기를 나누면 사람들이 공감해 줄 거야"라는 마음으로 선을 넘어가며 고통스러운 이야기를 반복적으로 꺼내면, 보는 이들은 어느 순간 불편함을 느끼기 시작합니다. 실제로 스레드Threads에서 한 크리에이터가 배우자의 치부를 공개적으로 드러내며 반복적으로 공감을 요청했습니다. 사람들은 처음에는 안타까워하고 응원했지만, 이야기가 반복될수록 사람들은 점점 불편해졌고 결국 언팔로우가 이어졌습니다. 취약함을 드러낸다고 해서 사람들이 무조건 호응해 줄 것이라는 생각, 그 기대가 오히려 신뢰를 깎아내릴 수 있습니다.

콘텐츠에서 개인적인 이야기를 꺼내기 전에 한 번만 점검해 보세요. "이 이야기가 보는 사람에게 어떻게든 도움이 될 수 있을까?"

내 경험을 꺼내는 이유는 나를 드러내기 위해서가 아닙니다. 그 경험이 누군가에게 통찰이 되고, 위로가 되고, 격려가 되기를 바라며 꺼내는 것입니다. 그 방향이 맞을 때, 콘텐츠는 소비되는 것이 아니라 친밀감과 신뢰의 장치로 작동합니다. 그리고 당신의 당신다움도 지켜집니다.

감정 연결은 소통이고, 소통은 기억입니다. 감정 연결은 한 번 잘 만든 콘텐츠로 끝나지 않습니다. 지속적으로 쌓이는 관계입니다. 일관된 가치관, 반복되는 진정성, 갑작스럽지 않은 변화. 이것들이 쌓일 때 팔로워는 팬이 되고, 팬은 고객이 되고, 고객은 지지자가 됩니다.

감정 연결의 정점은 소통입니다. 댓글에 성의 있게 답하고, 실시간 라이브로 만나고, 개인 메시지로 진심을 전하는 것. 이 작은 행동들이 쌓여서 사람들의 머릿속에 '이 사람'으로 기억됩니다. 감정은 혼자 있을 때는 고립되어 있습니다. 누군가에게 전해지는 순간, 연결이 되고, 공감이 되고, 기억이 됩니다. **그리고 사람들의 머릿속에 기억된 사람에게는 특별한 일이 발생합니다.**

셀프체크

내 콘텐츠에 감정 설계가 들어가 있나요?

1. 내 콘텐츠에 '출발점(힘들었던 순간)'과 '회복점(거

기서 어떻게 달라졌는지)'이 함께 담겨 있나요? 힘든 이야기만 꺼내고 끝나거나, 결과만 보여주고 있지는 않나요?

2. 감정을 표현할 때, "힘들었습니다"처럼 막연한 어휘를 쓰고 있지는 않나요? "새벽 두 시에 설거지하면서 자책이 올라왔습니다"처럼 구체적인 감정 단어로 바꿔본 적이 있나요?

3. 콘텐츠 말미에 "여러분은 어떠셨나요?"처럼 독자가 자기 이야기를 꺼낼 수 있는 질문을 남기고 있나요?

기억된 사람은
무엇을 팔아도
팔린다

04

사람이 살아 있는
브랜드

1부에서 우리는 여러 사람을 만났습니다. 반찬 가게 K 대표님, 요가 강사 P 대표님, 살림 인플루언서 S님, 의류 사업가 P 대표님, 버섯 농장 B 대표님, 육아 크리에이터 J님과 Y님. 이분들은 업종도, 분야도, 팔로워 규모도 전부 달랐습니다.

여러분은 이분들의 이야기에서 무엇을 보셨나요? 단순히 매출이 오르고 팔로워가 늘어난 숫자를 보셨나요? 아닙니다. 그들의 콘텐츠 뒤에는 그들의 제품을 사는 것을 넘어, 그들의 삶을 진심으로 응원하고 지지하는 사람들이 있었습니다.

사람들은 반찬을, 요가 수업을, 정리 노하우를, 옷을, 버섯을,

육아 정보를 산 게 아니었습니다. 크리에이터가 살아가는 방식을, 세상을 바라보는 시선을, 문제를 대하는 태도를 샀습니다. 그리고 그 과정에서, 그분들이라는 사람을 샀습니다.

사실 저 또한 똑같은 일을 지난 11년 동안 여러 번 경험했습니다. 제가 운영했던 레어케어 큐레이션 커머스의 VIP 고객분께서 오래전 이런 말씀을 하셨습니다. "은환님, 죽을 때까지 지팡이도 팔아주고 틀니도 팔아줘야 해요. 우리 노년까지 책임져 주세요."

그때는 그저 웃으면서 감사해 하며 들었습니다. 지금 생각해 보면 그 말씀이 무슨 뜻이었는지 알 것 같습니다. 제가 무엇을 팔든 상관없다는 뜻이 아니었습니다. 제가 파는 것이라면 무조건 믿을 수 있다는 뜻이었습니다. 그리고 실제로 그 일이 벌어졌습니다.

주식회사 레어케어의 대표로, 제가 직접 써보고 골라낸 제품들을 소개하는 큐레이션 커머스를 하다가 오콘목달 콘텐츠 강의로 방향을 바꿨을 때였습니다. 약 3년 동안 50개 이상 브랜드의 제품을, 200건이 넘는 공동구매를 함께해온 레어케어의 고객분들께서 어느 날 강의 장소로 찾아오셨습니다. 그리고 이렇게 말씀하셨습니다. "은환님이 이제 제품을 안 팔고 강의를 하시니, 강의를 들으러 왔습니다."

그 진심에 마음 한구석이 뜨거워지며 정말로 감사했습니다. 그분들은 제가 소개하는 제품을 사러 온 게 아니었습니다. 제가 선택하고, 제가 좋다고 하고, 제가 진심을 담아 건네는 것이라면, 그게 무엇이든 함께하겠다는 마음으로 오신 거였습니다. '아, 사람들은 내가 파는 것을 사는 게 아니구나. 나를 사고 계셨구나.' 제가 진정한 신뢰를 체감한 첫 순간이었습니다. 이제부터 그 원리를 알려 드리려고 합니다.

신뢰는 '어디에' 축적되었는가에 따라 이동한다

상품은 바뀝니다. 플랫폼도 바뀝니다. 시장도 바뀝니다.

상품 중심 사업이든, 사람 중심 브랜드든 신뢰가 충분히 쌓이면 카테고리와 분야의 벽은 사라집니다. 중요한 것은 무엇을 팔고 있는지가 아니라 신뢰가 어디에 쌓이고 있는가입니다.

상품에 신뢰가 쌓이면 카테고리가 확장될 때 함께 이동합니다. 브랜드에 신뢰가 쌓이면 제품군이 바뀌어도 선택이 이어집니다. 사람에게 신뢰가 쌓이면 분야와 플랫폼이 바뀌어도 사람들이 따라옵니다. 결국 사람들을 이동시키는 힘은 상품도, 카테고리도 아닙니다. 신뢰가 축적된 '주체'입니다.

한번 생각해보세요. 지금 당신의 신뢰는 어디에 쌓이고 있습니까? 상품입니까, 브랜드입니까, 아니면 사람입니까?

분야에 상관없이 작동하는 신뢰

제가 콘텐츠를 시작한 지 11년이 넘었습니다. 그 안에서 분야를 꽤 여러 번 바꿨습니다. 2015년 네이버 블로그에서 다이어트 인플루언서로 활동을 시작했고, 3년 차에 뷰티로 넘어갔고, 큐레이션 커머스 회사를 창업했고, 5년 전에는 콘텐츠 강의를 시작했고, 지금은 유튜버로도 활동하고 있습니다.

블로그에서 인스타로, 인스타에서 유튜브로, 카페로 제가 플랫폼을 이동할 때마다 소중한 사람들은 함께 따라와 주었습니다. 새로운 시작을 어김없이 응원해 주셨고, 누구보다 먼저 소문을 내주셨습니다.

보통 분야가 바뀌면 팔로워가 떠난다고 합니다. 다시 처음부터 쌓아야 한다고도 말합니다. 하지만 저는 좀 다른 경험을 했습니다. 그 신뢰는 어디서 온 걸까요. 있는 그대로 써 내려간 다이어트 기록에서, 솔직하게 털어놓은 제 실패담에서, 상을 차리듯 정성스럽게 건네온 이야기들에서, 분야와 상관없이 작동하는 신뢰가 쌓인 겁니다.

기억된 사람은 0에서 재시작하지 않는다

좋아하는 브랜드가 새로운 시작을 예고할 때, 우리는 함께 기대하기 시작합니다. 완전히 0에서 무언가를 시작할 때는 설명하고, 설득하고, 증명해야 합니다. 하지만 기억된 사람의 시작은 다릅니다. 이미 한 번 믿어본 사람, 이미 한 번 따라와 본 사람이 기다리고 있기 때문입니다.

그래서 브랜드의 재시작 비용은 처음 시작 비용과 같지 않습니다. 시간도, 에너지도, 마케팅 비용도 처음만큼 들지 않습니다. '기억된 사람'은 매번 자신을 처음부터 증명하지 않아도 됩니다. 이미 신뢰 잔고가 쌓여 있기 때문입니다.

브랜드란, 반복해서 자신을 설명하지 않아도 되는 상태입니다. 그리고 그 상태가 당신의 다음 시작을 훨씬 가볍게 만듭니다. **당신의 다음 시작은 완전한 0에서 출발할까요, 아니면 이미 쌓인 신뢰 위에서 시작할까요?**

자격 없이 시작해도 문이 열리는 이유

AI 이야기를 제 유튜브 채널에서 시작할 때, 사람들은 저에게 자격을 따지지 않았습니다. 저는 컴퓨터공학 전공자도 아니고, 기계와 친한 사람도 아닙니다. 심리학과 경영학을 전공한 철저한 문과생이고, AI를 가르칠 전문가라는 위치와는 거리가 멀었습니다. 그런데 2022년부터 AI를 사용하면서 너무 행복했습니다. 그 감정을 영상으로 풀었습니다.

사람들이 몰려들었습니다. 채널은 빠른 속도로 15만으로 성장했습니다. 그다음에는 예상하지 못한 일들이 줄줄이 이어졌습니다. 고려대, 연세대, 서강대 최고경영자 과정에서 강의 요청이 왔고, 국내 주요 대기업들에서도 연락이 이어졌고, 삼성 사내 교육 영상으로 제 콘텐츠가 재생되고 있다는 연락도 받았습니다. 실리콘밸리에 본사를 둔 글로벌 톱 AI 기업들에서 앰버서더 계약 요청이 영어로 날아왔고, 지금은 실제로 그 기업들의 공식 앰배서더로 활동하고 있습니다.

AI 자격증이나 학위가 있어서가 아니었습니다. 처음 접하는 사람의 눈으로, 솔직하게, 진심을 담아 콘텐츠를 만들었기 때문이었습니다. 이 책의 가장 앞에서 말한 것처럼 그 분야를 가장 오래 한 사람이 아니라, 자기만의 결로 이야기하는 사람이기에 선택받은 겁니다.

권위는 자격이 아니라 타인 사고력에서 나온다

가장 오래 한 사람이 아니라, 타깃의 니즈를 가장 정확히 읽어내는 사람이 선택됩니다.

연차가 아니라, 타인의 머릿속으로 들어가 생각하는 힘, 그 타인 사고력과 전달력이 권위를 만듭니다. 권위는 명함에서 시작되지 않습니다. 사람들이 도움을 받았다고 느끼는 순간, 거기서 시작됩니다.

당신은 아직 '자격'을 기다리고 있나요? 아니면 이미 자신만의 언어로, 타인의 문제를 해결해 주고 있나요?

브랜드가 될수록 가치가 커지는 이유

처음 강의를 시작할 때, 오콘목달이 이렇게 커질 거라고 생각하지 못했습니다. 저는 고려대 박사과정 중이었고, '아직 박사 과정을 마치지 않은 사람이 누군가를 가르치면 안 된다'라는 자기 검열적 생각을 강하게 가지고 있었습니다. 그저 제 주변의 사람들에게 아는 것을 나눠주고 싶었습니다. 그 마음으로 조용히 원데이 클래스를 열었습니다.

그런데 그 자리에서 인플루언서가 태어났습니다. 비즈니스가 즉시 달라진 사람이 탄생했습니다. 앙코르 강연 요청이 왔고, 동영상 강의가 만들어졌습니다. 그렇게 5년이 지났습니다. 지금 수강생은 2만 5천 명이 훌쩍 넘었습니다.

제게 직접 후기를 남겨주신 분들만 천 건이 넘습니다. "브랜드가 100억 단위로 성장했다", "월 억대 매출을 만드는 사업가가 됐다", "사업이 열 배, 스무 배, 서른 배 성장했다"라는 말들이 오콘목달 커뮤니티 안에 셀 수 없을 정도로 많이 수놓아졌습니다.

저는 이 감사한 스토리들이 제 강의의 성과라고 생각하지 않습니다. 처음 다이어트 일기를 쓸 때부터 지금까지, 단 한 번도 바꾸지 않은 것이 하나 있습니다. 제 주변에 모여든 사람들에게 줄 것이 있다고 믿고, 작품을 빚어내듯 정성스럽게 콘텐츠를 준비해서 건네는 것. 그 안에 그 사람들의 삶을 변화시키고 싶다는 진심 어린 마음을 담는 것.

그 마음을 전해 받은 사람들이 분야가 바뀌어도, 플랫폼이 바뀌어도, 시간이 지나도 저와 함께해 주었습니다. 그리고 그분들이 각자의 자리에서 각자의 결로 성장하기 시작했고, 그 성장이 다시 새로운 사람들을 불러왔습니다. 이렇게 브랜드는 시간이 갈수록 더 커질 수 있음을 저는 늘 직접 경험하고 있습니다.

내가 사는 곳이 시장이 되고, 내가 움직이는 곳에 기회가 따라오기 시작합니다. 그리고 그것은 저에게만 일어난 일이 아닙니다. 함께 공부하며 성장한 수강생들에게도 똑같은 일이 벌어지고 있습니다. 이것이 사람이 살아있는 브랜드가 오래 팔리는 이유입니다.

브랜드가 되는 콘텐츠의 신뢰는 복리로 작동한다

단발성 콘텐츠는 선형으로 성장합니다. 올리고, 반응을 받고, 다시 0에서 시작합니다. 그러나 브랜드를 설계하고 점-선-면으로 연결한 콘텐츠는 복리로 성장합니다.

후기 → 추천 → 신뢰 → 신규 유입 → 또 후기

시간이 지날수록 증명은 쉬워지고, 설득은 줄어듭니다. 시간이 지날수록 더 가벼워지는 구조입니다.

지금 당신은 매번 새로 반응을 만들고 있나요, 아니면 조금씩 신뢰를 쌓고 있나요?

결국, 사람들은 당신을 산다

지금 이 문장이 얼마나 와닿으시나요? 조금은 멀게 느껴질 수도 있습니다.

"나는 아직 팔로워도 많지 않은데."

"내 콘텐츠가 그 정도의 신뢰를 만들 수 있을까?"

"우리 브랜드는 콘텐츠와는 거리가 먼 거 같아."

당연히 이런 생각이 드실 수도 있습니다. 그런데 K 대표님도, P 대표님도, 지금은 브랜드가 된 인플루언서 S님도, 그리고 1부에서 만난 다른 분들 모두, 처음엔 자신에게 이런 일이 일어날 거라고 생각하지 못했다고 말합니다. 저도 그랬습니다. 그냥 블로그에 일기를 썼을 뿐입니다. 차이가 있다면 하나입니다. 저는 그 과정을 우연처럼 지나왔고, 지금 이 책을 읽고 있는 여러분은 지금 그것을 구조로 보고 있다는 점입니다.

오리지널 코드를 발견하고, 감정으로 연결하고, 그 연결을 점-선-면으로 쌓아가면 신뢰는 복리로 축적됩니다. 그리고 신뢰가 축적되면 재시작은 더 가벼워지고, 설득은 줄어들고, 선택은 쉬워집니다. 이것은 운이 아니라 구조입니다. 여러분은 이 일이 우연이 아닌 설계된 미래로 만들 수 있습니다.

저는 제가 우연히 걸어온 것처럼 보였던 이 길을, 여러분은 탄탄한 구조로 만나기를 바라며 이 책을 쓰고 있습니다. 막연한 노력이 아니라, 사람의 마음을 움직이는 설계도 위에서 여러분의 콘텐츠가, 그리고 여러분의 삶이 아름답게 피어나기를 진심으로 바랍니다.

사람들은 결국 당신을 산다.

이어서 그 선택을 만들어내는 구조를 하나씩 구체적으로 살펴보겠습니다.

셀프체크

아래의 내용을 체크해 보세요.

1. 지금 당신의 신뢰는 어디에 쌓이고 있나요? 상품 인가요, 브랜드인가요, 아니면 사람인가요?

2. 당신은 아직 자격을 기다리고 있나요? 아니면 이 미 누군가의 언어로, 그들의 문제를 해결해 주고 있나요?

3. 지금 당신은 매번 새로 반응을 만들고 있나요, 아 니면 조금씩 신뢰를 쌓고 있나요?

위의 세 가지 질문 중 자신 있게 답하기 어려운 것이 있어도 괜찮습니다. 신뢰는 하루아침에 만들어지지 않 습니다. 지금 이 질문을 의식하고 있다면, 이미 쌓기 시 작한 겁니다.

 오은환 저자가 자주 사는 아이템, 구경하기

2
부

설계
사고 싶게 만드는
브랜딩의 원리

ORIGINAL
CODE

감정에서
구매까지,
마음의 지도를
읽는 법

01

호감과
구매는 다르다

1부에서 우리는 몇 가지 중요한 사실을 확인했습니다. 당신에게 는 이미 충분한 재료가 있다는 것, 그 재료로 사람들의 감정을 터치해야 한다는 것, 그리고 감정이 연결될 때 비로소 기억되는 사람이 된다는 것. 이 모든 과정에는 분명한 '구조'가 존재합니다.

이것만으로도 큰 발견이지만, 이 책을 집어 든 여러분의 목표는 아마 여기서 끝나지 않을 것입니다. 단순히 사람들이 좋아하는 사람이 되는 것을 넘어, 사람들이 기꺼이 지갑을 열게 만드는 것. 개인이든 브랜드든 콘텐츠가 실제 비즈니스로 연결되어 매출과 수익이라는 결과로 이어지는 것. 그것이 이 책이 지향하는 진짜 목표입니다.

이제 본격적인 이야기를 시작하려 합니다. 콘텐츠를 어떻게 설계할 것인가, 어떤 콘텐츠가 사람을 끌어당기며 그 끌림이 어떻게 구매로 전환되는가. 이 과정을 하나씩 구체적으로 풀어 내겠습니다. 하지만 그 전에 반드시 짚고 넘어가야 할 지점이 있습니다.

'호감'과 '구매 의도'는 엄연히 다르다는 사실입니다. 이 차이를 모르면 아무리 좋은 콘텐츠를 만들어도 매출은 결코 따라오지 않습니다.

한번 떠올려 보세요. 자주 가던 맛집이 있습니다. 인스타에 사진도 올리고, 친구에게도 추천합니다. 그런데 그 가게에서 밀키트를 출시했다고 푸시 알림을 보냈을 때, 여러분은 선뜻 온라인에서 결제 버튼을 누르셨나요?

좋아하는 유튜버를 잠시 떠올려 보세요. 당신은 그 유튜버의 영상이 올라오면 꼬박꼬박 챙겨 봅니다. 그런데 그 사람이 어느 날 제품을 판매하겠다며 당신을 결제창으로 안내합니다. 바로 그 제품을 구매하나요? 아마 대부분은 이렇게 말할 겁니다. "좋아하긴 하는데, 사지는 않았어."

분명 좋아합니다. 관심도 있습니다. 그런데 지갑은 열리지 않습니다. 이 현상은 생각보다 일반적입니다. 콘텐츠를 만드는 쪽에서 보면, 가장 답답한 순간이기도 합니다. 조회수, 좋아요 반응은 분명히 있는데, 매출은 따라오지 않는 상황. 사람들이 호감을 느끼는 것을 체감할 수는 있는데, 그 좋아함이 구매로 넘어가지 않는 상황. 무엇이 빠진 걸까요? 감정은 충분했습니다. 하지만 구매 행동으로는 연결되지 않은 겁니다.

이 장에서는 바로 그 거리를 들여다봅니다. '좋아한다'는 감정과 '구매한다'는 행동 사이에 놓인 간극. 그 간극을 이해하는 것이, 콘텐츠로 사람의 마음을 움직이고, 그 마음이 실제 행동으로 이어지게 하는 첫걸음이 될 것입니다.

감정과 행동은 다르다

한 가지 질문을 드리겠습니다. 길을 걷다 멋진 옷을 입은 사람을 보면, 우리는 순간적으로 "와, 멋있다"라고 느낍니다. 그런데 그 옷을 사러 매장에 들어가는 건 전혀 다른 일이죠. 감탄은 0.5초만에 튀어나옵니다. 하지만 구매는 수십 개의 질문을 통과해야 이루어집니다.

"나한테도 어울릴까?", "지금 옷을 살 여유가 있나?", "비슷한 거 집에 있지 않았나?"

이건 우연이 아닙니다. 우리 뇌가 원래 그렇게 설계되어 있습니다. 노벨 경제학상을 받은 심리학자 대니얼 카너먼은 이것을 '이중시스템이론Dual process theory'으로 아주 명쾌하게 설명했습니다. 인간의 뇌에는 두 가지 사고 시스템이 있다는 겁니다. 하나는 빠른 뇌입니다. 직관적이고, 자동적이고, 감정으로 움직입니다. 맛있는 음식 사진을 보고 "우와" 하는 반응, 감동적인 영상을 보고 눈물이 나는 반응, 좋아요 버튼을 누르는 반응은 전부 이 빠른 뇌의 작동입니다. 생각할 것도 없이, 느끼는 즉시 손가락이 움직입니다.

다른 하나는 느린 뇌입니다. 신중하고, 계산적이고, 따져보는 뇌입니다. "이게 정말 필요한가?", "지금 사야 하나, 다음에 사도 되지 않나?", "이걸 사서 후회하면 어쩌지?" 구매 결정을 내릴 때 작동하는 건 바로 이 느린 뇌입니다.

정리하면 이렇습니다. 좋아요를 누를 때, 우리 뇌는 감정만으로 충분합니다. 돈이 드는 것도 아니고, 책임질 것도 없으니까요. 멋지다고 느끼면 그걸로 좋아요를 누릅니다. 하지만 구매 버튼을 누를 때는 다릅니다. 감정 위에 논리가 올라탑니다. 내 돈이 나가고, 실패하면 손해를 보니까요. 인간은 본능적으로 손해 보는 걸 싫어합니다. 그래서 "지금 꼭 필요한가?", "정말 이게 최선인가?"를 반복해서 스스로에게 묻습니다.

좋아요는 응원입니다. 구매는 결심입니다. 응원에는 용기가 필요 없지만, 결심에는 이유가 필요합니다. 이 차이를 모른 채 "다들 좋아하니까 곧 사겠지"라고 기대하면, 전략은 흐릿해지고 결과는 답답해집니다. 좋아함과 구매 사이에는, 생각보다 넓은 강이 흐르고 있습니다.

사람들은 그 강을 어떤 순간에 건너는 걸까요?

그 강을 건너지 못하는 세 가지 이유

그렇다면 사람들은 왜 좋아하면서도 사지 않는 걸까요? 수많은 크리에이터와 브랜드를 관찰하면서 발견한 공통점이 있습니다. 좋아요는 많은데 매출은 적은 경우, 거의 예외 없이 아래 세 가지 중 하나 이상이 빠져 있었습니다.

① 고객이 '지금 사야 할 이유'가 없습니다.

콘텐츠를 보고 좋다고 느꼈는데, 그다음에 아무 일도 일어나지 않는 경우입니다. 보는 사람의 머릿속에서는 이런 일이 벌어집니다. "좋긴 한데, 급하진 않으니까 나중에 찾아보고, 그때 결정해야지."

안타깝지만 이 '나중에'는 거의 오지 않습니다. 내일이면 또 다른 콘텐츠가 피드를 채우고, 어제 좋았던 건 자연스럽게 잊힙니다. 그런데 만드는 쪽에서 보면, 이건 보는 사람만의 문제가 아닙니다. 콘텐츠 안에 "지금이 바로 그때"라는 감각을 심어주지 않았기 때문이기도 합니다. 좋은 콘텐츠였지만, 행동을 부르는 콘텐츠는 아니었던 거예요.

예를 들어, 피티 트레이너인 L 코치의 경우가 그랬습니다. "1분 홈트레이닝" 영상 하나가 조회수 10만을 기록하고, "따라해 볼게요"라는 댓글이 수백 개 달렸습니다. 그런데 실제 PT 수업 문의는 한 달에 두세 건에 그쳤습니다. 사람들은 영상을 보면서 "운동해야지"라고 느꼈지만, "우선 집에서 이걸 따라 하는 걸로 일단 충분하지 않을까?"라고 스스로를 설득해 버린 겁니다.

② '꼭 이 사람에게서, 이 계정에서 사야 할 이유'가 없습니다.

좋아하는 것과 구매하는 것 사이에는 또 하나의 관문이 있습니다. "이 사람 좋긴 한데, 비슷한 상품을 다른 데서도 살 수 있잖아?"

우리는 언제든 비교합니다. 비슷한 화장품은 올리브영에도 있고, 같은 기능을 하는 생필품은 네이버 쇼핑에도 있습니다. 비슷해 보이는 강의가 유튜브에 무료 클립으로 있습니다. "왜 꼭 여기서?"라는 질문에 답을 주지 못하면, 호감은 호감으로 끝납니다.

핸드메이드 액세서리를 만드는 Z 대표가 그런 경우였습니다. 정성스럽게 만든 시밀러 다이아 귀걸이 사진에 좋아요 버튼은 200회 이상 눌리고, "예뻐요", "고급스러워요"라는 댓글이 쏟아졌습니다. 하지만 실제 주문은 손에 꼽을 정도였습니다. 사람들이 "예쁘긴 한데, 지금 당장 귀걸이가 필요한 건 아니니까"라고 생각한 것도 있지만, 더 근본적으로는 이 귀걸이를 꼭 여기서 사야 할 이유를 느끼지 못했기 때문입니다.

콘텐츠 안에 "이 사람이니까, 이 브랜드니까"라는 이유가 살아 있지 않으면, 호감은 쉽게 휘발됩니다.

③ 마음은 움직였는데 '다음 발걸음'이 보이지 않습니다

가장 아까운 경우입니다. 감동도 줬고, 공감도 얻었고, 신뢰까지 쌓았는데 정작 "그래서 뭘 하면 되는데?"라는 질문에 답이 없는 경우입니다. 많은 분이 스토리텔링은 잘합니다. 감동적인 창업 이야기, 진심이 담긴 제품 개발 과정, 고객을 향한 따뜻한 메시지. 보는 사람들도 "정말 좋은 사람이네", "이런 브랜드라면 믿을 수 있겠다"라고 느낍니다.

하지만 거기서 끝입니다. 마음을 움직이는 데는 성공했는데,

그 마음이 갈 수 있는 길을 만들어 주지 않은 거예요. 진정성은 신뢰를 만들 수 있지만, 구매는 명확한 다음 단계가 만듭니다.

그리고 사실, 한국에서 가장 많이 보이는 팔리지 않는 원인이 있습니다. 다음 발걸음이 없는 게 아니라, 일부러 숨기는 겁니다. 상품을 구매할 수 있다는 사실을 콘텐츠에서 티조차 내지 않는 경우가 정말 많습니다. 상업적으로 보일까 봐, 구매 부담을 줄까 봐, 뭔가를 판다는 느낌을 주면 사람들이 떠날까 봐, 몸을 사리고 표현하기를 조심스러워 합니다.

학원을 운영하면서도 교육 프로그램을 소개하지 않고, 운동 프로그램을 판매하는 전문 강사이면서도 무료 운동 영상만 올립니다. 마음속으로는 "이걸 같이 하면 훨씬 빨리 달라질 수 있는데"라고 생각하면서도, 차마 그 말을 꺼내지 못합니다. 그 마음은 충분히 이해합니다. 진심이기 때문에 더 조심스러운 거니까요.

그런데 흥미로운 사실이 있습니다. "지금 당장 함께할 수 있는 프로그램이 있고, 그것을 나와 하는 게 당신에게 가장 유리한 선택입니다"라는 것을 표현하기만 해도, 매출이 몇 배씩, 월에 수백만 원씩 바로 증가하는 경우를 저는 수없이 봤습니다. 팔려고 하는 게 아니라, 당신을 내가 도울 수 있다는 걸 정확하게 알려 주는 겁니다. 그 차이를 아는 것만으로도 많은 것이 달라집니다.

이 세 가지, 타이밍의 부재, 차별성의 부재, 행동 경로의 부재는 서로 겹치기도 하고, 동시에 작용하기도 합니다. 좋아요는 많은데 매출이 안 나오는 분들의 콘텐츠를 들여다보면, 거의 예외 없이 이 셋 중 하나 이상이 빠져 있었습니다.

그렇다면, 어떻게 해야 할까요? 여기까지 읽으면서 "그래서 어떻게 하라는 거야?"라는 마음이 들었을 수 있습니다. 결론부터 말씀드리자면 **호감을 구매로 연결하는 것은 기술이 아니라 설계입니다.**

콘텐츠를 만들 때, 처음부터 "좋아요를 받는 것"이 아니라 "이 사람이 다음 발걸음을 내딛게 하는 것"까지를 염두에 두고 콘텐츠를 설계하고 쌓아가야 합니다. 콘텐츠를 정성스럽게 열심히 한 편 한 편 만들고 나서 "왜 안 팔리지?"라고 고민하는 게 아니라, 만들기 전에 "이 콘텐츠를 본 사람이 어떤 감정을 느끼고, 어떤 행동으로 이어지게 할 것인가?"를 먼저 그려야 하는 겁니다. 이것이 이 챕터에서 여러분이 가져가셨으면 하는 단 하나의 메시지입니다.

좋아하게 만드는 것과, 사게 만드는 것은 다른 설계다.

그리고 그 설계를 어떻게 하는지, 다음 챕터부터 하나씩 구체적으로 풀어가겠습니다. 실제로 광고도 없이 콘텐츠로만 팔리는 브랜드들은 어떤 구조로 콘텐츠를 만들고 있는지, 감정이 어떻게 구매로 자연스럽게 이어지는지, 그 안에 숨어 있는 패턴을 함께 살펴보겠습니다.

내 콘텐츠의
병목 진단하기

좋아하는 것과 사게 만드는 것은 다른 설계입니다. 지금 내 콘텐츠가 그 간극의 어디에 있는지, 세 가지 질문으로 점검해 보세요.

① 내 콘텐츠를 본 사람이 "지금 해야겠다"라고 느낄 이유가 있나요?
② "꼭 이 사람에게서, 이 브랜드에서"라는 이유가 콘텐츠 안에 살아 있나요?
③ 공감 이후에, 다음 행동이 명확하게 보이나요?

세 질문 중 하나라도 자신 있게 "네"라고 답하지 못했다면,

당신의 콘텐츠에는 간극이 있습니다. 괜찮습니다. 이제부터 그 간극을 메우는 방법을 하나씩 배워 나갈 테니까요.

광고 없이 팔리는 사람들의 비밀

02

감정 위에 세워진 구매의 구조

"아니, 저 사람은 뭘 어떻게 해서 저렇게 잘 팔지?"

콘텐츠를 만들다 보면, 한 번쯤 이런 의문이 듭니다. 특별히 대단해 보이지 않는데, 뭔가를 팔기만 하면 순식간에 품절입니다. 광고도 안 합니다. 이벤트도 없습니다. 그냥 올리면 팔립니다. 심지어 경쟁자보다 비싸고, 과정이 불편해 보이는데도 사람들은 그 사람의 제품을 선택합니다.

오콘목달 안에서 이런 일은 매주 일어나고 있습니다. 단 이틀, 3일 판매를 열었는데 수량이 부족해서 더 못 팔고, 수천만 원에서 수억 원의 매출을 만들어내는 일. 그것도 한두 명이 아닙니다.

　반면, 열심히 콘텐츠를 만들고 정성껏 제품을 준비했는데, 막상 판매를 열었을 때 조용한 분들도 있습니다. 앞 챕터에서 이야기한 것처럼 좋아요는 많은데 매출은 따라오지 않는 상황입니다. 그 답답함에 이 책을 펼치신 분이라면, 이번 챕터가 특히 중요합니다.

　광고 없이 팔리는 사람들에게는 공통된 구조가 있습니다. 그 구조를 이해하면, "왜 저 사람은 되고 나는 안 되지?"라는 질문에 대한 답이 보이기 시작합니다.

우리는 언제 광고 없이 사게 되는가?

　"그 사람이 추천하면 그냥 사요." 한 번쯤 이런 말을 들어보셨을 겁니다. 혹은, 여러분 자신이 그렇게 행동한 적이 있을 겁니다. 누군가가 무언가를 추천할 때, 우리는 보통 바로 '당장 사야지'라고 생각하지 않습니다. 오히려 의심부터 하게 되는 것이 더 자연스럽습니다. "이 사람, 이거 협찬인가?", "이거 팔려고 하는 거겠지?"

　현대 소비자들은 이미 수많은 광고와 마케팅 메시지에 노출되어 있습니다. 누군가 제품을 언급하기만 해도 본능적으로 경계심을 갖게 됩니다. 특히 SNS에서는 더욱 그렇죠. "또 광고네", "이것도 협찬 맞지?" 하며 마음의 문을 닫아버립니다.

그런데 이상하게도, 어떤 사람을 볼 때는 그런 의심이 들지 않습니다. 같은 제품을 소개해도 전혀 다른 반응이 나옵니다. 오히려 "이 사람이 이걸 쓴다니, 나도 한번 써 봐야지"라는 생각이 듭니다. 어떻게 한 걸까요? 그 비결에는 세 가지 핵심 요소가 숨어 있습니다.

① 변화의 증거

사람들이 의심 없이 구매하는 첫 번째 이유는 눈에 보이는 변화의 과정 때문입니다. 단순한 제품 소개가 아니라, 그 제품을 통해 실제로 일어난 변화를 보여주는 것입니다.

건강 관리 크리에이터 D님의 경우가 그랬습니다. D님은 자신의 다이어트 과정을 매일같이 공유했습니다. 운동하는 모습, 식단을 절제하는 모습, 바디프로필을 찍기까지의 노력을 처음부터 끝까지 오픈했습니다. 그 과정에서 "오늘은 특히 힘들었는데, 이 영양제를 먹고 나서 회복이 훨씬 빨랐어요"라며 실제로 사용하고, 도움받은 제품들을 자연스럽게 언급했습니다.

팔로워들은 D님의 몸이 변해가는 과정, 의지력을 다잡는 과정, 심지어 자신감을 회복하는 과정을 실시간으로 지켜봤습니다. 6개월간의 변화 과정에서 D님이 소개한 식품과 영양제들은 매우 잘 팔렸습니다.

사람들이 그 제품을 구매한 이유는 단순히 효과가 좋아 보여서가 아닙니다. "이 사람이 정말 달라지는 과정에서 실제로 도움받은 거구나"라는 믿음이 생겼기 때문입니다. 제품이 아니라, 변화의 증거가 구매를 만든 겁니다.

② 사회적 검증

"다른 사람들도 이미 경험했구나."

단순한 리뷰나 평점이 아닙니다. 구체적인 사람들의 구체적인 변화 이야기가 쌓일 때, 구매 저항은 무너집니다. 한의원과 건강 정보 채널을 운영하는 K 원장님 부부의 사례가 대표적입니다. K 원장님 부부의 영상에는 특별한 점이 있습니다. 정보를 제공하는 영상마다 댓글 창에 실제 경험자들의 구체적인 변화 이야기가 가득하다는 점입니다.

"저는 관절 통증으로 5년간 고생했는데, 영상 보고 따라만 했는데 3개월 만에 컨디션이 좋아졌어요."

"20여 년간 고민하던 문제가 사라졌습니다. 일주일 정도 따라 했을 뿐인데 신기합니다. 감사합니다."

이런 댓글들이 영상마다 수백 개씩 달립니다. 새로 유입된 사람들은 이런 댓글을 보며 "나만 그런 고민을 하는 게 아니구나", "실제로 좋아진 사람들이 이렇게 많구나"라고 느낍니다. 더 흥미로운 점은, 이런 댓글들이 새로운 댓글을 부른다는 겁니다. 한 사람의 경험담이 올라오면, 비슷한 고민을 가진 다른 시청자가 "저도 시도해 볼게요", "희망이 보여요"라며 동참합니다. 마치 치유의 커뮤니티가 자연스럽게 만들어지는 것 같습니다.

결과는 어땠을까요? 유튜브가 큰 사랑을 받으면서, 내원 문의가 기존 대비 열 배 이상 늘었습니다. K 원장님 부부가 "한의원으로 찾아오세요"라고 직접적으로 설득하지 않았음에도, 댓글로 쌓인 수백 명의 경험담이 그 어떤 광고보다 강력한 설득을 해준 겁니다.

③ 누적된 신뢰 위에 정확한 제안

절약 크리에이터 K님의 경우를 살펴보겠습니다. K님은 평소 가계부 쓰기와 절약의 가치에 대해 꾸준히 이야기해 왔습니다. "작은 돈을 아끼는 습관이 결국 큰돈을 만든다"는 철학을 담은 콘텐츠를 지속적으로 올렸죠.

그중에서도 K님이 반복적으로 강조한 주제가 있었습니다. 바로 식비 절약이었습니다. "냉장고 속 식재료 관리가 가계 절약의 핵심이에요. 저희는 이것만 바꿔서 월 식비를 30만 원 줄

일 수 있었습니다"라며 냉장고 정리의 중요성, 식재료 유통기한 관리법, 음식물 쓰레기 줄이는 노하우를 올렸습니다. K님의 콘텐츠를 꾸준히 본 팔로워들은 '식재료를 잘 관리하면 돈을 아낄 수 있다'는 메시지에 이미 깊이 공감하고 있었습니다.

그런 맥락대로, K님은 식재료가 더 오래가는 보관 용기를 판매했습니다. 여기에서 핵심은 누적된 맥락 위의 정확한 연결입니다. K님이 그동안 콘텐츠로 반복해서 이야기해 온 문제, 즉 식재료가 빨리 상해서 버리게 되고, 그것이 곧 돈의 낭비로 이어진다는 문제를 해결하는 제품이 등장한 겁니다. 팔로워 입장에서는 갑자기 상품이 튀어나온 게 아니라, 늘 듣던 이야기가 다음 단계로 연결된 것입니다.

"맞아, K님이 맨날 식재료 관리가 중요하다고 했었는데, 그걸 해결해 주는 게 이거구나."

보관 용기는 판매 시작하자마자 빠르게 완판되었고, 구매한 고객들은 "K님 덕분에 정말 절약되고 있어요"라며 감사 인사를 전했습니다.

이것이 '신뢰 위의 판매'가 가진 힘입니다. K님이 제품을 팔았다기보다, 팔로워들이 사고 싶어 하는 것. 제안이 설득력을 가진 이유는 단순히 K님을 좋아하기 때문이 아닙니다. K님이 꾸준히 쌓아온 맥락 즉 절약, 식비, 식재료 관리와 그 맥락이 가리키는 방향에 제품이 정확히 놓여 있었기 때문입니다.

**감정이 만드는
매출** D님, K 원장님 부부, K님. 이
세 사람의 영역은 전혀 다릅니
다. 건강, 의료, 살림. 하지만 이
들에게는 놀랍도록 일관된 공통점이 있습니다. **감정이 먼저고,
매출은 그 뒤를 따라온다.**

사람들이 지갑을 여는 순간은 제품이 좋아서만이 아닙니다.
그 사람과 감정적으로 연결되었다고 느낄 때입니다. "이 사람은
진짜 결과를 만들어 내는구나.", "나만 이런 고민하는 게 아니
구나.", "지금이 시작하기에 좋은 타이밍이구나." 이 세 가지 감
정이 자연스럽게 흘러갈 때, 구매는 설득의 결과가 아니라 공감
의 귀결이 됩니다.

그렇다면 왜 감정이 이렇게 강력하게 매출로 연결되는 걸까
요? 그 답은 사람의 심리에 있습니다. 심리학에서 '자기 투영
Self-projection'이라고 부르는 현상입니다.

콘텐츠는 브랜드의 이야기를 하고 있지만, 소비자는 늘 자기
이야기로 바꾸어 듣습니다. 브랜드의 가치관과 철학을 들으면
서 자연스럽게 자신의 경험과 감정을 대입합니다. '아, 나도 그

런 생각해 봤는데', '이건 정말 내가 추구하는 삶의 모습이야'라며 감정적 연결을 형성하는 겁니다.

핵심은 '해석의 여지'입니다. 사랑받는 브랜드의 콘텐츠에는 독자가 자신의 상황을 대입할 수 있는 공간이 있습니다. 너무 구체적이고 닫혀 있는 메시지보다는, 각자의 경험에 따라 다르게 받아들일 수 있는 감정적 여백이 있는 메시지를 받을 때, 사람들은 콘텐츠 안에 자기를 비춰보게 됩니다.

그렇게 브랜드가 단순한 정보 제공자를 넘어 거울처럼 느껴지는 순간, 사람들은 그 브랜드를 '나와 감정적으로 닮은 존재'로 인식하기 시작합니다. 이 감정적 닮음이 매출로 이어지는 핵심 고리입니다. 브랜드와 자신이 닮았다고 느끼는 순간, 신뢰와 친밀감이 자연스럽게 생깁니다. 그리고 브랜드가 제안하는 선택지가 단순한 소비가 아닌 '나의 선택'처럼 느껴집니다. 구매는 설득에 의한 반응이 아니라, "이건 내 이야기니까", "지금 이게 나한테 필요하니까"라는 내면의 납득으로 이루어집니다.

그래서 감정이 연결된 고객은 구매 후에도 "정말 좋은 선택을 했다"며 만족감을 느끼고, 다른 사람들에게 자발적으로 추천을 하고, 후기를 남깁니다. 강요가 아니라 공감이 만들어 낸 자발적 선택이기 때문입니다.

정리하면 다음과 같습니다.

구분	광고에 의존하는 브랜드	광고 없이 팔리는 브랜드
소통의 초점	제품 기능 강조	변화 과정 공유
핵심 메시지	할인, 이벤트 중심	가치관, 철학 중심
구매 유도 방식	즉석 구매 유도	관계 우선 구축
제안 방식	광고임을 명시	자연스러운 제안
고객 관계	일회성 고객	반복 구매하는 팬

팔리는 사람들이 하는 것, 하지 않는 것

지금까지 살펴본 세 가지 사례, 즉 변화의 증거, 사회적 검증, 맥락 위에서의 자연스러운 제안(판매)을 관통하는 더 깊은 패턴이 있습니다. 광고 없이 팔리는 사람들은 공통적으로 이런 일을 합니다.

하나, 과정을 숨기지 않습니다.

완성된 결과만 보여주는 게 아니라, 실패하고 고민하고 시도하는 과정을 함께 보여줍니다. 그 과정이 감정적 연결의 토대가 됩니다.

둘, 고객의 목소리를 중심에 둡니다.

자기가 얼마나 대단한지를 이야기하는 대신, 고객들이 어떻게 달라졌는지를 이야기합니다. 그 목소리가 곧 가장 강력한 증거가 됩니다.

셋, 관계를 판매보다 앞에 놓습니다.

"이걸 사세요"가 아니라 "이 제품이 당신에게 도움이 될 수 있어요"라는 순서로 다가갑니다. 팔기 전에 먼저 돕고, 돕는 과정에서 자연스럽게 필요를 만들어줍니다.

반대로, 이런 일은 하지 않습니다.

하나, 제품 기능부터 나열하지 않습니다.

스펙과 기능을 먼저 이야기하면, 청중은 비교 모드에 들어갑니다. 감정이 아니라 가격과 조건으로 판단하게 됩니다.

둘, 급하게 팔려고 하지 않습니다.

관계가 쌓이기 전에 판매를 서두르면, 그동안 쌓은 신뢰가 한순간에 무너집니다. 타이밍은 만드는 게 아니라, 관계 속에서 자연스럽게 찾아오는 겁니다.

셋, 모든 사람에게 팔려고 하지 않습니다.

누구에게나 좋은 제품이라고 말하는 순간, 아무에게도 특별하지 않은 제품이 됩니다. 진짜 도움이 필요한 사람에게, 그 사람의 언어로 이야기할 때 구매가 일어납니다.

"아니, 저기는 뭐가 특별한지 모르겠는데 왜 이렇게 잘 팔려?"

이제 답이 보이시나요? 비밀은 복잡한 기법이 아닙니다. 진정성 있게 자신의 변화를 보여주고, 고객들의 경험이 자연스럽게 쌓이게 하고, 관계 안에서 자연스러운 타이밍에 제안하는 것. 이 단순해 보이는 원칙들이 차곡차곡 쌓일 때, 사람들의 마음속에 브랜드가 자리잡습니다. 그때 고객은 이렇게 말합니다. **"이건 광고가 아니라, 나를 위한 제안이야."**

바로 그 순간, 사람들은 제품이 아니라 당신의 제안을 구매하기 시작합니다.

그렇다면 이제 질문은 하나입니다. "나는 이 구조를 어떻게 내 콘텐츠에 적용할 수 있을까?" 이어서 바로 그 이야기를 하겠습니다. 감정적 연결을 일회성이 아닌, 지속 가능한 시스템으로 만드는 방법. 계속해서 사랑받고, 계속해서 팔리는 콘텐츠의 구조를 함께 설계해 보겠습니다.

셀프체크
내 콘텐츠에는 이 구조가 있는가?

다음 세 가지 질문에 솔직하게 답해 보세요.

1. 내 콘텐츠에 '변화의 과정'이 담겨 있나요? 결과만 보여주고 있지는 않나요?

2. 고객들의 실제 경험과 목소리가 내 콘텐츠 안에 살아 있나요?

3. 제품이나 서비스를 제안하는 타이밍이 자연스러운가요? 갑자기 "사세요"라고 하고 있지는 않나요?

세 질문 중 하나라도 자신 있게 "네"라고 답하지 못했다면, 감정 기반 구매의 구조에서 빠진 고리가 있습니다. 괜찮습니다. 이제 그 고리를 하나씩 채워나갈 시간입니다.

 "광고비 0원인데 잘 팔리는 채널들, 생생한 경험과 노하우를 직접 들어보세요."

반짝이 아니라
오래 빛나는
사람들의 비밀

03

20년, 30년 계속 사랑받는 연예인들이 있습니다. 반대로 반짝 떴다가 지는 별도 있습니다. 크리에이터의 세계도 똑같습니다. 저는 이 세계에 11년이나 있었습니다. 솔직히 초반에는 저도 매번 뭘 터뜨려야 하나를 고민하면서, 잘 안되면 방향을 바꾸고, 반응이 없으면 무너지곤 했습니다. 그 시간 동안 점점 더 사랑받는 사람도 봤고, 도덕적·윤리적 문제가 터져서 한순간에 사라진 사람도 봤고, 아무 문제도 없었는데 스스로 지쳐서 나가떨어진 사람도 많이 봤습니다.

지금 이 책을 읽고 있다면 반짝 뜨는 별이 되고 싶지 않을 거라고 생각합니다. 빨리 나가떨어지고 싶지도 않을 겁니다. 그렇다면 이 챕터의 이야기는 정확히 당신을 위한 이야기입니다.

바로 앞에서 우리는 광고 없이 팔리는 사람들의 비밀을 살펴 봤습니다. 변화의 증거를 보여주고, 사회적 검증이 쌓이고, 자연스러운 타이밍에 제안하는 사람들. 그 구조를 이해했습니다.

그런데 한 가지 질문이 남습니다. 그렇게 잘 되기 시작한 사람 중에서도, 2년, 3년, 5년, 10년이 지나도 계속 잘되는 사람이 있고, 어느 순간 멈추는 사람이 있습니다. 그 차이는 뭘까요?

오랫동안 잘되는 게 진짜 잘하는 거라는 말, 들어 보셨을 겁니다. 시간이 지나면서 망하기는커녕, 점점 더 잘되는 사람들. 그 사람들이 공통으로 가지고 있는 아주 특별한 점이 있습니다. 네 가지입니다. 세계관, 일관성, 누적되는 스토리, 그리고 커뮤니티.

이 네 가지를 미리 알고 설계하면, 당신도 훨씬 더 오래 가면서 사랑받을 수 있습니다.

오래 가는 사람들의 세계관

제가 11년 동안 지켜보면서 발견한 가장 뚜렷한 공통점은 이겁니다. 오래 가는 사람들에게는 세계관이 있습니다. 그들이 가진 세계관의 핵심은 세 가지입니다.

내가 이걸 왜 하는지.

누구를 위해서 하는지.

이게 나에게 어떤 의미인지.

이 정체성에 대한 질문을 오래 가는 사람들은 반드시 존재합니다. 그리고 그 이야기로 공감을 사고, 사람들에게 "진짜 멋져요", "앞으로는 또 얼마나 더 멋질까요?"라는 말을 듣습니다.

앞에서 우리는 광고 없이 팔리는 사람들의 구조를 봤습니다. 변화의 증거를 보여주고, 사회적 검증을 쌓고, 누적된 신뢰 위에서 자연스럽게 제안하는 사람들. 그런데 그 구조가 작동하려면, 앞에 하나의 질문이 있어야 합니다. **"이 사람은(또는 이 채널은) 왜 이 일을 하는가?"**

이 질문에 대한 답. 그것이 세계관입니다. 이 답이 분명한 사람은 흔들리지 않습니다. 유행이 바뀌어도, 알고리즘이 바뀌어도, 조회수가 안 나오는 날이 와도 자기가 왜 이걸 하는지 아는 사람은 버팁니다. 그리고 그 버티는 모습 자체가, 또 사람들에게 감동을 줍니다.

대표적인 사례가 '세바시(세상을 바꾸는 시간, 15분)'입니다. 저는 세바시를 오래전부터 좋아했습니다. 좋아하는 것을 넘어, 동경하는 채널이었습니다. 2023년 세바시에서 무대에 서 주었으면 좋겠다는 제안이 왔을 때, 버킷리스트가 이루어진 것 같아서 얼마나 좋았는지 모릅니다. 3년이 지난 지금도 제 프로필 사진은 그날 세바시 무대에 섰던 모습입니다.

이 채널이 10년 넘게 사랑받는 이유를 들여다보면 세계관이라는 답이 정확하게 나옵니다. **"모든 평범한 사람의 삶에는, 누군가에게 영감이 될 이야기가 있다."**

2011년에 세운 이 믿음을 구범준 피디님은 15년 동안 놓지 않았습니다. 그 결과 세바시는 2천 명이 넘는 강연자를 배출하며 대한민국에서 가장 폭넓게 신뢰받는 지식의 무대가 되었습니다. 왜 하는지가 선명하고, 누구를 위해 하는지의 세계관이 흔들리지 않았기 때문입니다.

이렇게 오래 사랑받는 채널의 팬덤에서 공통적인 표현을 찾을 수 있습니다. "지금까지도 멋졌는데, 앞으로는 또 얼마나 더 멋져질까요?" 이 질문은 팬덤과 함께한 시간의 누적이 보이고, 크리에이터의 성장을 진심으로 바라고 응원해 주는 문장입니다.

왜 그럴까요? 그 사람, 그 채널 자체가, 함께하는 사람들을 잘 되게 하고 싶어 하는 세계관을 가지고 있기 때문입니다. 콘텐츠를 만드는 것이 목적이 아니라, 돕고 싶은 대상이 있고, 그것을 하는 이유가 있고, 그것을 지속해야만 하는 자기만의 스토리가 있는 겁니다. 콘텐츠는 그걸 표현하는 도구일 뿐입니다.

무너지지 않는 구조의 세 가지 장치

세계관이 있으면 방향은 흔들리지 않습니다. 그런데 방향만으로 오래 갈 수 있느냐고 물으면, 그건 아닙니다. '왜'에 대한 대답을 머릿속에 분명하게 가지고 있는 사람은 생각보다 많습니다. 하지만 그 '왜'를 실제로 구조화해서, 시스템으로 만들고, 꾸준히 지키는 사람은 드뭅니다.

세계관이 불꽃이라면, 구조는 그 불꽃이 꺼지지 않게 감싸주는 등불입니다. 후자까지 갖추어야, 무너지지 않고 진짜 오래 갑니다. 그 무너지지 않는 구조에는 세 가지 장치가 있습니다.

① 일관성

오래 가는 사람들은 일관성을 지킵니다. 단순해 보이지만 실제로 해보면 참 어렵고, 생각보다 매우 강력하게 작동합니다. 왜 그렇게 강력할까요?

사람의 뇌는 예측 가능한 것에 안도감을 느끼게 설계되어 있습니다. 낯선 것에는 경계부터 하고, 익숙한 것에는 마음을 엽니다. 일관성이란 결국 "이 사람은 내일도 오늘과 같은 사람일 거야"라는 예측 가능성입니다. 그리고 그 예측 가능성이 쌓이면, 신뢰가 됩니다.

지키면 좋은 일관성으로는 세 가지를 꼽을 수 있습니다.

첫째, 타이밍 일관성입니다. 마치 방송 편성표를 지키는 것처럼, 타이밍 일관성이 있는 크리에이터의 창작물은 언제 등장할지 예측이 가능합니다. 월, 수, 금에 올리겠다고 하면 월, 수, 금에 올리고, 아침 일곱 시에 올리겠다고 하면 매일 아침 일곱 시에 올립니다.

예를 들어, 제가 시작부터 보게 된 한 유튜브 채널은 매일 아침 여섯 시, 어김없이 콘텐츠를 올립니다. 2022년 6월에 시작한 이 채널은 벌써 구독자가 약 100만 명에 달하는 대형 채널로 성장했습니다.

타이밍 일관성이 왜 이렇게나 효과적이냐면, 사람은 반복되는 것을 습관으로 받아들이기 때문입니다. 매일 아침 여섯 시에 올라오는 콘텐츠는, 어느 순간 보는 것이 아니라 아침 루틴의 일부가 됩니다. 커피를 내리면서, 출근 준비를 하면서, 자연스럽게 그 채널을 열게 됩니다. 등장하는 시간이 정해져 있으면, 그 시간이 사람들의 일상에 자리잡을 수 있습니다. 콘텐츠가 아니라, 그 사람의 등장 자체가 보는 사람의 루틴이 되는 겁니다. 루틴이 된 채널은 쉽게 끊기지 않습니다.

반대로 "올릴 때 올리고, 안 올릴 때 안 올리는" 채널은 사람들의 일상에 자리잡지 못합니다. 기억에서 밀려나는 것은 시간 문제입니다.

다음으로, 톤 일관성입니다. 반말했다가 존댓말 했다가, 진지했다가 가벼웠다가 하는 게 아니라, 늘 일관된 태도로 등장하는 것이 톤 일관성입니다. 이 톤 일관성은 상대방에게 안정감을 줍니다. 왜 안정감이 중요할까요? 사람은 예측할 수 없는 상대 앞에서 긴장합니다. 매번 만날 때마다 감정이 오르락내리락, 태도도 오락가락, 다른 사람 같으면 예측 불가능하게 느껴지고, 그 불확실성은 "이 사람을 신뢰할 수 없음"으로 이어집니다.

사람 관계랑 똑같습니다. 오래 곁에 두고 싶은 사람을 떠올려 보세요. 대부분 감정이 고르고, 태도가 일정한 사람입니다. 한결같다는 건, 그 자체로 사람을 편안하게 만드는 능력입니다.

콘텐츠도 마찬가지입니다. 톤이 일관된 채널을 보면 사람들은 긴장을 풀고, 그 안에서 편안하게 머뭅니다. 머무는 시간이 길어지면, 관계가 깊어집니다. 관계가 깊어지면, 신뢰가 쌓입니다.

마지막으로, 가치 일관성입니다. 어느 날은 이게 중요하다고 말하고 어떤 날은 정반대로 이야기를 하는 게 아니라, 가치관이 한결같은 겁니다. 이건 세 가지 일관성 중에서 가장 깊은 층위입니다. 타이밍과 톤은 '어떻게 보여주느냐'의 문제이지만, 가치 일관성은 '무엇을 믿느냐'의 문제이기 때문입니다.

가치 일관성이 있는 채널을 쭉 보고 있으면 뚜렷하게 자기 세계관을 추구하면서 일관되게 나아가는 모습이 보입니다. 팔로워에게 '어쩜 저렇게 한결같을까?' 하는 마음이 들게 하는 거죠. 이 마음이 왜 강력하냐면, 사람들은 자기가 동의하는 가치를 일관되게 지키는 사람을 나를 대신해서 살아주는 사람처럼 느끼기 때문입니다.

내가 중요하다고 믿지만 매일 실천하지는 못하는 것. 그걸 흔들림 없이 해내는 사람이 눈앞에 있으면 존경이 생기고, 응원하고 싶어지고, 그 사람이 만든 것이라면 기꺼이 선택하고 싶어집니다. 가치 일관성은 팬을 만드는 일관성입니다.

이 세 가지가 맞물릴 때, 사람들은 '이 사람은 믿을 수 있는 사람'이라고 느끼기 시작합니다. 타이밍 일관성이 습관을 만들고, 톤 일관성이 안정감을 만들고, 가치 일관성이 존경을 만듭니다. 습관, 안정감, 존경. 이 셋이 겹치는 자리에 신뢰가 앉습니다.

② 누적되는 스토리

오래 가는 사람들은 자기 이야기를 연속극처럼 쌓아갑니다. 개별 콘텐츠가 따로따로 존재하는 게 아니라, 하나의 서사로 연결됩니다. 영상 하나가 끝날 때 다음에 무엇을 할지 예고하거나, 재미있는 지점에서 끊으면서 "다음 시간에 만나요" 하는 식입니다. 드라마 한 회가 끝날 때 다음 회 예고편이 나오는 것과 같은 원리입니다. 왜 이게 그렇게 강력할까요?

심리학에서는 이걸 '자이가르닉 효과Zeigarnik Effect'라고 부릅니다. 사람의 뇌는 완결된 이야기보다 끝나지 않은 이야기를 훨씬 더 오래, 더 강하게 기억합니다. 시험공부를 할 때 다 푼 문제는 금방 잊어버리는데, 못 푼 문제는 이상하게 머릿속에 남아 있잖아요. 콘텐츠도 똑같습니다.

'이 사람 이야기가 다음에 어떻게 될까?'가 궁금해지면, 사람들은 알림을 켜고 기다립니다. 그리고 그 기다림 자체가 관계의 깊이를 만듭니다. 기다림이 있는 관계와 없는 관계는 본질적으로 다릅니다. 기다린다는 건, 상대에게 내 시간의 일부를 이미 내어 준 것이기 때문입니다. 시간을 내어 준 사람은 쉽게 떠나지 않습니다.

여기서 한 가지 오해를 풀어야 합니다. 누적되는 스토리라고 하면 꼭 드라마 같은 극적인 서사가 필요하다고 생각하기 쉽습니다. 그렇지 않습니다. '이 사람이 이번 주에는 또 어떤 인사이트를 줄까?', '이번에는 어떤 문제를 해결해 줄까?' 하는 기대감만으로도 충분합니다.

핵심은 이겁니다. 개별 콘텐츠의 조회수가 아니라, 사람들이 다음을 궁금해 하는가. 조회수가 높은 콘텐츠는 화제를 만들지만, 다음이 궁금한 콘텐츠는 관계를 만듭니다. 화제는 한 번이지만, 관계는 계속됩니다.

그러려면 미리 내가 어떤 이야기를 나눌지를 설계해야 합니다. 한 달 동안 어떤 이야기를 하고 싶은지, 분기에는 어떤 스토리를 쌓아 올리고 싶은지. "그냥 뭐든 터뜨려 보자"가 아닙니다. 전체 그림을 먼저 그리느냐, 마느냐, 그 차이는 시간이 흐를수록 생각보다 훨씬 커집니다. 전체 그림이 있는 사람은 하나를 올려도 다음이 보입니다. 보는 사람도 느낍니다. "아, 이 사람은 어딘가로 가고 있구나." 그 방향이 느껴지는 순간, 사람들은 따라가고 싶어집니다.

반대로 전체 그림이 없는 사람은 매번 백지에서 시작합니다. "이번엔 뭘 하지?" 하면서 유행을 좇고, 반응이 없으면 금방 바꿉니다. 보는 사람 입장에서는 이 사람이 어디로 가는지 알 수가 없습니다. 방향이 안 보이는 사람을 오래 따라가는 사람은 없습니다.

같은 개수의 콘텐츠를 올려도, 설계가 있는 사람의 콘텐츠는 한 편 한 편이 벽돌처럼 쌓이고, 설계가 없는 사람의 콘텐츠는 한 편 한 편이 흩어진 모래알로 남습니다. 1년 뒤, 벽돌을 쌓듯 콘텐츠를 올린 사람에게는 집이 서 있습니다. 모래를 뿌리듯 흩뿌린 사람의 자리에는 아무것도 남지 않습니다.

③ 커뮤니티

오래 가는 사람들에게는 공통적으로 커뮤니티가 있습니다. 그들은 혼자가 아닙니다. 왜 커뮤니티가 이렇게 결정적일까요? 세계관, 일관성, 스토리. 이 세 가지는 전부 크리에이터 한 사람의 힘으로 돌아갑니다. 그 한 사람이 멈추면, 전부 멈춥니다. 하지만 커뮤니티가 생기는 순간, 구조가 바뀝니다. 한 사람이 감당하던 에너지를 여러 사람이 나눠 가지게 됩니다.

크리에이터가 방향을 잡으면, 커뮤니티가 함께 걸어 줍니다. 크리에이터가 힘들어서 잠시 멈추면, 커뮤니티가 서로를 붙잡아 줍니다. 혼자 달리는 사람은 체력이 바닥나면 멈출 수밖에 없지만, 함께 달리는 사람들은 서로가 서로의 페이스메이커가 되어 줍니다. 이 사람들은 자기가 존재할 수 있는 이유가 함께하는 사람들 때문이라는 걸 명확하게 알고 있습니다. 그래서 열심히 해야 하는 이유도, 최선을 다해야 하는 이유도 그 사람들을 위해서라는 걸 늘 표현합니다. 그러다 보니 커뮤니티 안에 유대감이 생기고, "우리가 함께 이것을 만들어 가는 거다"라는 느낌이 만들어집니다. 마치 하나의 운동 같은 겁니다.

이렇게 커뮤니티가 생긴 곳이 쉽게 무너지지 않는 이유는 간단합니다. 그 커뮤니티를 받치고 있는 사람이 한 명이 아니기 때문입니다. 구성원 모두가 '이 커뮤니티는 내 거'라고 느끼는 겁니다.

이 이야기를 하면서, 저는 오콘목달을 빼놓을 수가 없습니다. 자랑이 아닙니다. 감사의 기록입니다. 팬딩이라는 새로운 플랫폼에서 구독경제를 처음 시작했을 때의 일입니다. 수강생분들이 "함께 공부하자"라며 자기 SNS 스토리에 일제히 추천을 올려 주셨습니다. 제가 부탁한 게 아닙니다. 누가 정한 역할도 아닙니다. 그냥, 자기가 좋았던 것을 소중한 사람들에게 나누고 싶었던 마음이었습니다.

많은 분이 동시에 추천 게시물을 올리자, "이게 무슨 일이야?" 하고 찾아온 사람들이 있었습니다. 그 덕분에 팬딩 구독경제가 자리를 잡을 수 있었습니다. 그리고 그 일은 한 번으로 끝나지 않았습니다. 와디즈 펀딩 때도, 프리미엄 클래스를 론칭할 때도, 오콘목달 안에서 새로운 시작이 있을 때마다 구성원분들의 자발적인 추천이 함께해 주었습니다. 오콘목달이 여기까지 올 수 있었던 건 제 능력이 아니라 이분들의 마음과 동참, 동행 덕분입니다.

특히 프리미엄 클래스에서 그 마음이 가장 선명하게 보였습니다. 프리미엄 클래스는 조별로 활동합니다. 조장과 조원들이 함께 어울리면서, 매일 서로의 루틴을 확인하며 안부를 챙기고, 서로의 콘텐츠에 대해 피드백을 주고받으며 오프라인에서 모여 삶을 나누고, 지치지 않도록 서로를 챙깁니다. 100일 동안 함께 달리는 과정이 끝나면, 수백 개의 후기가 올라옵니다. 그런데 그 후기는 "오은환 선생님, 감사합니다"로 끝나지 않습니다.

"나를 받쳐준 우리 조원들에게 감사합니다."

"포기하려던 날, 옆에서 '한 번만 더 해보자'라고 말해준 사람이 있었습니다."

"혼자였으면 절대 100일을 못 채웠을 거예요."

감사의 대상이 오은환 한 사람이 아니라, 함께 걸어준 사람들을 향하고 있습니다. 그래서 오콘목달은 제 커뮤니티가 아닙니다. 모두의 커뮤니티입니다.

목요일이면 오콘목달 단톡방에 새로운 분들이 들어옵니다. 제가 단톡방을 잠깐 확인하지 못하는 동안, 기존 멤버분들이 먼저 환영합니다. 무언가를 새로 시작할 때도 "기다리고 있었어요, 선생님"이라고 반응을 함께해 주십니다. 이게 커뮤니티의 힘입니다.

크리에이터 한 사람의 에너지에는 한계가 있지만, 커뮤니티의 에너지는 돌고 돕니다. 에너지가 떨어진 사람을 에너지가 있는 사람이 채워 주고, 다음번에 그 사람의 에너지가 떨어지면 충전된 사람이 다시 그 자리를 채워줍니다. 끊기지 않습니다. 한 사람이 쉬어도, 전체가 멈추지 않습니다. 이 순환이 만들어진 곳은 시간이 지날수록 무너지는 게 아니라, 시간이 지날수록 단단해집니다.

셀프체크

내 브랜드는 오래 갈 구조를 갖추고 있나요?

오래 가는 사람이 되고 싶다면, 다음 네 가지를 하나하나 확인해 보세요.

1. 내 세계관이 분명한가요?
   사람들에게도 물어보세요. "제가 어떤 가치를 주기 때문에 저를 좋아하세요?" 이 질문의 답이 곧 당신의 세계관입니다.
2. 일관성 있는 패턴이 있나요?
   시간, 톤, 가치. 이 세 가지를 정하고 약속처럼 지켜 보세요. 처음에는 아무도 모릅니다. 하지만 두 달, 세 달이 지나면 사람들이 당신의 리듬에 맞춰 기다리기 시작합니다.
3. 전체 그림을 먼저 그려 보았나요?
   "이번 달은 이 주제로 이야기해 보자" 정도면 충분

합니다. 이것 하나만으로도 매번 백지에서 시작하는 고통이 사라집니다.

4. 사람들의 참여 지점이 있나요?

    사람들은 자기 목소리가 닿는다고 느끼는 순간, 관객에서 동료가 됩니다. 그 동료들이 쌓이면, 혼자서는 절대 만들 수 없는 힘이 생깁니다.

 "혼자가 아니라 '우리'로 성장하는 공간이 있습니다. 카페에 독서 노트를 업로드해 보세요! 저자와 커뮤니티가 함께 읽어요!

좋아요보다 강렬한 '우리'라는 유대감

04

조용한 30만 명. 사람이 느껴지는 3만 명

30만 팔로워인데 조용한 사람, 3만 팔로워인데 사람이 느껴지는 사람. 그 차이는 앞 챕터에서 함께 본 것 안에 답이 있습니다. 세계관이 있는가. 일관성이 있는가. 이야기가 누적되고 있는가. 함께하는 사람들이 있는가. 이 네 가지를 갖춘 사람은 숫자와 상관없이 오래 갑니다. 시간이 지날수록 더 강해집니다.

반짝 뜨는 별은 화려하지만 금방 잊힙니다. 오래 빛나는 별은 처음엔 눈에 띄지 않아도, 올려다보는 사람들의 밤하늘에 자리를 잡습니다. 당신이 되고 싶은 별은 어느 쪽인가요?

이 질문을 품은 채, 이제 그 정점에 있는 이야기를 할 차례입니다. 바로 '팬덤'입니다. 팬덤이 있는 채널과 없는 채널의 차이는, 평소에는 잘 보이지 않습니다. 팔로워 수도 비슷하고, 좋아요 수도 비슷해 보입니다. 그 차이가 극명하게 드러나는 순간은, 사람들에게 움직여 달라고 요청할 때입니다.

예를 들어 책을 생각해 보세요. 팬덤이 살아 있는 채널에서 책이 나오면, 그 책은 금세 베스트셀러가 됩니다. 종합 베스트셀러, 일간, 주간 차트를 석권하며 올라갑니다. 오콘목달 안에서도 이런 일이 실제로 일어났습니다. 한 수강생분은 혈당 관리에 대한 이야기를 꾸준히 나누며 인플루언서로 성장했고, 『혈당 안심 레시피』라는 책은 출간하자마자 베스트셀러에 올랐습니다. 환경의 중요성을 알리는 비건 인플루언서 수강생분도 『환경 레시피』라는 책을 내자마자 같은 결과를 만들었습니다.

유튜브에서 책을 소개하는 한 채널도 인상 깊게 보았습니다. 채널에서 책을 소개하면, 구독자들이 자발적으로 그 책을 구매합니다. 그 채널이 소개한 작가의 책은 출간될 때마다 베스트셀러가 되고 있습니다. 채널의 팬덤이 작가의 팬덤과 만나면서, 책이 큰 사랑을 받는 구조가 만들어진 것입니다.

하지만 아무리 채널이 커도, 팬덤이 없는 곳에서 책이 나오면 순위 변화가 없습니다. 채널은 큰데, 책은 안 팔립니다. 어떤 차이가 이런 결과를 만드는 걸까요?

팔로워와 팬덤은 같지 않습니다. 팔로워와 팬덤은 본질적으로 다른 관계라는 사실을 가장 먼저 이해해야 합니다.

필요하면 팔로우할 수 있습니다. 지나가다 어떤 콘텐츠를 봤는데 유용했습니다. '다음에도 보면 유익하겠다'라는 판단이 들면 팔로우 버튼을 누릅니다. 이건 필요에 의한 행동이지, 좋아한다거나 열렬히 지지한다는 뜻과는 아직 거리가 멉니다.

팬덤은 다릅니다. 팬덤은 내가 좋아하는 크리에이터를 나와 연결된 일부로 봅니다. 커뮤니티든, 시간표든, 일상의 루틴이든 나의 삶을 나누고 있는 대상으로 느끼는 겁니다.

사회심리학자 앙리 타즈펠Henri Tajfel은 이것을 '사회적 정체성 이론Social Identity Theory'으로 설명했습니다. 사람은 자신이 속한 집단을 자기 정체성의 일부로 받아들이면, 그 집단의 성공을 자기 성공처럼 느끼고, 그 집단을 위해 자발적으로 행동하게 된다는 것입니다.

팔로워는 정보를 소비하는 관계입니다. 팬덤은 정체성을 공유하는 관계입니다. 이 차이가 책 판매량의 차이를, 공동구매의 차이를, 커뮤니티의 온도 차이를 만듭니다.

저는 '팬덤을 만드는 콘텐츠의 비밀'이라는 주제로 많은 강연에 초대받았습니다. 기업 쥬비스의 팬덤 커뮤니티 제도를 설계하고 운영했던 경험, 라이크커머스 법인 레어케어에서 팬덤을 만들었던 경험, 그리고 오콘목달의 팬덤을 일으킨 경험까지. 세 번의 팬덤 커뮤니티가 만들어지는 과정을 직접 경험하면서, 그리고 팬덤이 명백하게 존재하는 수많은 크리에이터와 연예인들의 공간을 관찰하면서 발견한 원리들이 있습니다. 이제 그 원리를 이야기하려 합니다.

좋아요와 팬덤, 그 결정적 차이

팔로워와 팬덤이 다르듯, 좋아요와 팬덤의 응원도 완전히 다른 차원의 관계입니다. 앞에서 우리는 호감과 구매 의도는 다르다는 이야기를 했습니다. 좋아하는 건 에너지가 들지 않지만, 구매에는 논리와 계산과 이성적 사고가 들어간다고요. 비슷한 구조입니다.

좋아요 관계는 일방적입니다. 구경하고, 소비하고, 때때로 반응하는 정도면 충분합니다. 조용히 앉아서 구경만 하는 관람객 같은 겁니다. 콘텐츠를 보고, 좋아요를 누르고, 가끔 댓글을 달지만 그게 전부입니다.

팬덤 관계는 완전히 다릅니다. 자신의 의견을 적극적으로 표현하고, 다른 팬들과 소통하고, 어렵더라도 커뮤니티에 가입하고, 그 안에서 자기소개를 합니다. 단순히 보기만 하는 게 아니라, 그 공간에서 자신의 존재감을 기꺼이 드러내며 적극적으로 자기 목소리를 냅니다. 그러다 보니 움직임이 있습니다.

오프라인 모임이 있으면 모이는 사람들이 있고, 티켓을 발매하면 광클을 하는 사람들이 있습니다. 팬덤이 강한 아티스트의 콘서트를 떠올려보세요. 1분 컷, 30초 컷, 티켓런, 오픈런. 우리는 이런 단어들을 수없이 들어왔습니다. 그것이 바로 팬덤이 만들어 내는 에너지입니다.

좋아요는 손가락 하나의 클릭 행동입니다.

팬덤은 삶의 일부를 함께 공유하는 행동입니다.

그렇다면 사람들이 단순한 관찰자에서, 자기 삶의 일부를 내놓는 참여자로 바뀌는 순간은 언제일까요?

팬덤이 결집하는 세 가지 감정적 연결고리

세 번의 팬덤을 만들면서, 그리고 수많은 성공 사례를 관찰하면서 발견한 패턴이 있습니다. 팬덤이 결집하는 곳에는 세 가지 공통된 감정적 연결고리가 존재합니다.

① 동질감: "우리는 같은 문제를 가진 사람들이야"

첫 번째 연결고리는 공통의 문제 인식에서 오는 동질감입니다. 사람들은 자신만 겪는다고 생각했던 어려움이 다른 사람들에게도 있다는 것을 알게 될 때, 강한 연대감을 느낍니다.

이것은 우연이 아닙니다. 심리학자 로이 바우마이스터Roy Baumeister와 마크 리어리Mark Leary는 인간에게 '소속 욕구Need to Belong'가 있다는 것을 연구로 밝혔습니다. 인간은 고립되는 것을 본능적으로 두려워하도록 진화했고, '나와 같은 문제를 가진 사람들이 여기 있다'라는 발견은 그 고립감을 해소해 줍니다. 이 욕구가 팬덤 결집의 가장 원초적인 동력입니다.

오콘목달 커뮤니티에서 이런 이야기를 자주 접합니다.

"콘텐츠 만들 때 저만 막막하고 어려운 줄 알았는데, 채널이 큰 선배님들도 똑같은 고민을 하고 있었네요."

"저만 힘든 게 아니었네요."

이런 순간, 문제에 대한 사람들의 생각은 '나'에서 '우리'로 인식이 바뀝니다. 개별적인 문제가 공동의 과제가 되는 겁니다.

제가 직접 운영했던 '다이어트 커뮤니티'도 마찬가지였습니다. 사람들은 단순히 다이어트 정보를 얻으려고 온 게 아니었습니다. '건강하게 변화하고 싶다'라는 간절함을 가진 사람들로서 서로에게 연대감을 느끼고, 그 안에 함께 있고 싶어서 커뮤니티에 가입하고 팬덤에 합류했습니다.

이렇게 합류한 사람들의 행동은 단순히 정보를 얻어가는 사람들과는 다릅니다. 누군가 체중이 정체되거나 포기하고 싶어하면, "같이 극복해가자"라며 서로를 응원합니다. '여기 나 같은 사람들이 가득 모여 있구나. 내가 오늘 도움받았으니 나도 내일은 도움을 줘야겠다' 이런 선한 에너지가 돌고 돕니다. 단순한 서비스 이용자와 제공자의 관계를 넘어서, 같은 목표를 향해 함께 뛰어가는 동료가 되는 것입니다.

직접 공동구매를 중심으로 라이크 커머스 법인을 운영했을 때도 이 동질감은 강력하게 작동했습니다. 당시 커뮤니티의 멤버들은 '건강하고 아름다운 일상을 함께 만들고 싶다'라는 공통의 마음으로 모인 사람들이었습니다. 아침마다 같은 시간에 일어나 루틴을 공유하고, 영양제를 같이 먹고, 찜질팩을 함께 데우며 하루를 시작했습니다. 자신의 공간을 함께 사용하는 제품들로 채운 뒤, 그 공간을 자랑스럽게 인증하기도 했습니다. 심지어 우리가 즐겨 쓰는 제품들이 잘 전시되어 있는 전국의 집들을 지도로 만들어 커뮤니티에 공유할 정도였습니다.

물건을 사는 것 자체, 그 물건들로 루틴을 채우는 것 자체를 즐겼습니다. 쇼핑이 아니라 놀이였고, 소비가 아니라 '연대'였습니다. '건강하고 아름다운 삶을 살고 싶은 우리'라는 동질감이 모든 것의 출발점이었기 때문입니다.

② 프로그레스: "우리는 함께 성장하고 있어"

두 번째 연결고리는 공동의 성장 경험입니다. 사람들은 완벽한 결과보다 과정에 더 큰 매력을 느낍니다. 특히 불완전한 상태에서 시작해서 어려움을 극복하고 성장해 나가는 모습은 깊은 공감을 불러일으킵니다. 그리고 그 과정에 자신이 함께했다고 느끼는 것은, 공감을 넘어서 긍지를 만들어냅니다.

심리학자 로버트 치알디니Robert Cialdini는 이것을 'BIRG 효과Basking In Reflected Glory'라고 명명했습니다. 사람은 자신이 응원거나 연결된 대상이 성공하면, 그 성공을 자기 것처럼 느끼고 과시한다는 것입니다. 흥미롭게도, 이 이론이 처음 발견된 곳이 바로 스포츠 팬덤이었습니다. 대학 미식축구팀 팬들을 관찰했더니, 팀이 이긴 날에는 "우리가 이겼어"라고 말하고, 진 날에는 "걔네가 졌어"라고 말한 것입니다.

우리나라의 야구팀 한화 이글스를 떠올려 보면 이 효과가 정확하게 보입니다. 한화 이글스는 오랜 시간 암흑기를 겪었습니다. 성적이 바닥을 찍던 시절에도 묵묵히 응원석을 지킨 팬들이 있었습니다. 그리고 마침내 한화 이글스가 우승을 차지했을 때, 전국에서 이런 목소리가 터져 나왔습니다.

"나는 초창기부터 팬이었다!"

"클 줄 알았어, 내가 알아봤다고!"

오랜 시간 함께 고생했다는 사실 자체가, 우승의 기쁨을 나의 성취로 만들어준 겁니다. 이것이 BIRG 효과입니다. 누군가의 성장 과정에 내가 함께했다는 느낌은, 그 대상의 성공을 나의 성공으로 연결해서 기뻐하게 만듭니다.

콘텐츠 크리에이터의 세계에서도 마찬가지입니다. 채널이 작을 때부터 지켜본 사람들은, 그 채널이 성장했을 때, 마치 자신이 키워낸 것처럼 자랑스러워합니다. 우리는 점점 나아지는 누군가를 응원하는 것을 참 좋아하고, 내가 응원한 상대가 나의 기대대로 성장했을 때, 그 성장의 일부가 된 것 같은 기쁨은 팬덤을 더욱 단단하게 만듭니다.

③ 참여와 영향력: "내 목소리가 실제로 반영돼"

세 번째 연결고리는 참여와 영향력입니다. 앞서 이야기한 것처럼, 단순히 좋아하는 것과 참여하고 영향력을 발휘할 수 있다는 것은 큰 차이가 있습니다. 자신의 의견이나 제안이 실제로 반영될 때, 사람들은 강한 소속감을 느끼고, 그 공간을 나의 것으로 여기기 시작합니다.

오콘목달 수강생 중에 빵집을 운영하는 크리에이터가 계십니다. 이분의 빵집이 매번 완판을 기록하는 비결이 흥미롭습니다. 팔로워들이 슈톨렌을 먹고 싶다고 하면 슈톨렌을 만들고, 혈당이 낮은 제품을 원한다고 하면 호밀빵을 만듭니다. 그래놀라, 파운드케이크 등 메뉴가 나오게 된 배경 자체가 고객의 목소리에서 시작된 것입니다.

사람들이 필요로 하는 것을 시의성 있게 반영해서 만들어주니, 새 제품이 나올 때마다 자연스럽게 완판이 됩니다. 이런 일이 반복되면 사람들의 반응이 달라집니다. "어쩜 이렇게 제 목소리를 경청하고 반영해 주시죠?", "여긴 진정성이 다르다!"

사람들은 기뻐하고, 그 자체를 주변에 소문내고 자랑합니다. "여기는 소통력이 다르다"라며 입소문을 냅니다.

오콘목달에서도 마찬가지입니다. 수강생들이 "AI 활용법을 더 자세히 알고 싶다"라고 요청하면 실제로 커리큘럼에 반영하고, "실습 시간이 부족하다"라는 피드백이 오면 강의 구성을 조정합니다.

"제 의견이 반영되다니, 정말 감사해요!"

"우리가 함께 만들어가는 강의 같아요."

이런 순간, 수강생들은 단순한 수강생이 아닌 오콘목달 커뮤니티의 일원이라고 느끼게 됩니다. 내 목소리가 닿는다는 확인은, 관객을 동료로 바꾸는 가장 강력한 장치입니다.

팬덤이 어려운 세 가지 이유

앞서 팬덤이 만들어지는 세 가지 연결고리에 대해 이야기했습니다. 읽어보니 어떠셨나요?

"아, 그럼 나도 할 수 있겠네!"라는 생각을 하셨을 수 있습니다. 하지만 막상 시작하려고 하면 막막하고 어렵다고들 합니다. 머릿속으로는 이해했는데, 실제로는 왜 이렇게 안 되는 걸까요?

이 이야기를 할 때마다 사람들의 반응은 한결같이 난처한 표정입니다. 어려워하는 모습들을 참 많이 봤는데, 그 이유는 크게 세 가지로 압축됩니다.

① 품앗이를 팬덤으로 착각하는 것

"노력해 봤는데 안 돼요."

가장 많이 듣는 말입니다. 무엇을 노력해 봤냐고 물어보면, 댓글을 달고 답글을 달고 답방을 가고, 찾아온 사람에게는 찾아갔습니다. 요약하면 "품앗이를 열심히 했다"라는 겁니다. 그런데 그건 팬덤을 만드는 과정이 아닙니다.

그건 소통을 주고받은 것입니다. 물론 소통은 중요합니다. 하지만 소통 자체가 팬덤을 만들어 주지 않습니다. 앞서 이야기한 것처럼, 팬덤이 만들어지려면 공통의 문제의식이 있어야 하고, 함께 성장하는 기쁨이 있어야 하고, 참여할 수 있는 공간과 영향력을 발휘할 수 있는 여지가 있어야 합니다.

무엇보다, 시간이 쌓여야 합니다. 우리가 실제 현실에서 사람을 알아가고 친해질 때를 떠올려보세요. 처음 만났을 때의 어색함, 서로를 알아가는 과정, 함께 겪은 크고 작은 일들, 그리고 시간이 지나면서 쌓인 신뢰와 추억들. 이 모든 것이 쌓여야 특별한 관계가 됩니다.

팬덤도 마찬가지입니다. 관계는 쌓아가는 것이고, 추억은 쌓이는 것입니다. 그래서 며칠 동안 댓글 달고 답글 달았다는 이유로 팬덤이 생기지 않는다고 좌절하기보다는, 내가 이 공간 안에서 무엇을 더 해야 팬덤으로 작동할 수 있을지를 점검해볼 필요가 있습니다.

② 완벽하지 않으면 보여줄 수 없다는 생각

"아직 준비가 덜 됐는데…"

"이 정도로는 사람들이 실망할 것 같아요."

아이러니하게도, 이런 마음을 가질수록 팬덤과는 멀어집니다. 팬덤은 완벽함을 소비하는 관계가 아니기 때문입니다. 팬덤은 그 사람의 모든 모습을 받아들이는 관계입니다.

인기 연예인의 유튜브를 본 적이 있나요? 아침에 일어나서 화장기 없는 민낯으로 루틴을 보여주고, 본업을 할 때는 전문가에게 메이크업을 받아 꾸미고 카메라 앞에 서는 모습. 팬들의 반응은 한결같습니다. "화장을 해도 예쁘다, 안 해도 예쁘다." 팬은 어떤 모습이든 좋아합니다.

이것은 연예인에게만 해당하는 이야기가 아닙니다. 팬덤이 가진 마음의 본질은, 그 대상의 모든 버전을 좋아하는 것입니다. 잘하는 모습도 그 사람이고, 부족한 모습도 그 사람이고, 연약한 모습도 그 사람입니다. 그런데 정작 콘텐츠를 만드는 본인만 완벽한 모습만 보여줘야 한다고 생각하기 쉽습니다. 오히려 연약함을 가끔 드러내고 공유할 줄 아는 것은, 사람들이 우리를 더 좋아할 수 있는 공간을 내어주는 일입니다.

오콘목달 수강생 중 한 분이 기억납니다. 자녀를 잘 키워서 자녀가 영재고를 거쳐 연세대학교에 입학했는데, "제가 입시 전문가도 아니고, 교육 전문가도 아닌데… 교육 콘텐츠를 만들 수 있을까요?"라는 의문을 가지고 콘텐츠를 만드는 것 자체를 망설이셨습니다.

수업에서 그분의 고민을 듣고, 저는 "아이를 키우며 했던 고민 자체를 콘텐츠로 만들어보세요"라고 말씀드렸고, 그분은 "딸이 시험을 망했다고 한다"라는 제목을 시작으로 솔직한 이야기를 올리기 시작했습니다. 수행평가 자료 조사 사이트를 정리한 정보성 콘텐츠도 함께 공유했습니다.

올리는 콘텐츠마다 몇만 단위의 조회수를 기록했고, "너무 도움 돼요"라는 호응이 쏟아졌습니다. 지금은 채널 팔로워 8만 명 이상, 온라인 카페 커뮤니티에도 1만 명 이상의 회원이 있는, 영향력 있는 인플루언서가 되었습니다.

전문가가 아니라서 못 한다고 생각했던 분이, 솔직한 경험을 나누는 것만으로 팬덤을 만든 것입니다. 부족한 부분도 보여주고, 노력했던 과정도 공유하며, 그 경험을 통해 누군가의 필요를 채워주는 것. 그것이 완벽함보다 훨씬 강력하다는 것을 기억하세요.

③ 매번 새로운 것을 만들어야 한다는 부담

"매번 새롭게, 신선하게, 좋은 콘텐츠를 만들어야 하는데 너무 힘들다."

이 마음속 무게 때문에 콘텐츠 제작 자체를 두려워하는 분들이 많습니다. 마치 매번 작품을 만들어야 한다는 압박감 같은 것이죠. 하지만 그럴 때마다 다시 떠올리셔야 하는 것이 있습니다. **콘텐츠의 본질은 '소통'입니다.** 완벽한 콘텐츠를 발신하는 것이 아니라, 사람들에게 묻고 경청하고 교감하고 공유하고 대화하는 것임을 날마다 기억해야 합니다.

친구와 카톡을 할 때 매번 명문장으로 홈런을 치려고 하지 않잖아요. 그날 있었던 일, 느낀 점, 궁금한 것들을 자연스럽게 나누죠.

콘텐츠도 마찬가지입니다. 내가 느낀 것, 궁금한 것, 깨달은 것, 나누고 싶은 것. 이런 것들을 나누는 용기가 필요할 뿐이지, 매번 완벽한 대작을 만들어 내야 하는 것이 아닙니다. 팬덤과 교류할 때는, 일상의 솔직한 조각들이 오히려 가장 큰 반응을 만드는 경우가 많습니다.

마음의 장벽을 넘어서는 법

이런 장벽들은 사실 자연스러운 것들입니다. 누구나 가지고 있는 마음입니다. 하지만 이 장벽들이 우리를 멈추게 하지 않으려면, 팬덤의 본질을 기억해야 합니다.

팬덤은 완벽함에서 나오는 게 아닙니다. 진정성에서 나옵니다.

팬덤은 즉석에서 만들어지는 게 아닙니다. 시간과 관계가 쌓여서 만들어집니다.

팬덤은 모든 사람을 만족시키려고 할 때 생기는 게 아닙니다. 진짜 내 이야기를 필요로 하는 사람들과 깊게 연결될 때 생깁니다.

2부에서 우리는 좋아해도 사지 않는 이유를 분석해 봤습니다. 광고 없이 팔리는 구조를 발견했습니다. 오래 가는 사람들의 비밀을 확인했습니다. 그리고 그 모든 것의 정점에 있는 팬덤, 좋아요를 넘어 '우리'가 되는 순간의 원리를 살펴봤습니다.

호감과 구매의 간극, 감정 기반 판매의 구조, 지속 가능한 브랜드의 조건, 그리고 팬덤의 원리까지. 이 네 가지를 이해한 당신은 이미 전보다 훨씬 선명한 그림을 가지고 있습니다.

3부에서는 이 그림을 실제로 그리는 법을 이야기하려고 합니다. 어떤 콘텐츠를 만들어야 하는지, 어떻게 쌓아가야 하는지, 지금 당장 무엇부터 시작하면 좋은지. 구체적인 방법이 기다리고 있습니다.

팬덤의 씨앗
설계하기

당신의 콘텐츠에 팬덤의 씨앗을 심어두었나요? 다음 세 가지
질문에 솔직하게 답해 보세요.

① 내 채널에 '같은 문제를 가진 우리'라는 동질감이 살아
   있나요? 정보만 전달하고 있지는 않나요?
① 내 성장 과정을 함께 지켜보며 응원하는 사람들이 있나
   요? 완벽한 결과만 보여주고 있지는 않나요?
① 팔로워의 목소리가 실제로 콘텐츠나 제품에 반영된 적
   이 있나요? 일방적으로 발신만 하고 있지는 않나요?

세 질문 중 하나라도 자신 있게 "네"라고 답하지 못했다면,

아직 팬덤의 씨앗을 심을 자리가 남아 있다는 뜻입니다. 씨앗을 심는 구체적인 방법을, 다음 3부에서 함께 만들어가겠습니다.

3
부

구현
기억에 남는 콘텐츠의 공식

ORIGINAL
CODE

직관을
전략으로 바꾸는
콘텐츠 설계법

01

어떤
콘텐츠를 만들어야
사람들이 반응할까

1부와 2부를 지나오면서, 우리는 꽤 많은 것을 함께 확인했습니다. 당신 안에 이미 오리지널 코드가 있다는 것. 감정을 연결해야 기억되는 사람이 된다는 것. 기억된 사람은 무엇을 팔아도 다시 선택된다는 것. 그리고 팬덤은 하루아침이 아니라, 구조 위에서 쌓인다는 것. 여기까지 읽으면서 고개를 끄덕이셨을 겁니다. "맞아, 그래야 해" 하고요.

그런데 이제 진짜 질문이 올라옵니다. "그래서… 구체적으로 콘텐츠를 어떻게 만들어야 하는데?" 3부는 바로 그 질문에 대한 이야기입니다.

다만, 시작하기 전에 한 가지 솔직하게 말씀드리고 싶은 것이 있습니다. 콘텐츠를 어떻게 만드느냐는 주제는, 사실 100일 동안 매일 함께 피드백을 주고받으며 공부해도 이야기할 것이 넘치는 영역입니다. 저도 수업에서 이 주제를 다룰 때면, 한 사람 한 사람의 분야와 상황에 따라 정답이 달라지는 것을 매번 실감합니다.

그래서 여기서 A부터 Z까지 모든 것을 다루겠다고 약속하기는 어렵습니다. 대신, **사람들이 끝까지 보고, 기억하고, 사고 싶어지는 콘텐츠는 무엇이 달라야 하는지, 그 '한 끗'의 차이를 만드는 원리.** 그 원리를 다루려고 합니다.

일반적인 콘텐츠 기술서가 다루는 이야기 즉, 3초 안에 후킹하는 법, 섬네일은 어떤 색을 써야 하는지, 대본 구조는 어떻게 짜야 하는지, 편집 레이아웃은 어떤 게 좋은지 등, 이런 기술적인 이야기들은 이 책에서 상대적으로 덜 다뤄질 수 있습니다. 그보다 콘텐츠를 만들면서 어디에서 막히게 될지를 미리 보여드리려 합니다.

산을 오르기 전에 지도를 펼쳐보는 것과 같습니다. 어디에 낭떠러지가 있는지, 어디에서 길이 갈라지는지, 어디쯤에서 체력이 바닥날 수 있는지를 미리 확인하는 거죠. 그래야 병목에 걸려 넘어지지 않고, 경로를 잘못 타서 원하는 결과를 만나지 못하는 것을 방지할 수 있으니까요.

자, 그럼 지도를 펼쳐보겠습니다.

**현장에서
가장 많이 듣는 말**
1부에서 우리는 당신만의 오리지널 코드를 발견하는 이야기를 했습니다. 2부에서는 그 코드를 감정으로 연결하고, 사람으로 기억되는 법을 이야기했습니다. 그런데 현장에서 이 이야기를 하면, 대부분의 사람이 가장 먼저 하는 반응이 있습니다.

"그건 알겠는데… 제가 꼭 등장해야 하나요?", "저도 저를 잘 모르겠어요.", "얼굴 보여주는 건 좀…." 이런 말을 정말 많이 들었습니다.

충분히 이해합니다. 자기를 드러낸다는 건, 생각보다 용기가 많이 필요한 일이니까요. 문제는, 이 부담을 정면으로 마주하기가 너무 싫다 보니까 사람들이 이상한 우회로를 선택한다는 겁니다.

"일단 뭐라도 한번 올려보자.", "뭐가 뜨는지 한번 해보고 생각하자." 이렇게 정체성을 정의하지 않은 채, 눈에 띄는 것부터 시도해 보는 거죠. 그렇게 콘텐츠를 올리기 시작하면, 거의 예외 없이 다음의 다섯 가지 함정 중 하나에 빠지게 됩니다.

정체성 없이 콘텐츠를 만들면 빠지는 다섯 가지 함정

① 방향 없는 콘텐츠의 미궁: "도대체 뭐 하는 사람이지?"

뭐라도 하나 걸려라, 하는 마음으로 콘텐츠를 올리기 시작합니다. 오늘은 맛집 후기, 내일은 자기계발 글귀, 모레는 출근 브이로그. 올리는 사람도 뭘 하고 있는 건지 점점 혼란스러워지고, 보는 사람은 이 계정이 뭐 하는 계정인지 감을 잡지 못합니다.

"그래서 이 사람은… 뭘 하는 사람이지?" 이 질문에 3초 안에 답이 떠오르지 않으면, 사람들은 머물지 않습니다. 방향이 없는 배는, 아무리 열심히 노를 저어도 어디에도 닿지 못합니다. 크리에이터 스스로도 '나는 뭘 하고 있는 걸까?'라는 의문을 크게 느끼면서, 콘텐츠를 만드는 일 자체가 점점 고통이 됩니다.

② 숫자만 쫓는 러닝머신: "조회수는 나왔는데, 남는 게 없다"

콘텐츠를 처음 시작하면, 뇌에서 가장 큰 보상을 주는 건 아마 조회수일 겁니다. 알림이 뜨고, 숫자가 올라가고, 좋아요가 늘어나는 그 쾌감. 한번 맛보면 또 그걸 원하게 됩니다. 그래서 조회수를 올리기 위해 유행하는 포맷을 따라 하고, 트렌디한 주제를 쫓고, 자극적인 섬네일을 만듭니다.

어떤 날은 터지기도 합니다. 그런데 이상하게도, 조회수가 10만이 찍혀도 팔로워는 100명도 안 늘고, 댓글은 "재밌네~" 한 줄이 전부입니다. 왜 그럴까요?

조회수를 쫓은 거지, 보고 있는 사람을 의식한 건 아니었기 때문입니다. 조회수는 스쳐 지나간 흔적이고, 팔로우는 다시 보고 싶다는 약속입니다. 이 둘은 완전히 다른 겁니다.

2부에서 이야기했던 것을 떠올려보세요. 오래 가는 사람들에게는 일관성이 있었습니다. 그런데 트렌드만 쫓다 보면, 일관성은 사라진 지 오래고, 채널에는 정체성 대신 잡동사니만 쌓이게 됩니다. 러닝머신 위에서 아무리 열심히 달려도, 한 발짝도 앞으로 나아가지 못하는 것과 같습니다.

③ 급한 마음이 만드는 악순환: "안 팔려… 난 소질이 없나 봐"

이 책을 집어 든 독자 중에는, 솔직히 돈을 잘 벌고 싶어서 읽기 시작한 분도 계실 거라고 생각합니다. 그건 자연스러운 일입니다. 콘텐츠로 수익을 만들고 싶다는 마음은 전혀 부끄러운 것이 아닙니다. 그런데 이 마음이 너무 급해지면 문제가 생깁니다. "아 모르겠고, 일단 팔아야 해."

신뢰가 쌓이기도 전에, 관계가 형성되기도 전에, 냅다 판매 콘텐츠를 올립니다. "바로 오픈합니다!", "지금 구매하세요!", "한정 수량!"

결과는 어떨까요? **안 팔립니다.** 안 팔리고, 언팔만 늘고, 팔로워는 늘지 않고, 매출도 나오지 않고, 힘만 들고, 그러니 현타가 옵니다. "난 소질이 없나 봐"라고 하면서 포기합니다. 그런데 이건 소질의 문제가 아닙니다. **순서의 문제입니다.**

2부에서 우리가 확인한 것을 기억하시나요? 사람들이 호감을 느끼는 것과 지갑을 여는 것 사이에 넓은 강이 흐르고 있었습니다. 아직 다리도 놓지 않았는데, "이 강을 건너세요"라고 하면 아무도 그 강을 건너려고 하지 않습니다.

급한 마음에 판매부터 시도하면, 독자들은 이 채널을 도움을 주는 사람이 아니라 물건을 팔려는 광고 계정으로 인식합니다. 한 번 그렇게 인식되면, 그 인식을 다시 되돌리기는 정말 어렵습니다.

④ 잊혀지는 사람: "좋은 정보 감사합니다"

많은 사람이 나를 드러내는 게 부담스러우니까, 차선책을 선택합니다. "내 이야기를 안 해도, 좋은 정보를 주면 팔로우가 늘지 않을까?"

그래서 유용한 정보를 정리해서 올립니다. 검색하면 나올 법한 내용을 깔끔하게 정리하고, 카드뉴스로 만들고, 핵심만 콕 짚어 줍니다. 사람들이 반응합니다. "와, 유용해요!", "정리 감사합니다!"

여기까지는 좋습니다. 그런데 한 가지 빠진 게 있습니다. **바로 당신이 빠져 있습니다.** 이 경우, 사람들은 정보는 기억하되, 그 정보를 준 사람은 기억하지 못합니다.

1부에서 우리가 함께 확인한 사실을 떠올려보세요. 전문성은 쉽게 복제됩니다. 하지만 한 사람이 살아낸 이야기, 세상을 바라보는 태도, 말투, 시선, 결은 절대로 복제할 수 없습니다. 정보만 있고 관점이 없는 콘텐츠는, 독자에게 좋은 정보를 봤다는 경험은 줄 수 있지만, 이 사람에게 케어 받고 있다는 느낌은 주지 못합니다.

그런데 우리가 특정 브랜드에 충성도를 느끼는 순간을 생각해 보세요. 그 브랜드가 내 삶에 연결된 느낌. 뭔가 모르게 이 브랜드가 내 삶을 지켜주는 것 같고, 나아지게 해주는 것 같은 느낌. 그 감각이 생겨야 사람들이 떠나지 않습니다. 정보만 나열하는 콘텐츠로는, 그 감각에 닿을 수 없습니다.

⑤ 솔직하지만 연결되지 않는 콘텐츠: "오늘의 일기"

정체성을 갖고 이야기하는 건 어렵습니다. 그러니 가장 쉬운 길을 선택합니다. 그냥 일기를 쓰는 겁니다. 오늘 어떤 감정이었는지, 어떤 일이 있었는지, 뭐가 기뻤는지, 뭐가 슬펐는지. "솔직하게 이야기하라"는 말을 어디선가 들었으니까, 그냥 있는 그대로를 적습니다. 자기에게 예뻐 보이는 사진을 올리고, 자기에게 좋았던 순간을 기록합니다.

분명 진심입니다. 거짓이 없습니다. 그런데 반응이 없습니다. 왜 그럴까요?

1부에서 이야기한 것을 기억해 보세요. 취약함을 드러내는 것은 강력한 연결고리가 됩니다. 하지만 그것이 연결로 이어지려면, 그 이야기가 보는 사람에게 의미 있는 통찰이나 위로로 전환되어야 합니다.

"오늘 좀 힘들었어요"라는 문장은 그냥 일기입니다. "오늘 좀 힘들었어요. 그런데 그 힘듦 속에서 이런 걸 발견했어요. 혹시 여러분에게도 이런 순간이 있었나요?"는 콘텐츠입니다. 같은 솔직함이라도, 나에서 멈추느냐, 우리로 확장되느냐에 따라 결과는 완전히 달라집니다.

지금 다섯 가지를 읽으면서 "어… 내 이야기인데?" 하고 느끼셨다면, 그건 너무 자연스러운 겁니다. 이 중 하나라도 해당하지 않는 사람을 찾기가 더 어렵습니다. 저도 예전에 다 해본 실수들입니다. 이건 당신의 부족함 때문이 아닙니다. **그렇게 해서는 안 된다는 것을, 아무도 알려주지 않은 결과일 뿐입니다.** 그래서 지금 이 챕터가 필요한 겁니다.

"맞네, 그렇네" 하면서 여기까지 읽어오셨다면, 이제 관점을 하나 바꿔야 합니다.

콘텐츠 제작자에서 콘텐츠 설계자로

우리가 방금 살펴본 다섯 가지 함정에는 하나의 공통점이 있습니다. **콘텐츠가 '주인'이 되어 있다는 겁니다.**

"뭘 올려야 하지?", "조회수가 안 나오는데?", "왜 안 팔리지?", "뭐라고 써야 하지?"

이 모든 고민의 중심에 콘텐츠가 놓여 있습니다. 이런 고민을 매일 한다면 콘텐츠에 끌려다니고 있는 것입니다. 여기서 관점을 한번 뒤집어야 합니다. **콘텐츠는 목적이 아니라, 도구입니다.** 당신이 진짜 원하는 것을 생각해 보세요. 단순히 조회수 높은 콘텐츠를 만드는 게 목표인가요?

아마 그건 아닐 겁니다. 자유롭게 살고 싶고, 경제적 여유를 가지고 싶고, 내가 좋아하는 일을 하면서 사랑받고 싶고, 영향력 있는 삶을 살고 싶은 것. 그게 진짜 목적이잖아요.

콘텐츠는 그 목적을 이루는 도구입니다. 내가 잠자는 사이에 나 대신 영업을 나가주는 도구. 내가 잠들어도 결제가 들어오는 구조를 만드는 도구. 내가 원하는 사람들과 연결되게 해주는 도구.

이 관점이 서는 순간, 질문이 달라집니다. "뭘 올리지?"가 아니라, **"이 콘텐츠가 내 목적에 어떤 역할을 하지?"**로 질문이 바뀌는 거죠. 이것이 콘텐츠를 만드는 사람과 콘텐츠를 설계하는 사람의 차이입니다.

설계를 위해 반드시 정의해야 할 세 가지

콘텐츠가 도구가 되려면, 그 도구를 쓰기 전에 미리 정의해둬야 할 것들이 있습니다. 1부와 2부에서 이미 한 번씩 짚었던 것들이지만, 이제는 콘텐츠 설계의 맥락에서 더 구체적으로 정리할 필요가 있습니다. 세 가지입니다.

첫째, 강점. "나는 어떤 사람이지?" 1부에서 우리가 발견한 오리지널 코드. 당신의 경험, 관점, 취약함. 이것이 콘텐츠의 출발점입니다.

둘째, 타깃. **"이게 누구에게 필요한 거지?"** 당신이 가진 강점이 해결해 줄 수 있는 문제를 안고 있는 사람은 누구인가요? 불특정 다수가 아니라, 구체적인 한 사람의 얼굴이 떠올라야 합니다.

셋째, 역할. **"나는 그 사람에게 어떤 존재가 되는 거지?"** 이 세 번째가 특히 중요합니다. 그리고 많은 분이 놓치는 지점이기도 합니다. 같은 주제를 다루더라도, 내가 어떤 역할로 그 사람 앞에 서느냐에 따라 콘텐츠의 결은 완전히 달라집니다. 선생님이 되려는 건지, 동행자가 되려는 건지, 큐레이터가 되어 선택의 피로를 줄여주려는 건지. 이 역할 정의가 콘텐츠의 톤을, 형식을, 방향을, 그리고 궁극적으로 비즈니스 모델까지 결정합니다.

같은 주제, 완전히 다른 세 개의 채널

요즘 모두가 관심을 갖는 주제가 있습니다. AI입니다. AI가 시의성 있고, 사람들이 집중하는 주제라는 건 모두가 공감할 겁니다. 그런데 AI는 주제일 뿐입니다. 주제만 있고, 방금 이야기한 정체성·타깃·역할 정의가 없다면, AI 콘텐츠를 어떻게 풀어가야 할지 감이 잡히지 않습니다.

자, 그러면 무엇을 정의한다는 건지 예를 들어보겠습니다. 정체성은 하나로 통일해 보겠습니다. 'AI를 잘 쓰는 것을 돕는 채널.' 여기까지는 같습니다. 그런데 타깃과 역할이 달라지면, 완전히 다른 세계가 열립니다.

채널 A: 특파원 형

- **타깃**: "AI 소식을 하나도 놓치고 싶지 않아. 최신 트렌드를 가장 빠르게 알고 싶어."
- **역할**: AI 세계의 특파원, 기자, 큐레이터

이 채널의 콘텐츠는 속도와 정보량이 생명입니다. 새로운 AI 서비스가 나오면 가장 먼저 리뷰하고, 업계 소식을 빠르게 전달합니다. 톤은 객관적이고 간결합니다. 이 채널의 팔로워들은 정보를 원합니다. 그래서 이 채널이 수익을 만드는 방식도 거기에 맞춰집니다. AI 기업들의 광고, 스폰서십, 제품 리뷰 의뢰. 정보력이 곧 자산이 되는 모델입니다.

채널 B: 동행자 형

- **타깃**: "AI는 잘 모르지만, 그냥 내 일에 접목하는 방법을 알고 싶어."
- **역할**: 같은 위치에서 먼저 해본 동료, 친구

이 채널의 콘텐츠는 이렇게 시작합니다. "AI를 이렇게 써서 야근이 두 시간 줄었어. 너도 해 봐." 톤은 편안하고, 수평적입니다. "내가 알려줄게"가 아니라 "나도 이렇게 하고 있어"입니다. 이 채널의 팔로워들은 정보가 아니라, 이 사람의 시행착오를 통해 자기도 해볼 수 있다는 용기를 얻습니다. 신뢰가 쌓이고, 유대가 생깁니다. 팬덤이 만들어집니다.

채널 C: 선생님 형

- **타깃:** "AI가 어려워. 하나하나 쉽게 배우고 싶어."
- **역할:** 차근차근 이끌어주는 선생님

이 채널의 콘텐츠는 "어렵죠? 제가 쉽게 알려드릴게요. 하나씩 따라오세요"의 톤으로 갑니다. 톤은 다정하지만 체계적입니다. 커리큘럼이 있고, 단계가 있고, 숙제가 있습니다. 이 채널의 팔로워들은 어느 순간 이렇게 말합니다. "강의를 만들어 주세요.", "모여서 함께 공부할 수 없나요?", "전자책을 내주세요."

보이시나요? 정체성은 'AI를 잘 쓰는 것을 돕는 채널'로 같았지만, 타깃과 역할이 달라지는 순간 콘텐츠의 결이 달라지고, 모이는 사람이 달라지고, 들어오는 요구가 달라지고, 수익 모델이 달라집니다. 잘 운영한다면, A는 광고 수익 모델로 발전하게 되고, B는 팬덤 기반 커뮤니티로 발전하게 되고, C는 교육 비즈니스로 발전하게 됩니다.

같은 주제, 같은 정체성인데, 설계 하나로 비즈니스의 방향이 완전히 갈라지는 겁니다.

방금 살펴본 것처럼 정체성과 타깃과 역할, 이 세 가지만 미리 정의해도 앞서 이야기한 다섯 가지 함정에 빠지지 않게 됩니다. 방향이 없어서 헤매는 일이 없어집니다. 내가 누구이고, 누구에게, 어떤 역할로 이야기하는지 알고 있으니까요.

조회수만 쫓아다니는 일이 없어집니다. 내 타깃이 누구인지 알고 있으니까, 그 사람이 진짜 필요한 콘텐츠가 무엇인지도 보이기 시작합니다. 급하게 팔다가 밀려나는 일이 없어집니다. 내 역할이 정의되어 있으니까, 판매가 아니라 도움의 연장선에서 자연스럽게 제안할 수 있으니까요.

정보만 나열하다 잊히는 일이 없어집니다. 정보에 나의 관점과 역할이 실리니까, 같은 정보라도 당신만의 결이 묻어나니까요. 일기만 쓰다 아무에게도 닿지 못하는 일이 없어집니다. 타깃이 있으니까, 내 이야기가 그 사람에게 어떤 의미가 될 수 있을지를 의식하게 되니까요.

결국 이 세 가지가 정의된 상태에서 콘텐츠를 기획하면, 질적으로 완전히 다른 콘텐츠가 태어날 수밖에 없습니다.

나의 콘텐츠
정체성 생각하기

당신의 채널에 대해 한번 생각해 보세요.

① 나는 어떤 사람인가요?

② 누구에게 필요한 사람인가요?

③ 어떤 역할을 하는 사람인가요?

이 세 가지 답이 선명하게 나온다면, 콘텐츠는 이미 절반은 만들어진 것과 같습니다. 답이 아직 선명하지 않아도 괜찮습니다. 이 질문을 품고 있는 것만으로도, 앞선 챕터에서 다룬 다섯 가지 함정에 빠지지 않는 힘이 됩니다.

마음을 움직이는
메시지의 기술

02

**잘 쓴 카피가 아니라,
깊은 공감이 먼저다**

우리는 콘텐츠를 만드는 관점에서 설계하는 관점으로 넘어왔습니다. 나는 어떤 사람이고, 누구에게 필요한 사람이고, 어떤 역할을 하는 사람인지. 이 세 가지가 정의되면 콘텐츠의 방향은 잡힙니다. 그런데 방향이 잡혔다고 해서, 바로 사람의 마음이 움직이는 건 아닙니다. 여기서부터 많은 분이 본능적으로 이런 고민을 시작합니다.

"첫 문장을 어떻게 시작해야 할까?"

"사람들이 멈춰 서는 카피를 어떻게 뽑지?"

"광고처럼 임팩트 있게 쓰려면 뭘 배워야 하지?"

자연스러운 흐름입니다. 콘텐츠를 만들겠다고 마음먹으면,

잘 쓰는 법부터 찾게 되니까요. 카피라이팅 강의를 듣고, 성공 사례를 벤치마킹하고, 광고처럼 임팩트 있는 문장을 만들어보려 합니다. 여기서 묘한 역설이 하나 생깁니다.

카피를 잘 뽑으려고 욕심을 내면 낼수록, 오히려 겉도는 경우가 많습니다. 분명 문장 자체는 괜찮은데, 사람들의 반응이 없습니다. 댓글이 안 달립니다. 사람들이 저장을 하지 않습니다. 크리에이터는 뭐가 문제인지 고민하게 됩니다.

이유는 단순합니다. 대기업의 광고 카피가 먹히는 건, 카피 자체가 뛰어나서가 아닙니다. 그 카피 뒤에 수십 년간 쌓인 브랜드에 대한 신뢰와, 수백억 원의 미디어 노출과, 이미 검증된 제품력이 버티고 있기 때문입니다.

개인 콘텐츠 창작자에게는 그런 배경이 없습니다. 아직 신뢰가 쌓이지 않은 상태에서 갑자기 광고 같은 완벽한 문장을 던지면, 사람들은 본능적으로 경계합니다. "이 사람이 나를 설득하려는 건가?", "뭔가 팔려고 하는 건가?" 이런 느낌을 받는 순간, 마음의 문은 닫힙니다.

그렇다면 사람들은 도대체 뭐에 반응하는 걸까요? 잘 쓰인 카피에 반응하는 게 아닙니다. **이 사람이 나를 얼마나 이해하고 있는가?** 여기에 반응합니다.

"혁신적인 다이어트 솔루션으로 당신의 인생을 바꿔 보세요" 이런 문장보다, "일곱 번 다이어트에 실패하며 깨달았어요. 제 문제는 의지력이 아니라, 의외로 아침 루틴에 있었다는걸요" 이 문장이 훨씬 강하게 와닿습니다. 왜일까요?

첫 번째 문장은 잘 쓴 광고이고, 두 번째 문장은 '내 이야기'이기 때문입니다. 사람들은 광고에 반응하지 않습니다. 자기 이야기에 반응합니다. 그렇다면 질문이 바뀌어야 합니다.

"카피를 어떻게 잘 쓸까?"가 아니라, **"내 고객의 마음속 문장을 어떻게 들을 수 있을까?"**라는 질문으로 넘어와야 합니다. 카피라이터가 되려고 하지 마세요. 고객의 상황을, 마음을, 하루를 꿰뚫는 사람이 되세요. 그래야 비로소, 마음을 움직이는 메시지가 나옵니다.

사람들이 콘텐츠를 보다가 멈추는 순간이 있습니다. 스크롤을 내리다 손가락이 멈추고, 눈이 한 문장에 꽂히고, 저절로 이런 말이 올라오는 순간. "어? 이거 내 이야기인데?" 이 한마디가 나오는 순간, 게임은 끝난 겁니다. 그 사람은 당신의 콘텐츠를 끝까지 봅니다. 저장합니다. 팔로우합니다. 다음 콘텐츠를 기다립니다.

콘텐츠가 사람의 마음을 여는 가장 강력한 열쇠는, 화려한 문장이 아니라 이 한 가지입니다. **"이 사람이 내 하루를 들여**

다보고 있는 것 같다."

내가 지금 겪고 있는 상황을, 저 사람이 정확하게 꿰뚫고 있다는 느낌. 내가 하고 싶었는데 못 했던 말을, 저 사람이 대신 해주고 있다는 느낌. 이 느낌이 드는 순간, 사람들은 정보를 넘어서 그 사람에게 마음을 엽니다.

심리학에서는 이를 '자기 참조 효과Self-Reference Effect'라고 부릅니다. 사람은 자기 자신과 관련된 정보를 처리할 때 기억도 더 잘하고, 감정적 반응도 훨씬 강해진다는 원리입니다. 단순히 유용한 정보보다, "이건 나한테 하는 말이다"라고 느끼는 정보에 뇌가 완전히 다른 수준으로 반응한다는 뜻입니다.

거기에 '거울 뉴런Mirror Neuron' 효과까지 더해집니다. 상대방의 감정과 상황을 마치 내가 직접 경험하는 것처럼 뇌가 반응하는 현상입니다. 누군가의 눈물을 보면 나도 모르게 눈시울이 붉어지고, 누군가가 다치는 장면을 보면 우리도 움찔하는 것처럼요.

콘텐츠에서도 같은 일이 일어납니다. "저 사람이 말하는 저 상황, 어제 나한테 일어난 일이잖아." 이 순간, 독자의 뇌는 그 콘텐츠를 남의 이야기가 아닌 '내 이야기'로 처리하기 시작합니다. 이게 바로 공감이 기술을 이기는 이유입니다.

그렇다면 어떻게 해야 독자가 "이 사람, 내 상황을 어떻게 알았지?" 하고 느끼게 만들 수 있을까요? 세 가지를 이야기해 보 겠습니다.

① 시장의 언어를 먼저 듣습니다

많은 분이 콘텐츠를 만들 때, 머릿속에서 문장을 짜냅니다. "무슨 말을 해야 사람들이 반응할까?" 이렇게 고민하면서 혼자 책상 앞에서 카피를 뽑으려 합니다. 그런데 이미 답이 놓여 있 는 곳이 있습니다. **댓글 창입니다.**

내 카테고리에서 사람들이 주로 보는 콘텐츠를 찾아가 보세 요. 그 콘텐츠에 달린 댓글을 읽어보세요. 내 콘텐츠에 달린 댓 글이 있다면, 그것도 다시 천천히 들여다보세요. 거기에 고객이 직접 건네주는 인사이트가 있습니다.

"진짜 아무것도 모르겠어요.", "매번 시작만 하고 포기하게 돼요.", "다 알겠는데, 막상 하려니까 막막해요." 이 문장들은 누 군가 억지로 만들어낸 카피가 아닙니다. 고객이 실제로 느끼는 감정을, 고객의 언어로, 고객이 직접 적어놓은 겁니다. 이것보다 강력한 카피 소스는 없습니다. "진짜 아무것도 모르겠어요." 이 한 문장이 그대로 키Key 카피가 될 수 있습니다.

더 나아가 볼까요? 댓글을 읽다 보면 이런 문장들도 발견됩 니다. "남들은 다 잘하는 것 같은데, 저만 제자리인 느낌이에요." 이 문장을 발견했다면, 이런 콘텐츠가 태어날 수 있습니다.

"남들은 다 앞으로 가고 있는데, 나만 멈춰 있는 것 같은 밤"

어떤가요. 이건 카피를 잘 쓴 게 아닙니다. 고객의 마음을 잘 들은 겁니다. "저만 그런 게 아니었네요.", "이거 진짜 내 이야기 같다." "공감 100%."

댓글에서 이런 반응이 반복적으로 나타나는 콘텐츠가 있다면, 그 콘텐츠가 건드린 감정 포인트를 유심히 보세요. 거기에 당신이 다뤄야 할 메시지의 씨앗이 있습니다. 시장은 이미 말하고 있습니다. **우리가 해야 할 일은 잘 쓰는 게 아니라, 먼저 잘 듣는 겁니다.**

② 속마음을 들킨 것 같은 느낌을 줍니다

공감에도 수준이 있습니다. "요즘 힘드시죠?" 이 문장은 공감이 아닙니다. 누구에게나 할 수 있는 인사입니다. 들은 사람도 "네, 뭐… 그렇죠" 하고 흘려보냅니다. 마음에 닿지 않습니다. 그런데 이렇게 바뀌면 달라집니다.

"아이가 자다가 계속 뒤척이다, 울다, 안아달라 하다, 겨우 재워놓으면 새벽 두 시. 그때부터 밀린 설거지하고 빨래 돌리면서 나는 왜 이렇게밖에 못 하는지 자책이 올라오는 그 새벽. 그거 정말 힘드시죠?"

이건 완전히 다른 차원입니다. 이 문장을 읽는 순간, 그 상황을 겪고 있는 사람은 속으로 이렇게 말합니다. "우리 집에 카메라 달아놨나?", "이 사람 어떻게 알았지?" 이 느낌, 바로 이 느낌이 핵심입니다. 추상적으로 "힘드시죠?" 하는 게 아니라, 그 사람의 하루를 영상으로 찍은 것처럼 구체적으로 묘사하는 겁니다.

몇 시에, 어디서, 어떤 상황에서, 어떤 감정이 올라오는지. 이걸 정확하게 짚어주면, 상대방은 동질감을 느끼면서 확 가까워집니다. "이 사람은 내 상황을 진짜 아는 사람이구나." 이 인식이 생기는 순간, 신뢰가 시작됩니다.

심리학에서는 이를 '밸리데이션Validation'이라고 합니다. 상대방의 감정이나 경험을 "그럴 수 있다", "당연하다"라고 인정해주는 행위입니다. 사람은 자기 감정을 정확하게 알아봐 주는 상대에게 본능적으로 심리적 안전감을 느끼고, 마음을 열게 됩니다. 그런데 여기서 주목해야 할 지점이 있습니다.

밸리데이션의 효과가 작동하려면, 정확성이 있어야 합니다. "힘드시죠?"는 밸리데이션이 아닙니다. 뭉뚱그린 위로에 가깝습니다. "새벽 두 시에 설거지하면서 자책이 올라오는 그 순간"을 짚어주는 것이 밸리데이션입니다. 구체적이어야 합니다. 상황이 보여야 합니다. 그래야 "어떻게 알았지?"가 나옵니다. 그리고 이

"어떻게 알았지?"가 나오는 순간이, 콘텐츠에서 가장 강력한 후 킹 포인트가 됩니다. 그런데 어떻게 그렇게 구체적으로 알 수 있을까요?

첫 번째 방법은 방금 이야기한 것처럼 시장의 언어에서 찾 는 겁니다. 그리고 두 번째 방법이 있습니다. **당신의 삶에서 발 견하는 겁니다.** 당신이 그 카테고리의 전문가라면, 당신도 그 고통을 이미 겪어봤을 가능성이 높습니다. 새벽 두 시의 자책 감을, 아무것도 모르겠다는 막막함을, 남들은 다 잘하는 것 같 은 초조함을.

당신이 먼저 겪었기 때문에, 당신은 그 사람의 속마음을 정 확하게 짚을 수 있는 겁니다. 이것이 1부에서 이야기한 '오리지 널 코드'의 또 다른 쓰임새입니다. 당신의 경험이 곧 공감의 언 어가 됩니다.

③ 불편 지점을 수집합니다

사람이 콘텐츠에 가장 강하게 반응하는 순간은 언제일까 요? 재미있을 때? 유용할 때? 영감을 받을 때? 물론 다 중요합 니다. 그런데 가장 강렬한 반응이 나오는 건, 불편한 지점을 건 드렸을 때입니다.

"이것만 해결되면 좋겠는데.", "도대체 왜 안 되는 거지?", "남들은 쉽게 하는 것 같은데, 나만 왜 이러지?" 사람들은 불편하고, 고통스럽고, 아프고, 막막한 것들을 간절하게 풀고 싶어합니다. 그래서 그 불편함이 풀려나갈 것 같은 기대를 주는 콘텐츠는, 저장되고, 공유되고, 기억됩니다. 감사함까지 남습니다.

"이 콘텐츠 덕분에 한 걸음 나아갈 수 있었어요." 이런 댓글이 달리기 시작하면, 당신의 콘텐츠는 단순한 정보를 넘어 누군가의 삶에 닿은 겁니다. 그래서 평소에 해두면 좋은 것이 하나 있습니다. **고객의 '불편 사전'을 만들어두는 겁니다.** 거창한 게 아닙니다.

"내 고객은 언제 불편하지?", "어떤 순간에 힘들어하지?". "뭐가 해결되면 숨이 좀 트일까?" 이런 질문들을 평소에 던지면서, 발견한 것들을 메모해 두는 겁니다.

댓글에서 발견한 불편함, 인터뷰에서 들은 한숨 섞인 한마디, 그리고 내 삶 속에서 스스로 마주한 불편함. 이 세 번째가 특히 중요합니다. 남의 불편함만 관찰하는 것과 내가 직접 겪은 불편함에서 실마리를 찾는 것은 완전히 다릅니다. 내가 직접 겪었기 때문에 나오는 표현은, 관찰해서 정리한 표현보다 훨씬 오리지널합니다. 훨씬 날것이고, 그래서 훨씬 진짜처럼 들립니다.

콘텐츠를 기획할 때, 이 불편 사전을 펼쳐보세요. 오늘 다룰 주제가 보입니다. 그 주제를 어떤 문장으로 시작해야 할지도 보입니다. 고객의 마음을 알아차린다는 것은, 결국 그들의 일상 속 작은 감정들을 세심하게 포착하는 능력입니다. 화려한 문장력이 아닙니다. 관찰의 힘입니다. 들을 수 있는 귀입니다. 세심하게 발견하는 눈입니다.

여기까지 읽으면서, 아마 이런 궁금증이 올라올 겁니다. "시장 언어를 듣고, 속마음을 짚고, 불편 사전을 만들라는 건 알겠는데, 그래서 그걸 콘텐츠에 어떻게 녹이라는 거야?"

좋은 질문입니다. 잠깐 그려볼게요. 고객의 감정을 발견했다고 합시다. 댓글에서, 인터뷰에서, 내 삶에서 "아, 이 사람들은 이 지점에서 막히고 있구나"를 찾았습니다.

그다음은 콘텐츠에서 표현해 보세요. 먼저, 그 감정을 정확하게 비춰줍니다. "혹시 이런 경험 있으신가요?"가 아니라, 그 상황을 CCTV처럼 묘사합니다. 독자가 "이거 내 이야기인데?" 하고 멈추게 합니다.

그다음, 그 감정이 내 이야기이기도 했다는 것을 꺼냅니다. "저도 그랬습니다." 하지만 이때, "저도 힘들었어요" 정도로 뭉뚱그리면 안 됩니다. 구체적인 장면을 보여줘야 합니다. 언제, 어디서, 어떤 순간에 그 감정이 올라왔고, 그때 어떤 생각이 스쳤는지. 그러면 독자는 이렇게 느끼기 시작합니다.

"이 사람, 내 하루를 들여다보고 있는 것 같다."

"나랑 같은 곳에서 막혔던 사람이구나."

그리고 여기서 한 걸음 더 나아갑니다. "그런데 저는 이 문제에 대해서 먼저 부딪혀 보면서, 거기서 무언가를 발견했습니다." 이 전개가 자연스럽게 이어질 때, 독자의 마음속에서는 이런 연결이 만들어집니다. '나와 같은 상황을 겪은 사람이 여기 있었다. 이 사람은 나보다 먼저 그 문제를 고민한 선배 같은 존재다. 게다가 그 경험을 기꺼이 나누어주려 하고 있다. 이런 사람을 만난 건, 감사한 일 아닌가?'

이 감정의 흐름이 만들어지면, 구독과 팔로우는 자연스럽게 따라옵니다. 굳이 "구독 눌러주세요"라고 말하지 않아도, '이 사람의 다음 이야기가 궁금하다' 하는 마음이 생기니까요. 그리고 그 마음이 반복될 때, 사람들은 문제를 해결하는 데 도움을 받고 싶은 기대를 안고 다시 찾아옵니다. **이것이 콘텐츠로 관계가 쌓이는 원리입니다.**

AI와 함께 고객의 감정을 캐치하는 법

한 가지 더 이야기하고 싶은 것이 있습니다. "고객의 감정을 발견하라는 건 알겠는데, 혼자서 하려니 막막해요." 이런 분들에게 AI가 좋은 동반자가 될 수 있습니다. 당신이 관찰한 것들, 즉 댓글에서 발견한 문장, 고객의 반응, 내가 겪은 불편한 순간들을 AI에게 건네면서 함께 정리해 볼 수 있습니다.

"이 사람들이 어떤 감정을 느끼고 있는 걸까?", "이 댓글들에서 반복되는 패턴이 뭘까?", "이 상황에서 고객이 정말로 듣고 싶은 말은 뭘까?" 이런 질문을 AI와 함께 던져보면, 혼자서는 놓쳤을 감정의 결을 발견하게 되는 경우가 많습니다.

물론 AI가 고객의 마음을 대신 읽어주는 건 아닙니다. 하지만 당신이 발견한 실마리를 더 선명하게 정리하고, 더 깊이 파고들 수 있도록 도와주는 역할은 충분히 합니다. 이 부분은 실제로 해보시면 체감하실 겁니다. 구체적인 활용법은 뒤에서 충분히 다루려고 합니다.

앞에서 우리는 콘텐츠 제작자에서 콘텐츠 설계자로 관점을 변경했습니다. 이번 3부에서는 한 걸음 더 나아갔습니다. **화려한 문장을 쓰는 카피라이터가 아니라, 고객의 가장 깊은 고민을 정확하게 건드려주는 문제 해결자.** 그것이 메시지 설계의 본질입니다.

콘텐츠는 앞으로 점점 많아질 겁니다. 누구나 만들 수 있고,

AI 덕분에 더 쉽게 만들 수 있는 시대가 됩니다. 그러면 무엇으로 차별화될까요?

"나는 어떤 고객의, 어떤 상태 문장을, 정확하게 건드려주는 사람인가?"

이 질문에 명확하게 답할 수 있는 사람의 콘텐츠는, 아무리 콘텐츠가 넘쳐나도 묻히지 않습니다. 왜냐하면 그 사람의 콘텐츠를 보는 순간, 독자가 느끼기 때문입니다. "이건 나한테 하는 말이다."

바로 앞에서 이야기한 정체성 설계와 지금 이야기한 공감 기반 메시지 설계. 이 두 가지가 만나면, 당신을 향한 몰입감과 중독성이 생기기 시작합니다. 사람들이 당신의 콘텐츠를 기다리게 됩니다. 알림을 켜놓게 됩니다. "이 사람이 다음에 무슨 이야기를 해줄까?" 기대하게 됩니다.

그렇다면 이제 남은 질문이 있습니다. 이렇게 발견한 메시지를, 어떻게 하나의 콘텐츠로 조립할 수 있을까? 시선을 붙잡는 시작, 끝까지 보게 만드는 구조, 기억에 남는 마무리. 다음 챕터에서 그 설계법을 이야기합니다.

셀프체크

내 메시지는 고객의 마음에 닿고 있나요?

1. 내 타깃이 가장 자주 쓰는 말, 가장 자주 하는 고민을 세 가지 이상 적을 수 있나요? 댓글, DM, 후기에서 반복되는 문장을 수집해 보신 적이 있나요?
2. 내 콘텐츠에서 "힘드시죠?"처럼 뭉뚱그린 위로를 하고 있지는 않나요? 고객의 구체적인 상황을 CCTV처럼 묘사할 수 있나요?
3. 나만의 '불편 사전'이 있나요? 고객이 언제, 어디서, 어떤 순간에 막히는지를 정리해둔 메모가 있나요?

이 세 가지 중 하나라도 아직 없다면, 오늘 고객의 댓글 열 개를 읽는 것부터 시작해 보세요. 거기에 메시지의 실마리가 있습니다.

 **"오은환 저자의 책 밖의 풍성한 콘텐츠를 만나보세요"**

몰입을 만드는
콘텐츠의 첫인상

03

후킹 기술이
전부라고요?

우리가 사는 현재는 이미 콘텐츠 무한 경쟁의 시대에 진입했다고 해도 과언이 아닙니다. 볼 만한 것들이 너무 많이 쏟아지고 있습니다. 그 안에서 선택받는 게 가장 중요합니다. 그래서 많은 콘텐츠 전문가가 너도나도 힘주어 이렇게 강조합니다. "섬네일과 제목이 전부다."

맞습니다. 저도 강의에서 섬네일과 제목은 매우 중요하다고 거듭 강조합니다. 그런데 저는 하나를 더 이야기합니다. **섬네일과 제목, 클릭 이후에 무엇을 줄 것인가. 그 설계가 더 중요합니다.** 그리고 이 사실을 모르는 분들이 생각보다 정말 많습니다.

그래서 이 챕터에서는, 여러분이 평소에 들어왔던 이야기, 사람들이 멈춰 서는 후킹 패턴, 끝까지 보게 만드는 홀딩 장치, 기억에 남는 마무리 전략 등의 이야기를 물론 하겠습니다. 시장에서 잘 작동하는 패턴을 분석하고, 그것을 바탕으로 내 콘텐츠에 적용하는 훈련은 분명히 효과가 있으니까요.

하지만 이 챕터에서 더 중요하게 다루고 싶은 이야기가 있습니다. 기법은 시대에 따라 바뀝니다. 유행하는 섬네일 스타일도, 먹히는 카피 공식도, 플랫폼의 알고리즘도 계속 달라집니다. 그래서 기법과 함께, 유행이 바뀌어도 계속 쓸 수 있는 본질적인 관점을 이야기하겠습니다.

후킹만으로는 왜 충분하지 않은지. 그 이야기를 지금부터 하겠습니다.

기가 막힌 후킹, 그리고 즉시 이탈

예를 하나 들어보겠습니다. "무릎 관절이 삐걱거린다고요? 이거 모르면 반드시 망합니다." 대단한 후킹입니다. 무릎이 안 좋은 사람이라면 클릭하지 않을 수 없습니다. 그런데 클릭해서 열었더니, 첫 화면에 이렇게 나옵니다. "○○ 한의원으로 오세요."

즉시 이탈입니다. 클릭한 사람은 속았다는 기분이 듭니다.

"아, 이거 그냥 광고였구나." 다시는 돌아오지 않습니다. 그리고 이건 한의원 광고만의 문제가 아닙니다. 콘텐츠 세계에서도 똑같은 일이 매일 벌어지고 있습니다.

자극적인 제목으로 클릭은 됩니다. 그런데 들어가 보면 기대한 내용은 없고, 두루뭉술한 이야기만 있거나, 금방 "이 제품을 구매하세요"로 넘어갑니다. 클릭은 했지만 3초 만에 나갑니다. 조회수는 올라가는데 구독은 안 됩니다. 왜 그런 걸까요?

후킹은 했는데, 후킹 이후에 줄 게 없었기 때문입니다. 후킹은 잡는 기술이 아닙니다. '기대하게 만드는 약속'입니다. 약속을 지킬 내용이 없으면, 후킹은 그저 어그로가 됩니다.

10만 명이 늘어나는 동안 발견한 것

저는 구독자가 15만 명인 유튜브 채널을 운영하고 있습니다. 1년 사이에 10만 명이 늘었습니다. 유튜브에는 흥미로운 AI 기능이 있습니다. 하나의 영상에 섬네일을 세 개까지 지정할 수 있는 테스트 기능입니다. AI가 48시간 동안 세 개의 섬네일을 광범위하게 구독자들에게 제시하며 테스트를 진행해 줍니다. 그리고 가장 높은 점수를 받은 섬네일 하나로 고정시켜줍니다.

AI가 측정하는 기준은 다릅니다. 단순히 "어떤 섬네일이 클릭을 많이 받았는가?"만 보는 게 아닙니다. "그 섬네일로 들어온 사람이 얼마나 오래 봤는가"를 계산해서 1등을 정합니다. 플랫폼도 이미 알고 있는 겁니다. 클릭만 시키는 섬네일은 의미 없다는 것을. 클릭한 사람이 끝까지 보게 만드는 섬네일이 진짜라는 것을.

이 기능을 활용하면서 20만 조회수가 넘는 영상들이 다수 태어났습니다. 그 영상들을 통해 팔로워가 급증했고, 채널이 빠르게 성장했습니다. 여기서 배운 교훈은 명확합니다.

- 클릭률이 높은 섬네일 ≠ 좋은 섬네일
- 들어온 사람이 끝까지 보게 만드는 섬네일 = 좋은 섬네일

결국 다시 같은 결론입니다. 섬네일과 제목은 본문의 약속입니다. 그 약속이 지켜지는 본문이 있어야, 비로소 의미가 있는 겁니다.

여기서 하나만 짚고 넘어가겠습니다. 지금까지 '섬네일과 제목'을 중심으로 이야기하고 있는데요, 이 원리는 유튜브에만 해당하는 게 아닙니다. 인스타그램에서는 첫 이미지와 첫 줄이, 블로그에서는 이미지 섬네일과 도입 문장이, 스레드에서는 첫 줄이 같은 역할을 합니다.

플랫폼마다 형태는 다릅니다. 하지만 본질은 하나입니다. **경쟁 속에서 선택받게 만드는 '멈춰 설 이유'를 설계하는 것.** 그리고 그 멈춰 서게 하는 훅이 본문까지 데려가는 약속이 되는

것. 이것이 모든 플랫폼에 공통으로 작동하는 원리입니다.

순서를 뒤집어야 합니다

"후킹하는 섬네일과 제목을 먼저 잡고, 거기에 맞춰 본문을 설계하라"고 가르치는 사람도 있습니다.

맞는 말입니다. 하지만 거기서 끝나면 안 됩니다. 후킹하는 제목을 먼저 잡았다고 합시다. 그런데 그 제목에 맞는 내용이 뒤에 충분히 따라오지 않았다면? 다시 수정해야 합니다. 본문을 고치든, 제목을 고치든. 한 번만 확인할 게 아니라, 여러 번 오가야 할 수 있습니다. 사실 이것이 정석입니다.

정말 좋은 콘텐츠는 튜닝을 여러 번 하다가 태어납니다. 수정에 수정을 거듭하다가, 마지막에 "이 본문을 관통하는 핵심이 뭐지?"를 찾아내고, 거기서 제목과 섬네일을 다시 뽑는 겁니다.

책도 마찬가지입니다. 내용이 다 나온 후에야, 이 책을 관통하는 핵심이 무엇인지, 끝까지 읽게 할 메시지가 무엇인지, 지금 서가의 흐름은 어떤지를 살핍니다. 그리고 최종 제목은 마지막에 정합니다.

콘텐츠도 같습니다. 내가 어떤 본문을 이야기할 건지, 어떤 공감대를 형성할 건지, 어떤 문제를 해결해 줄 건지, 어떤 부담을 걷어줄 건지, 어떤 즐거움을 줄 건지. 이것을 충분히 설계한 후에, 그에 맞는 제목을 다시 다듬어야 합니다. 처음 잡은 제목이 그대로 살아남는 경우도 있지만, 경험상 드뭅니다.

처음에 후킹할 제목만 공들여 잡고, 이어지는 내용은 대충 채운다면, 그 콘텐츠는 높은 확률로 큰 반응을 끌어내지 못합니다.

3초의 진짜 의미

이제 이어서 3초 후킹 이야기를 하겠습니다. 여기서 말하는 후킹은, '기가 막힌 카피 공식'이 아닙니다. 앞에서 우리는 고객의 불편 사전을 만들었습니다. 시장의 언어를 들었습니다. 고객의 하루를 CCTV처럼 들여다보는 연습을 했습니다. 그렇다면 당신은 이미 가장 강력한 후킹의 원료를 갖고 있는 겁니다.

왜냐하면, 사람이 콘텐츠를 보다가 멈추는 순간은 결국 하나이기 때문입니다. "어? 이거 내 이야기인데." 이 반응이 나오는 첫 문장이, 세상 어떤 카피 공식보다 강합니다.

비교해 보겠습니다. "꾸준히 운동하는 습관을 만드는 다섯 가지 방법" 유용한 정보입니다. 그런데 스크롤을 멈추게 하지는 못합니다. 누구에게나 해당하는 말은, 누구의 마음도 건드리지 못합니다. 같은 주제를 이렇게 바꿔보겠습니다. "매일 하겠다고 다짐하는데 3일을 못 넘기는 사람에게"

이건 다릅니다. 매번 작심삼일로 끝나는 사람은, 이 문장 앞에서 멈출 수밖에 없습니다. "이 사람이 나를 알고 있다"라는 느낌이 드니까요. 두 문장의 주제는 같습니다. 포맷도 같습니다. 달라진 건 하나뿐입니다. **누구에게 말하고 있는지가 선명해졌다는 것.** 두 번째 문장이 더 강하게 다가오는 이유는, 카피 기술이 뛰어나서가 아닙니다. **고객의 정확한 상황을 건드렸기 때문입니다.**

앞에서 만든 불편 사전의 첫 번째 문장이, 바로 강력한 후킹이 됩니다. 고객을 깊이 이해하면, 후킹은 거기서 나옵니다. 이 원리를 이해하면, 후킹의 패턴이 보이기 시작합니다. 사람이 멈추는 순간에는 세 가지 유형이 있습니다.

① "어? 이거 나인데"

방금 본 예시가 이 유형입니다. 누구에게나 해당하는 조언이 아니라, 특정한 상황에 있는 사람이 "이건 내 이야기다"라고 느끼는 문장. 이것이 가장 기본이자, 가장 강력한 후킹입니다.

② "이게 말이 돼?"

사람들이 당연하게 믿고 있는 것을 뒤집는 문장입니다. "월 1천만 원 벌고 싶으면, 미라클 모닝부터 그만두세요." 뇌는 기존 믿음과 다른 정보를 만나면, 자동으로 멈춥니다. "왜?"라는 질문이 떠오르고, 그 답을 듣기 위해 따라옵니다. 단, 이것은 자극을 위한 뒤집기가 아닙니다. 진짜 근거가 있어야 합니다. 근거 없이 뒤집기만 하면, 어그로가 됩니다.

③ "나도 저렇게 될 수 있을까?"

결과를 먼저 보여주는 문장입니다. "이 영상 하나로 옷 찾는 시간이 30분에서 3분으로 줄었습니다." 구체적인 변화가 눈앞에 보이면, 사람은 그 과정이 궁금해집니다. 여기서도 핵심은 같습니다. 그 결과가 독자의 상황과 연결되어 있어야 합니다. 독자와 무관한 성공담은, 아무리 대단해도 멈추게 하지 못합니다.

세 가지의 패턴은 달라 보이지만, 작동 원리는 하나입니다. 독자가 "이건 나와 관련이 있다"라고 느끼는 순간을 만드는 것. 결국 고객을 깊이 이해한 사람만이, 이 순간을 설계할 수 있습니다. **최고의 후킹은 기술이 아니라, 공감의 정밀도입니다.**

끝까지 보게
만드는 건 무엇인가

후킹으로 시작을 잡았다고 합시다. 그다음이 더 중요합니다. 끝까지 보게 만드는 것. 여기서도 많은 분이 '기법'을 찾습니다.

- 궁금증의 고리를 만들어라.
- 감정의 롤러코스터를 설계하라.
- 중간에 반전을 넣어라.

다 맞는 말입니다. 그리고 다 작동하는 기법입니다. 그런데 이 기법들이 작동하는 근본적인 이유를 먼저 이해해야 합니다. 사람이 콘텐츠를 끝까지 보는 이유는 **이 사람이 나를 이해하고 있다는 확신이 유지되고 있기 때문입니다.**

앞서 만든 공감의 끈을 떠올려보세요. 독자가 "이 사람, 내 하루를 들여다보고 있는 것 같다"라고 느끼면서 공감의 끈이 연결됩니다. 그 끈이 본문 내내 이어지면, 그것 자체가 홀딩입니다. 기법이 필요 없다는 뜻이 아닙니다. 기법은 그 끈을 더 단단하게 만들어주는 도구입니다. 하지만 끈이 없는 상태에서 기법만 넣으면, 겉만 화려하고 속이 텅 빈 콘텐츠가 됩니다.

반대로, 공감의 끈이 팽팽하게 이어지고 있다면, 기법이 조금 미숙해도 사람들은 끝까지 봅니다. "이 사람이 내 이야기를 하고 있는데, 중간에 나갈 수가 없다"라는 감각이 유지되는 한, 사람들은 떠나지 않습니다. 그렇다면 공감의 끈을 유지하면서, 더 강하게 만들어주는 원리는 무엇일까요? 세 가지가 있습니다.

① 답을 너무 빨리 주지 않습니다

독자의 문제를 짚었다면, 바로 해결책을 건네지 마세요.

"왜 그런지 아세요?"

"그 이유를 말씀드리기 전에, 먼저 하나만 짚어 볼게요."

이렇게 답을 살짝 미루면, 독자는 그 답을 듣기 위해 계속 따라옵니다. 궁금증의 고리라고 불리는 기법입니다. 이것이 작동하는 이유는 단순합니다. 독자가 이 사람이 내 문제의 답을 알고 있다고 믿기 때문입니다. 그 믿음이 없으면, 아무리 답을 미뤄도 그냥 나갑니다.

② 이성과 감성을 번갈아 씁니다.

정보만 계속 주면 지루해집니다. 감정만 계속 건드리면 피곤해집니다.

정보를 전달한 다음, 경험담을 꺼냅니다. 다시 핵심 인사이트를 짚고, 독자의 감정을 건드리는 문장을 넣습니다. 이 리듬이 만들어지면, 독자는 지루할 틈이 없습니다. 그런데 핵심은 같습니다. 이성이든 감성이든, 독자의 상황과 연결되어 있어야 합니다. 독자와 무관한 정보, 독자와 무관한 감성은, 리듬이 있어도 이탈을 만듭니다.

③ "아, 이거였구나" 하는 순간을 만듭니다

독자가 콘텐츠를 소비하는 이유는, 결국 무언가를 얻기 위해서입니다. 콘텐츠의 중반부나 후반부에, 독자가 무릎을 칠 만한 순간이 있어야 합니다.

"사실 진짜 문제는 이거였어요."

"모든 게 달라진 한 가지 깨달음이 있었습니다."

이 순간이 없으면, 독자는 "봤는데 뭘 얻었는지 모르겠다" 하는 느낌을 받습니다. 이 순간이 있으면, 독자는 이렇게 말합니다. "이 사람 콘텐츠는 진짜 다르다." 그리고 이 순간을 만들 수 있는 사람은, 고객의 문제를 깊이 이해한 사람뿐입니다.

결국 다시 같은 자리로 돌아옵니다. 3부의 가장 앞 챕터에서 정체성을 잡고, 그다음 고객의 마음을 들었다면, 끝까지 보게 만드는 힘의 원료는 이미 당신 안에 있습니다. 위의 세 가지 기법은 그 원료에 구조를 더해줍니다. 원료와 기법이 만날 때,

콘텐츠는 비로소 끝까지 보게 되는 힘을 갖게 됩니다.

마지막 한 방 : 기억에 남게 만드는 것

콘텐츠가 끝났을 때, 독자의 머릿속에 무엇이 남습니까? 많은 분이 시작과 중간에만 신경 쓰고, 마무리는 대충 끝냅니다. "좋아요, 구독 눌러주세요." 이 문장으로 끝나는 콘텐츠가 너무 많습니다. 하지만 마무리야말로, 독자가 당신을 기억하고 다시 찾아오는 결정적 순간입니다. 기억에 남는 마무리에는 세 가지가 있습니다.

① 이 콘텐츠를 관통하는 한 문장

당신의 콘텐츠를 한 문장으로 압축할 수 있다면, 그 문장을 마지막에 남기세요. 그리고 매 콘텐츠마다 반복하세요. 그 문장이 당신을 대표하는 슬로건이 됩니다.

최근 한 유튜브 채널을 인상 깊게 봤습니다. 영상마다 마지막에 같은 문장이 반복됩니다. "입양은 버려지는 것이 아니라, 지켜지는 것입니다." 유기 동물을 입양하고 돌보는 과정을 보여주는 채널입니다. 이 한 문장이 채널의 모든 콘텐츠를 관통하고 있었습니다. 그 문장 하나가, 채널이 세상에 전하려는 메시지 전체를 담고 있었습니다.

지금도 그 문장이 잊히지 않습니다. 이것이 슬로건의 힘입니다.

② 대화의 문을 여세요

콘텐츠를 일방적으로 끝내지 마세요.

"여러분은 이럴 때 어떻게 하시나요?", "비슷한 경험이 있으시면 댓글로 나눠주세요." 이런 한마디가 독자를 관객에서 참여자로 바꿉니다. 기억하세요. 달린 댓글은 단순한 반응이 아닙니다. 관계의 시작입니다. 빠르고 진정성 있는 답변이, 독자를 팬으로 만드는 가장 확실한 방법입니다.

③ 작고 구체적인 행동을 제안하세요

"오늘 딱 하나, 아이에게 수고했다는 말만 해주세요.", "지금 당장 냉장고 문을 열고 유통기한부터 확인해 보시겠어요?", "내일 아침, 일어나면 물 한 잔을 마셔보세요."

거창한 행동이 아닙니다. 지금 바로 할 수 있는 작은 한 걸음. 이 한 걸음을 제안하는 순간, 당신의 콘텐츠는 본 것에서 '한 것'으로 바뀝니다. 그리고 해본 사람은, 다시 찾아옵니다.

이번 챕터에서 우리가 확인한 것은 후킹 기술이 전부가 아니라는 점입니다. 정체성이 잡혀 있고, 고객의 마음을 이해하고 있는 상태에 구조를 더하면, 콘텐츠가 완성됩니다. 첫 화면으로 기대를 만들고, 그 기대에 부응하는 본문으로 끝까지 데려가고, 마지막에 기억에 남는 한 방을 남기는 것.

그런데 이 과정은 한 번에 완성되는 게 아닙니다. 본문을 쓰고, 제목을 다시 보고, 맞지 않으면 다시 고칩니다. 제목을 고치고 나면 본문도 다시 다듬습니다. 이것을 반복하다 보면, 어느 순간 "이거다" 하는 지점이 옵니다. **정말 좋은 콘텐츠는, 튜닝을 여러 번 하다가 태어납니다.** 완벽한 첫 작품은 없습니다. 하지만 이 원리를 이해한 상태에서 만들고, 올리고, 반응을 보고, 개선하는 과정, 그 자체가 당신을 더 강한 콘텐츠 설계자로 만들어줍니다.

하지만 하나의 콘텐츠로는 부족합니다. 여기까지, 우리는 하나의 콘텐츠를 매력적으로 만드는 원리를 확인했습니다. 그런데 진짜 브랜드는 하나의 콘텐츠로 만들어지지 않습니다.

맛있는 요리 하나를 만드는 것은 기술입니다. 하지만 그 요리들이 모여서 하나의 완전한 코스 요리가 될 때, 사람들은 비로소 말합니다. "이 식당을 믿고 다시 올 수 있겠다."

콘텐츠도 같습니다. 잘 설계된 콘텐츠들이 모여서 하나의 일관된 이야기를 만들 때, 사람들은 이렇게 느끼기 시작합니다. "이 사람을 믿고 따르고 싶다.", "이 브랜드와 함께하고 싶다."

다음 챕터에서는 바로 그 이야기를 합니다. 잘 만들어진 점들을 어떻게 선으로 연결해서, 일회성 반응이 아닌 지속 가능한 브랜드 자산과 매출로 전환하는 시스템을 만들 수 있는지. 그 설계도를 펼쳐보겠습니다.

셀프체크

내 콘텐츠는 끝까지 보게 만드는 구조가 있나요?

1. 내 콘텐츠의 첫 화면(첫 문장, 썸네일, 첫 3초)은 "이건 나한테 하는 말이다"라는 느낌을 주고 있나요? 아니면 누구에게나 해당되는 일반적인 시작인가요?

2. 본문 중간에 독자가 "아, 이거였구나" 하고 무릎을 칠 만한 순간이 설계되어 있나요?

3. 마지막에 "좋아요, 구독 눌러주세요"로 끝나고 있지는 않나요? 독자가 기억할 한 문장, 또는 오늘 당장 해볼 수 있는 작은 행동이 남아 있나요?

가장 최근에 올린 콘텐츠 하나를 열어서 이 세 가지를 점검해 보세요. 하나라도 빠져 있다면, 그 지점을 다듬는 것만으로 반응이 달라질 수 있습니다.

 "3부에서 다룬 콘텐츠 설계의 원리를 어떻게 실제로 적용하는지, 실사례와 함께 보고 싶다면 이 강의를 먼저 들어보세요. 글로 읽은 것을 영상으로 보는 순간, 훨씬 선명해집니다."

서사로 집을 짓는 사람들
: 스토리빌딩

04

스토리텔링을 넘어, 스토리빌딩으로

콘텐츠 하나가 터지면 짜릿합니다. 하루 만에 팔로워가 천 명, 만 명 늘기도 하고, 댓글 창에는 축제가 열리죠. 그런데 축제가 끝난 다음 날 아침, 이런 생각이 찾아옵니다. "이제 뭘 올려야 하지?"

그 막막함과 부담을 경험했다고 말씀하시는 분이 참 많습니다. 보통 이렇게 되는 이유는 한 편의 콘텐츠를 잘 만드는 기획은 있었지만, 그다음 편, 그 다음다음 편까지를 하나의 흐름으로 미리 설계하지는 않았기 때문입니다. 안타까운 건, 만드는 사람이 갈 길을 잃으면 보는 사람도 같이 길을 잃는다는 겁니다. 한 편의 조회수는 터졌지만, 그 트래픽은 다음 콘텐츠로 이어지지 못하고 흩어져 버립니다. 반짝스타와 오래도록 사랑받는 브랜드는, 바로 여기서 갈라집니다.

진짜 고수들은 한 방만 노리지 않습니다. 점 하나에 일희일비하지 않고, 점을 연결해서 선을 만들고, 선을 모아서 면을 만들고, 그 면들을 쌓아서 빌딩을 만듭니다. 콘텐츠 한 편을 잘 만드는 사람에 그치는 게 아니라, 콘텐츠들을 연결해서 사람들을 자기 빌딩 안에 오래오래 머무르게 하는 설계자가 되는 겁니다.

이번 챕터에서는 그 설계자의 관점을 이야기합니다. 단발적인 이야기를 어떻게 연결된 세계관으로 확장하는지. 독자의 감정을 어떻게 구매 여정과 맞물리게 하는지. 스토리텔링을 넘어 스토리빌딩으로 왜 넘어가야 하는지, 구체적으로 어떻게 넘어가는 건지. 그 이야기를 나누겠습니다.

콘텐츠 공부를 좀 해보셨다면 "스토리텔링을 잘해야 한다"라는 말을 많이 들어보셨을 겁니다. 요즘은 사는 모습을 보여주라며 "스토리리빙을 하라"라고 말합니다. 맞는 말입니다. 그런데 이 장에서는 한 단계 더 나아가서, 스토리빌딩을 이야기하겠습니다.

스토리텔링은 강력한 도구입니다. 문제는, 대부분의 크리에이터가 스토리텔링을 '한 편짜리'로만 쓴다는 겁니다. 하나의 콘텐츠 안에서 기승전결을 완성하고, "와, 재밌었다" 하고 깔끔하게 끝내버리죠. 감동은 있지만, 다음 이야기로 이어지는 기다림까지는 설계되지 않은 겁니다. 창작자가 다음 이야기를 이어갈 설계가 없으면, 독자는 관계를 더 이어가고 싶어도 이어갈 방법이 없어집니다.

스토리빌딩은 단편만 매일 새롭게 기획하는 개념과 다르게, 어떤 콘텐츠는 새로운 사람을 데려오고, 어떤 콘텐츠는 신뢰를 쌓아주고, 어떤 콘텐츠는 결정적인 제안을 하고, 어떤 콘텐츠는 함께한 사람들을 머물게 한다는 것을 염두에 두고. 각각의 콘텐츠가 서로 다른 역할을 맡으면서, 하나의 구조물을 이루게 하는 것입니다. 빌딩의 1층은 누구나 들어올 수 있는 로비고, 위로 올라갈수록 더 깊은 관계가 됩니다. 이 층들을 설계하고 쌓아 올리는 작업이 바로 스토리빌딩입니다.

예를 들어볼게요. 당신이 다이어트 전문가라고 합시다. "하루 한 끼만 바꿨는데 3kg이 빠졌습니다." 이런 숏폼은 새로운 사람을 데려오는 1층 로비입니다.

"저는 요요를 세 번 겪었습니다. 그때마다 제가 어떻게 다시 일어났는지 솔직하게 이야기해 볼게요." 이 롱폼은 신뢰를 쌓는 2층입니다.

"제가 직접 설계한 8주 식단 프로그램을 오픈합니다." 이건 제안을 하는 3층이고요.

프로그램에 참여한 사람들끼리 매일 식단을 공유하는 커뮤니티가 형성된다면, 그 커뮤니티가 바로 함께 머무르는 4층입니다.

이 네 가지가 따로 노는 게 아니라 하나의 빌딩 안에서 연결되어 있을 때, 독자는 자연스럽게 1층에서 올라오게 됩니다. 그리고 그 과정에서 이렇게 느끼기 시작합니다. "이 사람은 나의 문제를 해결하기 위해 진심을 다하고 있구나.", "정성스러운 콘텐츠를 준비하기 위해 애쓰고 있구나.", "단순히 정보만 주는 게아니라, 나랑 함께해주는 동료구나."

이렇게 쌓인 신뢰감은, 어떤 마케팅 기술로도 살 수 없는 귀한 비즈니스 자산이 됩니다.

신뢰가 쌓이면, 판매는 배신이 아니라 제안이 됩니다

여기서 이 책을 집어 든 이유를 다시 떠올려보겠습니다. "콘텐츠로 어떻게 돈을 벌지?" 이 물음표가 머릿속에 있으셨을 겁니다. 지금 하는 이야기는 단순히 고객과 친해지라는 말이 아닙니다. 더 나아가서, 콘텐츠를 통해 쌓인 친밀감과 신뢰가 어떻게 여러분의 매출과 연결되는지를 이야기하는 겁니다.

콘텐츠로 성장하는 분들이 공통적으로 마주하는 고민이 있습니다. '내 콘텐츠가 좋아서 모인 소중한 구독자님들에게 판매 이야기를 꺼내도 될까?', '괜히 판매를 시작했다가 구독자들이 상업적이라며, 배신감을 느끼고 떠나면 어떡하지' 하는 두려움입니다. 제 수강생분들이 가장 자주 묻는 질문 중 하나입니다.

여기서 중요한 사실 하나를 짚겠습니다. **우리는 신뢰하는 사람에게서 무언가를 구매하는 것을 싫어하기는커녕, 오히려 좋아합니다.**

상상해 보세요. 동네에 옷 가게가 두 곳 있습니다. 한 곳 주인은 늘 친절하게 당신의 스타일을 고민해 주고, 계절과 유행에 맞게 옷을 골라 줍니다. 다른 곳은 무관심합니다. 할인율만 무심하게 붙어있고, 자기 디자인이 특별하고 원단이 좋다는 말만 합니다. 옷의 퀄리티가 비슷하다면 당신의 발길은 당연히 전자를 향할 겁니다. 심지어 계절이 바뀔 때쯤엔 "그 사장님이 내 다음 옷도 골라줬으면…" 하고 내심 기대하게 되지 않나요?

요즘 출시되는 제품 퀄리티는 상향평준화 되면서 전체적으로 좋아졌습니다. 그래서 차이는 제품이 아니라 관계에서 벌어집니다. 콘텐츠 세상도 똑같습니다. 평소 진심이었던 사람에게 사고 싶은 게 사람의 마음입니다.

저는 수업에서 늘 콘텐츠를 통해 덕을 쌓으라고 강조합니다. 충분히 덕을 쌓아서 고마운 사람이 되었을 때, 판매의 맥락이 아니라 함께 문제를 해결하는 맥락으로 제품과 서비스를 제안하라는 것입니다.

세계적인 마케팅 권위자 게리 바이너척Gary vaynerchuk도 같은 이야기를 합니다. 수많은 가치 제공(잽)으로 신뢰를 쌓은 뒤에야, 결정적인 판매 제안(라이트훅)이 거래로 이어진다는 것. '잽-잽-잽-라이트훅.' 그가 말한 잽이 제가 말하는 덕을 쌓는 과정과 같은 개념입니다.

현장에서도 매번 확인됩니다. 오콘목달 수강생분들이 이 순서를 지키고 판매를 열면, 2~3일 만에 수천만 원에서 수억 원의 매출이 발생합니다. 순식간에 수백, 수천 개의 수량이 품절되고 거래가 종료되어도, 사람들은 거부감을 표하기는커녕 "오픈런 해야 해. 이번에 꼭 사야 해. 이 딜은 너도 알아야 해. 반드시 이분에게 사야 해" 하며 입소문까지 내줍니다. 유대감과 응원이 결집되는 겁니다. 여러분이 원하는 그림이 바로 이 그림 아닐까요?

그렇다면 그 '덕'은 얼마나 쌓아야 할까요? 정해진 횟수는 없습니다. 단 한 편의 영상이라도 정말 골치 아픈 문제를 시원하게 해결해 줬다면, 그것만으로 신뢰가 생기고 거래가 일어나기도 합니다.

그래서 중요한 건 발행 횟수나 기간이 아닙니다. 당신의 채널에 이런 댓글들이 쌓이고 있는지를 봐야 합니다.

"고맙습니다. 요즘 당신 덕분에 정말 행복해요."

"당신을 알게 된 건 제 인생의 행운입니다."

"이 채널 덕분에 제 오랜 문제가 해결됐어요."

이런 마음들이 쌓인 상태에서의 판매 제안은, 실패하기가 어렵습니다. 콘텐츠를 설계하고 쌓아 올릴 때마다, 당신의 이름 앞에 '이것이 필요할 때 가장 먼저 떠오르는, 신뢰 가는 해결사'라는 수식어가 붙도록 만드는 것을 목표로 해보세요. 이 방법이 단순히 콘텐츠를 많이 만드는 것보다 훨씬 중요합니다.

콘텐츠 퍼널을 이해해야 합니다

스토리빌딩의 중요성을 이야기했습니다. 그러면 이 빌딩을 어떻게 지을까요? 건물에 설계도가 필요하듯, 콘텐츠에도 설계도가 필요합니다. 그것이 콘텐츠 퍼널입니다.

광고와 마케팅 세계에서는 오래전부터 고객이 브랜드를 만나 구매에 이르기까지의 여정을 '퍼널(깔때기)'로 설명해 왔습니다. 처음에는 많은 사람이 들어오지만, 단계를 거칠수록 좁혀져서 마지막에 진짜 고객만 남는다는 의미입니다. 콘텐츠 퍼널도 이 단계 구조를 씁니다. 하지만 사람이 들어오는 방식이 다릅니다.

광고 퍼널은 비용을 써서 사람들 앞에 나타나는 겁니다. 인스타그램 피드 사이에 자연스럽게 끼어 있는 광고도, 스토리에 슬쩍 들어오는 광고도, 결국은 돈을 내고 노출시킨 것입니다. 비용을 멈추면 노출도 멈춥니다. 콘텐츠 퍼널은 다릅니다. 가치 있는 콘텐츠를 올려두면, 사람들이 검색하고, 추천을 타고, 스스로 찾아옵니다. 비용을 쓰지 않아도 콘텐츠가 남아서 계속 사람을 데려옵니다.

여기서 중요한 건 **모든 콘텐츠가 똑같은 역할을 하지 않는다는 점입니다.** 어떤 콘텐츠는 새로운 사람을 끌어오고, 어떤 콘텐츠는 그 사람의 마음을 얻고, 어떤 콘텐츠는 결정적인 제안을 하고, 어떤 콘텐츠는 구매 이후까지 함께합니다. 각자의 역할이 다릅니다.

이걸 고객의 여정에 맞춰 정리하면, 4단계가 됩니다.

① 인지: 끌어오기

우리 채널의 존재를 모르는 사람에게 "어? 이런 채널이 있었네?" 하고 호기심을 갖게 만드는 단계입니다. 조회수를 폭발시키는 데 집중합니다. 대중적이고 공유하기 좋은 콘텐츠가 이 역할을 합니다. 여기서는 숏폼, 릴스, 숏클립처럼 확산력이 큰 포맷이 큰 역할을 합니다.

② 흥미: 마음 얻기

인지 단계에서 유입된 사람이 '이 사람, 좀 괜찮네?' 하고 느끼게 만드는 단계입니다. 앞서 말한 덕을 쌓는 콘텐츠가 여기에 해당합니다. 당신의 철학, 경험담, 깊이 있는 정보를 통해 신뢰를 줍니다.

사람이 좋아지고 신뢰가 쌓이는 데는 시간이 필요합니다. 호감을 느끼면 좀 더 알아가고 싶은 마음이 올라오잖아요. 숏폼만으로도 이 역할을 할 수 있지만, 블로그나 유튜브 롱폼처럼 함께 시간을 보내는 느낌을 주는 포맷까지 더해지면 신뢰는 훨씬 빠르게 쌓입니다.

③ 전환: 제안하기

충분한 신뢰가 쌓인 고객에게, 결정적인 제안을 하는 단계입니다. "이런 문제가 있으시죠? 해결책을 준비했습니다" 하며 구체적이고 선명하게 솔루션을 보여줍니다.

숏폼 하나로도 전환을 일으킬 수 있습니다. 하지만 그 숏폼을 보고 넘어간 곳에, 왜 지금 이것이 필요한지, 어떤 문제를 해결하는지를 강하게 전달하는 상세 페이지나 론칭 콘텐츠가 기다리고 있다면 전환력은 크게 달라집니다.

④ 팬덤: 함께 머물기

구매한 고객이 "이 사람에게 사길 잘했다"라고 느끼게 만드는 단계입니다. 진짜 고수는 한 번 팔고 끝내지 않습니다. 구매 이후의 시간까지 함께합니다. 숏폼으로도 이 역할을 할 수 있습니다. 구매한 제품을 더 잘 활용하는 팁, 고객의 후기를 소개하는 콘텐츠, 구매자만을 위한 추가 정보 등의 콘텐츠가 꾸준히 올라오면 고객은 당신을 책임감 있는 판매자이자 믿음직한 동반자로 느끼게 됩니다.

여기서 한 걸음 더 나아갈 수 있습니다. 네이버 카페, 오픈 채팅방, 브랜드 앱처럼 같은 경험을 한 사람들이 모여서 삶과 이야기를 나눌 수 있는 공간까지 만들어 주면, 그곳에서 팬심은 훨씬 크게 자랍니다.

여기서 자주 받는 질문이 있습니다.

"숏폼이 유행이니까 숏폼만 하면 되겠죠?"

"유튜브가 최고라던데 유튜브를 해야 할까요?"

좋은 질문입니다. 그런데 지금 하는 이야기는 플랫폼에 대한 이야기가 아닙니다. 포맷에 대한 이야기도 아닙니다. "어떤 플랫폼이냐"가 아니라 "어떤 역할이냐"가 먼저입니다.

앞에서 말씀드린 것처럼, 숏폼은 끌어오기에 강하지만, 신뢰를 쌓으려면 롱폼이 더해지면 좋고, 전환을 일으키려면 상세 페이지가 기다리고 있으면 좋고, 팬심을 키우려면 함께 머무를 공간까지 있으면 좋습니다. 하나의 포맷이 모든 역할을 다하는 게 아니라, 각 단계에 맞는 역할을 나눠 맡기는 겁니다.

고객의 시선에서 생각해 보세요. 당신의 채널에 머무르는 데 성공했다면, 그 사람은 한 편만 보지 않습니다. 처음엔 호기심을 느끼고, 그다음엔 신뢰가 쌓이고, 마음이 움직이면 함께하게 되고, 그 경험이 정말 좋았다면 "나 여기 팬 할래"로 넘어갑니다. 그 여정을 안내할 수 있는 콘텐츠를 미리 설계하고 깔아두자는 겁니다.

어떤 콘텐츠로는 새로운 사람과 인사하고, 어떤 콘텐츠로는 신뢰를 쌓으며 교감하고, 어떤 콘텐츠로는 결정적인 제안을 하고, 어떤 콘텐츠로는 함께한 사람들과 깊이 대화를 나누는 것. 이런 다채로운 콘텐츠들이 채널에 공존해야 합니다.

잘 판다는 건, 거창한 기술이 아닙니다.

뜨거운 공감으로 사람들을 만나고, 이성적인 구조로 안심할 수 있는 길을 내주고, 따뜻한 환대로 그들을 머물게 하는 것. 감정과 구조를 동시에 설계하는 것이 고수의 운영법입니다. 이 내용을 콘텐츠에 적용하면, 단순히 콘텐츠를 잘 만드는 사람으로만 머물 수 없게 됩니다. 사람들이 모여들고, 관계가 생기고, 브랜드가 만들어지기 시작합니다.

콘텐츠 한 편의 조회수는 잊힙니다. 하지만 당신이 쌓아 올린 콘텐츠 빌딩은 사람들을 오래 머무르게 하고, 그들의 마음을 움직입니다.

다음 부에서는 이렇게 모여든 사람들이 팬으로 넘어가는 동력을 이야기합니다. 좋아하는 걸 넘어 함께하고 싶게 만드는 힘. 단순한 조회수보다 오래 가는 팬심을 키우는 법. 그리고 팬이 브랜드를 키우는 순간, 매출이 따라오는 원리까지 다룹니다.

Coding 06

나의 첫
스토리빌딩 설계하기

지금 내 채널을 하나의 빌딩이라고 생각해 보세요. 1층은 지나가던 사람이 발걸음을 멈추는 곳(인지), 2층은 들어와서 둘러보는 곳(흥미), 3층은 "이 사람에게서 사고 싶다"고 마음을 정하는 곳(전환), 4층은 함께 머무는 곳(팬덤)입니다.

다음 표를 채워 보세요. 한 칸에 콘텐츠 하나씩이면 충분합니다.

층	역할	내 채널에 해당하는 콘텐츠는?
1층	인지: 처음 보는 사람이 멈추는 콘텐츠	

2층	흥미: "이 사람 더 보고 싶다"고 느끼게 하는 콘텐츠	
3층	전환: 구매나 신청으로 이어지는 콘텐츠	
4층	팬덤: 함께 머물고 싶어지는 콘텐츠	

그리고 세 가지를 점검해 보세요.

① 네 개 층에 콘텐츠가 고루 있나요? 비어 있는 층은 어디인가요?

② 조회수가 잘 나오는 콘텐츠만 반복하고 있지는 않나요? 1층만 짓고 나머지 층이 비어 있지는 않나요?

③ 1층에서 4층까지 올라가는 흐름이 보이나요? 아니면 같은 층만 맴돌고 있나요?

비어 있는 층이 보인다면, 그 층의 콘텐츠를 하나만 기획해 보세요. 빌딩은 한 층씩 올라갑니다.

 여기까지 읽으셨다면, 이미 절반 오신 겁니다.
읽으면서 떠오른 생각,
밑줄 친 문장이 있다면 후기로 남겨주세요.
작은 감사의 이벤트를 준비해 두었습니다.

4
부

확장
팬덤,
비즈니스의 가장 강력한 엔진

ORIGINAL
CODE

팔로우를 넘어,
함께하고 싶은
사람이 되는 법

01

콘텐츠가
남겨야 하는 것

3부까지 우리는 콘텐츠를 설계하는 법, 마음을 움직이는 메시지를 만드는 법, 그리고 콘텐츠를 하나의 빌딩처럼 쌓아 올리는 스토리빌딩을 이야기했습니다. 그런데 이 모든 것을 잘 해냈다고 칩시다. 콘텐츠 설계도 그랬고, 후킹-홀딩-클로징 구조도 잡았고, 퍼널까지 깔았습니다. 그러면 다음 질문은 이겁니다. "그래서 이 콘텐츠가 결국 남겨야 하는 것은 뭔가요?"

많은 분이 돈이라고 답하십니다. 솔직한 대답이고, 충분히 이해합니다. 콘텐츠를 시작한 이유 중 하나가 수익이니까요. 그런데 그 대답으로 바로 달려가면, 순서가 틀립니다.

콘텐츠가 남겨야 하는 것은, 사람입니다. 이 말이 막연하게 들릴 수 있습니다. 하지만 수강생분들과 이야기를 나누다 보면, 사람이 남지 않는다는 고통이 얼마나 구체적인지 잘 알 수 있습니다.

"와서 댓글 달아주는 사람들은 다 품앗이 댓글인 것 같아요. 나를 정말 좋아해서 보고 있는 사람이 과연 있는 건지 모르겠어요.", "자료 나눔할 때만 사람들이 우르르 몰려왔다가, 제 개인적인 이야기를 올리면 아무도 말을 안 해요.", "심지어 뭔가를 판매하겠다고 올리면, 좋아요랑 댓글이 10분의 1토막이 나요. 과연 내가 사람들과 함께하고 있는 건지… 현타가 옵니다."

이 고통은 콘텐츠를 만드는 단계에서는 느끼지 못하는 종류의 것입니다. 열심히 만들어서 올리는 건 하겠는데, 사람을 남기는 것은 어떻게 해야 할지 모르겠다는 고통. 이 챕터에서는 바로 그 이야기를 하려고 합니다.

어떻게 하면 단순히 팔로우 버튼을 누르는 사람이 아니라, 오래도록 함께하고 싶은 사람이 될 수 있는지. 사람들이 "또 보고 싶다, 계속 이어졌으면 좋겠다"라고 느끼는 심리는 무엇인지. 그렇게 사람을 남기는 채널이 되었을 때, 비즈니스에는 어떤 일이 벌어지는지. 그리고 팬과 함께 성장한 브랜드들은 실제로 어떤 모습인지. 하나하나 차근차근 이야기해 보겠습니다.

콘텐츠를 시작하면, 가장 먼저 눈이 가는 숫자가 있습니다. 팔로워 수입니다. 100명, 1천 명, 1만 명. 숫자가 올라갈수록 뿌듯합니다. "이제 좀 되는 건가?" 하는 기대가 생깁니다. 그래서 많은 분이 숫자를 빨리 키우고 싶은 마음에, 지름길을 택합니다. 선팔, 맞팔, 이벤트 경품. "팔로우하고 댓글 달면 추첨!"

팔로워 숫자는 빠르게 올라갑니다. 하지만 이상한 일이 벌어집니다. 팔로워는 5천 명인데, 게시글에 좋아요가 30개, 스토리를 올리면 조회수가 200, 제품을 소개하면 문의가 0. 왜 이런 일이 벌어질까요? 이유는 간단합니다. 그 숫자는 관계가 아니라 거래로 모인 숫자이기 때문입니다.

내가 선팔로우 해서 들어온 사람은, 내가 누군지 관심이 없습니다. 의리로 맞팔을 눌러준 것이지, 내 이야기가 궁금해서 온 것이 아닙니다. 경품 이벤트로 모인 사람은, 경품이 끝나면 돌아갑니다. 애초에 나를 보러 온 것이 아니라 경품을 보고 온 것이니까요.

2부에서 이야기했던 것을 기억하시나요? 호감과 구매 의도는 다르다고요. 여기서도 마찬가지입니다. 팔로워 숫자와 진짜 관계는 다릅니다. **조용한 30만 명보다, 사람이 느껴지는 300명**

이 강합니다. 그러면 사람들이 진짜로 머무는 이유는 무엇일까요?

사람들이 머무는 진짜 이유 : 네 가지 끌림

수많은 크리에이터의 채널을 분석하면서, 사람들이 팔로우 버튼을 누르고 머무는 이유를 추적해 봤습니다. 그 결과, 크게 네 가지 이유로 압축됩니다. 저는 이것을 '네 가지 끌림'이라고 부릅니다.

① 효용의 끌림: "이 사람 콘텐츠를 보면 내 문제가 해결돼"

가장 기본적인 이유입니다. 이 사람의 콘텐츠를 보면 실질적으로 도움이 됩니다. 시간을 아끼게 해주거나, 몰랐던 정보를 알게 해주거나, 구체적인 문제를 해결해 줍니다. 대표적인 예로 레시피 채널, 정리 채널, IT 꿀팁 채널이 이 효용의 끌림으로 사람을 모읍니다. "이 채널 저장해 둬야지." 이 반응이 효용의 끌림입니다.

② 쾌락의 끌림: "이 사람 콘텐츠를 보면 기분이 좋아져"

보는 것 자체가 즐겁습니다. 웃기거나, 아름답거나, 감탄이 나오거나, 힐링이 됩니다. 별다른 이유 없이 자꾸 손이 갑니다. 대표적인 예로 브이로그, 먹방, 예쁜 공간 소개, 유머 콘텐츠가 여기에 해당합니다. "나도 모르게 계속 보게 돼." 이 반응이 쾌락의 끌림입니다.

③ 공감의 끌림: "이 사람은 나를 이해해 주는 것 같아"

이 사람이 하는 이야기가, 마치 내 이야기 같습니다. 나의 어려움을 대신 말해주고, 나의 감정을 정확히 짚어줍니다. 1부에서 이야기한 '감정선'이 바로 이것입니다. 공감이 일어나는 순간, 사람은 정보를 넘어 관계를 느끼기 시작합니다. "이 사람은 나를 아는 것 같아." 이 반응이 공감의 끌림입니다.

④ 동경의 끌림: "이 사람처럼 되고 싶어"

이 사람의 삶, 가치관, 성취가 부럽고 닮고 싶습니다. 이 사람이 걸어온 길을 보면서 '나도 저렇게 될 수 있을까?'라는 희망이 생깁니다. 동경의 끌림은 가장 강력합니다. 효용이나 쾌락은 콘텐츠에 반응하는 것이지만, 동경은 사람 자체에 반응하는 것이기 때문입니다. "이 사람이니까 보는 거야." 이 반응이 동경의 끌림입니다.

여기서 중요한 포인트가 있습니다. 대부분의 채널은 효용과 쾌락 단계에 머물러 있습니다. 유용한 정보를 전달하거나, 보기 좋은 콘텐츠를 만들거나. 이 두 가지는 물론 중요합니다. 하지만 이것만으로는 사람이 '머무는' 이유가 되지 않습니다. 정보는 다른 데서도 얻을 수 있고, 재미도 다른 데서도 느낄 수 있으니까요.

사람이 진짜로 머무는 순간은, 효용과 쾌락을 넘어 공감과 동경으로 넘어갈 때입니다. "이 정보가 유용하네"에서 "이 사람이 좋아"로 바뀌는 순간, 그 순간이 팔로워와 팬의 경계선입니다.

기능에서 인격으로 : 결정적 전환

이 경계선을 넘으려면, 콘텐츠의 무게중심이 바뀌어야 합니다. 무엇What을 전달하느냐에서, 누구Who로서 전달하느냐로요. 그 차이를 표로 정리하면 다음과 같습니다.

왼쪽 열의 콘텐츠는 대체가 가능합니다. 같은 정보를 더 잘 정리해 주는 사람이 나타나면, 사람들은 옮겨갑니다. 오른쪽 열의 콘텐츠는 대체 불가능합니다. '이 사람만의 시선'과 '이 사

기능 중심 (What)	인격 중심 (Who)
"이 제품이 좋습니다"	"제가 이 제품을 고른 이유는요"
"이렇게 하면 됩니다"	"저도 이걸 몰라서 한참 헤맸어요"
"10가지 꿀팁 정리"	"제가 직접 써보고 남긴 3가지"
"전문가가 알려드립니다"	"저도 처음엔 이게 어려웠습니다"
정보를 소비하는 관계	사람을 신뢰하는 관계

람의 경험'은 복제할 수 없기 때문입니다.

이 책의 제목이자 핵심인 오리지널 코드, 기억하시나요? 당신이 살아온 경험, 당신이 믿는 관점, 당신이 드러낸 취약함. 그것이 바로 기능에서 인격으로 넘어가는 열쇠입니다.

"이 사람이니까"의 힘: '왜'를 드러내라

기능에서 인격으로 전환하는 방법은 여러 가지가 있지만, 가장 근본적인 것 하나를 깊이 이야기하겠습니다. **왜Why를 드러내는 것입니다.**

사람들은 무엇을 하는 사람 자체보다 '그 일을 하는 이유가 분명한 사람'에게 끌립니다. 다이어트 정보를 주는 사람은 많습니다. 하지만 "17년 동안 다이어트에 실패하면서 몸에 새겨진 경험을 나누고 싶어서 시작했습니다"라고 말하는 순간, 같은 정보라도 무게가 달라집니다.

요리 레시피를 올리는 사람은 많습니다. 하지만 "엄마와 함께 새벽 시장을 누비며 배운 손맛을, 더 많은 사람에게 전하고 싶어요"라고 말하는 순간, 반찬이 아니라 그 사람의 시간이 보이기 시작합니다.

대단한 서사가 필요한 건 아닙니다. "아이가 맛있다고 웃는 얼굴이 좋아서", "퇴근 후 그림 그리는 시간이 유일한 쉼이라서" 이 정도여도 충분합니다. '왜'는 크기의 문제가 아닙니다. 진심의 문제입니다. 작더라도 자기 안에서 나온 이유는, 어디선가 복사해 온 거창한 미션보다 훨씬 오래 갑니다.

'왜'는 콘텐츠의 뿌리입니다. 뿌리가 보이는 나무에 사람들은 애착을 느낍니다. 이 사람이 왜 이 일을 시작했는지, 어떤 고민 끝에 이 자리에 서게 되었는지. 그 이유가 드러나는 순간, 콘텐츠는 정보에서 서사로 바뀌고, 크리에이터는 전달자에서 동반자로 바뀝니다.

오콘목달 수강생 중에 반려동물 콘텐츠를 하는 B님이 계십니다. 반려견 관련 정보를 꾸준히 올리고 있었지만, 반응은 미

미했습니다. 같은 주제의 채널이 워낙 많았으니까요. 수업에서 '왜'를 찾는 작업을 함께했습니다. B님에게는 남다른 사연이 있었습니다. 키우던 강아지가 밥을 너무 안 먹었습니다. 걱정되는 마음에 이것저것 찾아보다가 화식을 시작했고, 그때부터 반려견은 밥을 잘 먹기 시작했습니다. 잘 먹으니 건강해졌고, 건강해지니 표정까지 달라졌습니다.

"우리 아이가 달라지는 걸 보면서, 이 경험을 저만 알고 있으면 안 되겠다고 생각했어요. 밥 안 먹는 아이 때문에 속상한 분들이 분명 많을 텐데, 제가 겪은 이야기가 도움이 될 수 있으면 좋겠습니다."

이 마음이 콘텐츠에 담기기 시작하자, 반응이 확연히 달라졌습니다. 같은 반려동물 정보인데, 사람들의 댓글 톤이 바뀌었습니다. "정보 감사합니다"에서 "마음이 느껴져요", "우리 아이도 안 먹어서 고민이었는데 용기가 나요"로요. 정보를 소비하던 관계가, 사람을 응원하는 관계로 넘어간 겁니다. 이것이 Why의 힘입니다.

당신이 이 일을 하는 이유, 이 콘텐츠를 만드는 이유, 이 제품을 고르는 기준. 그 '왜'를 숨기지 않고 드러내는 것만으로, 콘텐츠의 체온이 완전히 달라집니다.

함께하고 싶은 사람은 무엇이 아니라 누구로 기억됩니다

사람들이 단순히 팔로우하는 것을 넘어 함께하고 싶다고 느끼려면, 숫자가 아니라 관계를 쌓아야 합니다. 효용과 쾌락으로 사람을 데려올 수는 있지만, 공감과 동경으로 넘어가야 사람이 머무릅니다. 기능What을 전달하는 사람에서, 인격Who이 보이는 사람으로 전환해야 합니다. 그리고 그 전환의 가장 강력한 열쇠는, 당신의 Why를 드러내는 것입니다.

사람들은 잘 만든 콘텐츠를 저장합니다. 하지만 함께하고 싶은 사람은 기억합니다. 저장한 콘텐츠는 잊힐 수 있지만, 기억한 사람은 다시 찾아갑니다.

그렇다면 이제 궁금해지는 것이 있습니다. 기억되는 것을 넘어서, 어떻게 해야 사람들이 "이 사람의 콘텐츠는 또 보고 싶다, 계속 이어졌으면 좋겠다"라고 느끼게 될까요? 한순간의 관심이 아니라, 오래 가는 팬심으로 이어지려면 무엇이 필요할까요?

내 채널의 존재 이유
점검하기

정보만 주는 채널은 더 좋은 정보가 나오면 대체됩니다. 사람을 만나러 오는 채널은 대체되지 않습니다. 지금 내 채널에 사람들이 '무엇' 때문에 오는지, '누구' 때문에 오는지를 구분하는 것이 팬덤의 출발점입니다.

다음 세 가지 질문에 솔직하게 답해 보세요.

① 내 팔로워 중에서, 경품이나 이벤트 때문에 팔로잉하는 게 아니라 '내 이야기'를 보러 온 사람은 얼마나 될까요?

② 내 콘텐츠에 "정보 감사합니다" 류의 댓글만 달리고 있지는 않나요? 아니면 "마음이 느껴져요", "늘 응원합니

다" 같은 감정이 담긴 댓글도 있나요?

③ 내가 이 일을 하는 이유Why를 콘텐츠에 담아본 적이 있나요? 팔로워들이 내가 '왜' 이 일을 하는지 알고 있나요?

세 질문 중 하나라도 선뜻 답하기 어렵다면, 아직 기능의 영역에 머물러 있을 가능성이 높습니다. 괜찮습니다. 지금 이 질문을 품은 것 자체가 전환의 시작입니다.

 "팬이 떠나지 않는 브랜드의 패턴, 정리했습니다."

한순간의 관심보다
단단한 팬심을
축적하는 기술

02

앞에서 우리는 숫자가 아니라 관계가 중요하다는 것, 그리고 사람들이 '무엇'이 아니라 '누구'에게 머문다는 것을 이야기했습니다. 그런데 여기서 한 가지 질문이 남습니다.

관심을 갖게 하는 것과, 오래 머무르게 하는 것은 같은 문제일까요?

아닙니다. 완전히 다른 문제입니다. 관심을 끄는 것은 한 편의 콘텐츠로도 가능합니다. 릴스 하나가 터지면 하루 만에 팔로워 수천 명이 늘기도 합니다. 하지만 그 사람들이 한 달 뒤에도 내 콘텐츠를 보고 있을까요? 3개월 뒤에도 댓글을 달고 있을까요? 1년 뒤에도 내 이름을 기억하고 있을까요?

바이럴 마케팅은 화려하지만, 대부분 한순간입니다. 문제는 그 한순간의 관심을 오래 가는 관계로 바꾸는 방법을 아는 사람이 많지 않다는 겁니다. 어떤 크리에이터는 한 번 보면 잊히는데, 어떤 크리에이터는 자꾸 찾게 됩니다. 어떤 브랜드는 한 번 사고 끝인데, 어떤 브랜드는 신제품이 나올 때마다 기다려집니다. 이 차이는 어디서 올까요?

"또 보고 싶다"를 만드는 세 가지 심리

사람이 특정 크리에이터를 "또 보고 싶다"라고 느끼는 순간을 분석해 보면, 흥미로운 패턴이 보입니다. 겉으로는 저마다 다른 이유 같지만, 심리적으로 작용하는 세 가지 원리를 기억하고 여러분의 콘텐츠에 적용해 보세요.

① 미완의 끌림: "다음 이야기가 궁금하다"

3부에서 자이가르닉 효과를 이야기한 적이 있습니다. 완결되지 않은 이야기가 머릿속에 더 오래 남는다는 원리였죠. 콘텐츠 중간에 결말을 살짝 미뤄서 시청자를 붙잡아 두는 기술로 설명해 드렸습니다. 그런데 이 원리는 콘텐츠 한 편 안에서만 끝나는 게 아닙니다. 사람 관계에서도 똑같이 작동합니다. 우리는 누군가의 이야기가 여전히 '진행 중'일 때, 그 사람을 계속 찾게 됩니다.

무언가를 만들어가는 과정, 사업을 키워가는 여정, 실패를 딛고 다시 일어서는 흐름. 결과만 덜컥 보여주면 "우와, 대단하다" 하고 상황이 종료되지만, 과정을 공유하면 "그다음엔 어떻게 될까?" 하고 기다리게 됩니다. 이것이 바로 **'사람에게 느끼는 자이가르닉 효과'**입니다. 이 사람의 다음 이야기가 궁금하다는 그 감정이 사람들을 곁에 머물게 만듭니다.

오콘목달 커뮤니티 수강생인 D님의 사례가 아주 좋은 예시입니다. 아이를 키우던 D님은 마땅한 약병 보냉백을 찾지 못하고 있었습니다. 시중 제품들은 너무 크거나 투박했고, 디자인도 아쉬웠죠. 결국 직접 만들어보기로 결심했습니다.

보통이라면 완성된 제품이 나올 때까지 기다렸다가 "보냉백 출시합니다!"라고 공지했을 겁니다. 하지만 D님은 달랐습니다. 처음부터 팔로워들과 모든 과정을 공유했습니다. "사이즈는 어떤 게 편할까요?", "디자인은 이런 느낌 어떠세요?", "가격대는 어느 정도가 적당할까요?"

사람들은 적극적으로 의견을 내기 시작했습니다. 자기 아이의 약병 크기를 직접 재서 댓글로 남기고, 원하는 색상에 투표하며 진심 어린 생각을 나누었습니다. 제품이 나오기도 전에 사람들은 이미 이 보냉백의 '공동 기획자'가 되어 있었던 거죠.

결과는 어땠을까요? 출시 당일, 보냉백을 눈 깜짝할 사이에 품절되었습니다. 뒤이어 출시한 다른 색의 모델까지 연달아 완판되며 사람들은 열광했습니다. 어떻게 이런 일이 가능했을까요?

사람들이 D님의 '과정'을 함께 지켜봤기 때문입니다. 처음 아이디어를 냈을 때부터 시행착오를 거쳐 마침내 완성되는 순간까지, 그 미완의 이야기를 함께 따라온 사람들에게 출시일은 단순한 끝이 아니라 함께 완성한 절정의 순간이었습니다.

이처럼 과정을 공유하는 일은 사람들에게 '다음이 궁금하다'라는 강력한 감정을 선물합니다. 그리고 이 감정이 반복될수록 사람들은 떠나지 않고 팬이 되어 곁에 머무릅니다.

② 함께 쌓은 기억의 힘: "우리 함께했잖아"

두 번째 심리는 조금 더 깊은 차원의 이야기입니다. 누군가와 함께 경험한 것이 있는 관계는 단순히 알고 지내는 사이와는 차원이 다릅니다.

학창 시절을 떠올려보세요. 같은 반이었어도 말 한마디 안 나눠본 친구는 나중에 잘 기억나지 않습니다. 하지만 축제를 함께 준비하고, 시험 기간에 같이 밤을 새우고, 수학여행에서 같은 방을 쓴 친구는 10년이 지나도 선명하게 기억이 납니다.

심리학에서는 이를 '경험 공유 효과'라고 부릅니다. 무언가를 함께 겪은 사람을 더 자주 떠올리고, 더 오래 기억하며, 더 깊게 신뢰한다는 원리입니다.

온라인 세상에서도 이 법칙은 똑같이 적용됩니다. 제가 운영하는 오콘목달의 프리미엄 클래스는 기수제로 운영됩니다. 참여자들은 100일 동안 같은 조인 사람들과 콘텐츠를 만들고, 서로의 결과물에 의견을 주며 매주 주어지는 과제를 향해 함께 달립니다. 100일이 지나면 공식적인 일정은 끝이 나지만, 이때부터 참 재미있는 일이 벌어집니다.

과정이 종료되었는데도 수강생분들은 헤어지는 대신 자기들만의 대화방을 새로 만들어 인연을 이어갑니다. "우리끼리 계속 같이 달려요"라며 끈끈한 결속력을 보여주죠. 그뿐만이 아닙니다. 다음 기수가 시작되면 조원들이 단체로 손을 잡고 재등록을 하기도 하고, 오프라인 모임이 열릴 때면 누가 먼저랄 것도 없이 삼삼오오 그룹을 지어 찾아오십니다.

기존 수강생의 약 35%가 매번 다시 돌아오는 진짜 이유는 바로 여기에 있습니다. 새로운 정보를 얻으려는 목적도 있겠지만, 더 깊은 속마음은 따로 있는 것입니다. "100일 동안 함께 고생하며 정든 사람들과 조금 더 같이 있고 싶어서요."

사람은 긴밀한 관계 속에서 좋은 경험을 하고 나면, 그 소중한 기억을 계속 이어가고 싶어 합니다. 혼자였다면 쉽게 포기했을 일도, 곁에서 함께 달린 사람들이 있으면 끝까지 가게 됩니다. 그 '함께'라는 기억이 강력한 접착제가 되어 서로의 관계를 단단히 붙잡아 주는 것입니다.

우리가 흔히 접하는 '챌린지'가 이 원리를 활용한 대표적인 장치입니다. 30일 글쓰기나 100일 운동 같은 챌린지에 참여한 사람들은 행사가 끝난 뒤에도 그 공간을 쉽게 떠나지 못합니다. 함께 땀 흘리며 달린 기억이 마음속에 깊이 남아 있기 때문입니다.

콘텐츠를 만드는 사람이라면 이 원리를 반드시 기억해야 합니다. 단순히 내 콘텐츠를 보게 만드는 것에서 그치지 마세요. 사람들이 내 공간 안에서 '함께 경험하고 어울릴 거리'를 설계할 때, 관계의 깊이는 이전과는 비교할 수 없을 만큼 깊어집니다.

③ 존재의 실감: "화면 너머에 진짜 사람이 있었네요"

세 번째 심리는 가장 결정적인 힘을 발휘합니다. 온라인에서 아무리 좋은 관계를 쌓아도 어딘가 2% 부족한 느낌이 들 때가 있죠. 화면 너머의 사람은 왠지 실감이 나지 않기 때문입니다. 심리학에서는 이를 '일방적인 친밀감(준사회적 관계)'이라고 부릅니다. 나는 상대방을 아주 잘 안다고 느끼지만, 실제로는 연결되지 않은 채 한쪽만 바라보는 관계인 것이죠. 그런데 이 관계가 완전히 질적으로 변하는 순간이 있습니다. 바로 오프라인에서 직접 마주하는 찰나입니다.

저 역시 이 경험을 생생하게 했습니다. 예전에 관심 있게 지켜보던 한 크리에이터가 있었습니다. 온라인에 올라오는 글을 가끔 읽으며 지나치던 사이였습니다. 그러다 어느 날, 오프라인 모임 소식을 듣고 별 기대 없이 참석했습니다. 그런데 그곳에서 보낸 시간이 모든 것을 바꿔놓았습니다. 화면에서만 보던 사람이 내 눈앞에 있고, 직접 대화를 나누며 같은 공간의 공기를 공유하는 경험, 그 단 한 번의 만남이 팬심의 깊이를 다르게 만들었습니다. 그 뒤로 저는 다음 모임이 언제인지 매번 확인하게 되었고, 다섯 번 넘게 그분을 찾아갔습니다.

이런 패턴은 다른 곳에서도 쉽게 볼 수 있습니다. 독서 모임이나 교육 프로그램을 운영하는 크리에이터를 보면, 꾸준히 오프라인에 얼굴을 비추는 열성팬이 꼭 있습니다. 처음엔 어색하고 조금 망설여지기도 하지만, 일단 한 번 좋은 시간을 보내고 나면 다음 만남이 언제인지 손꼽아 기다리게 되는 것이죠.

오콘목달에서도 똑같은 일이 반복됩니다. 온라인 수업만 듣다가 오프라인 모임에 처음 나오신 분들은 예외 없이 이렇게 말씀하십니다. "화면으로만 뵙던 분들을 직접 만나니까 느낌이 완전히 달라요!" "직접 뵙고 나니 더 열심히 하고 싶다는 의욕이 생겼어요."

화면 속에만 존재하던 사람이 실제로 내 앞에 있다는 사실, 그 실재하는 존재감이 온라인에서 쌓아온 유대감을 한순간에 단단한 신뢰로 바꿔놓습니다. 물론 매번 직접 만나는 것이 어려울 수 있습니다. 그렇다면 실시간 라이브 방송이나 전화 통화, 혹은 음성 메시지도 비슷한 효과를 줍니다. 핵심은 '편집되지 않은 날것의 나'를 보여주는 것입니다. 그 순간, 화면 너머의 일방적인 관계는 비로소 '진짜 관계'로 거듭납니다.

이 심리를 콘텐츠에 녹이는 법

세 가지 심리 원리를 먼저 다뤘으니, 이제 이것을 어떻게 콘텐츠에 녹여낼 수 있을지 이야기하겠습니다.

① 과정 설계: 완성이 아니라 여정을 보여주기

제품을 만들고 있다면, 완성된 결과물만 올리지 마세요. 아이디어를 떠올린 순간부터, 시행착오를 거치는 과정을, 그리고 마침내 세상에 나오는 순간까지를 콘텐츠로 기록하세요. 사업을 키우고 있다면, 성공한 지점만 보여주지 마세요. 고민하는 모습, 실패한 시도, 방향을 바꾸는 결정까지 함께 나누세요.

앞서 D님의 보냉백 사례처럼, 과정을 공유하면 사람들은 관객에서 동료로 바뀝니다. 그리고 동료는 쉽게 떠나지 않습니다.

② 독백을 대화로: 일방 송출에서 쌍방 소통으로

많은 크리에이터가 콘텐츠를 방송처럼 만듭니다. 내가 준비한 것을 내가 전달하고, 사람들은 듣는 구조. 이것은 독백입니다. 대화로 바꾸려면, 사람들에게 물어보는 습관이 필요합니다. "여러분은 어떠셨나요?", "이 중에서 어떤 게 더 궁금하세요?", "다음에 어떤 주제를 다뤘으면 좋겠어요?"

이 질문들은 단순한 소통의 기술이 아닙니다. 사람들에게 '이 공간에서 내 목소리가 닿는다'라는 경험을 주는 장치입니다. 2부에서 이야기했던 참여와 영향력의 연결고리가 바로 여기서 작동합니다.

③ 함께하는 경험: 보는 것에서 참여하는 것으로

챌린지, 공동 프로젝트, 함께 읽기, 함께 만들기. 사람들이 콘텐츠를 보기만 하는 것이 아니라 참여할 수 있는 경험을 설계하세요. 규모가 클 필요는 없습니다. 일주일간 매일 한 줄 기록하기, 한 달간 하나의 습관 만들기, 함께 책 한 권 읽기. 이런 작은 공동 경험이 쌓이면, '나도 커뮤니티에 속해 있다'라는 소속감이 생깁니다. 그 소속감이 팬심의 씨앗입니다.

관계를 가장 단단하게 만드는 마지막 열쇠

세 가지 방법을 이야기했습니다. 과정을 공유하고, 대화를 시작하고, 함께하는 경험을 만드는 것. 하지만 관계를 가장 깊은 차원으로 끌어올리는 열쇠가 하나 더 있습니다. **대의를 나누는 것입니다.**

마케팅의 대가 러셀 브런슨Russell Brunson은 이런 말을 합니다. "고객과 함께 무브먼트Movement를 만들라." 사람들이 기꺼이 동참하고 싶어 하는 신념과 이야기를 만들라는 뜻입니다.

가수 션 님의 사례가 이것을 잘 보여줍니다. 션 님과 그의 팬들은 '루게릭 요양병원 건립'이라는 하나의 분명한 목표를 위해 함께 달리고, 기부하며, 세상에 목소리를 냅니다. 팬들의 행동은 단순히 션 님을 응원하기 위한 것이 아닙니다. "우리가 함께 더 나은 세상을 만들고 있다"라는 꿈을 실현하기 위해 어깨를 나란히 하는 겁니다. 만약 션 님이 개인적으로 논란이 되거나 어떤 실수를 한다면 팬들이 등을 돌릴까요? 쉽게 그러지 않을 겁니다. 그들은 한 사람을 넘어, 함께 세운 꿈을 지지하고 있기 때문입니다.

여기서 위축될 필요는 없습니다. 대의가 반드시 세상을 구하는 거창한 구호일 필요는 없습니다. "아이들이 상처받지 않고 가능성을 펼치는 세상을 꿈꿉니다.", "사람들이 글쓰기를 통해 자기 마음을 돌보고 단단해지기를 바랍니다." 당신이 진심으로 바라는 세상의 모습을 이야기하는 것만으로 충분합니다.

그 작은 이야기에 공감하고 동참하는 사람들이 하나둘 모일 때, 그것이 무브먼트의 시작입니다. 나의 성공을 넘어, '내 활동이 세상에 어떤 이로운 영향을 주었으면 좋겠다'라는 진심을 보여줄 때, 사람들은 떠나지 않습니다. 그 길을 혼자 갈 수 없으니 함께하자고 솔직하게 손을 내미는 것만으로도, 관계는 완전히 다른 깊이로 들어갑니다.

관계의 깊이를 점검하는 3단계 척도

지금 내 채널에 모여 있는 사람들과의 나의 관계는 어느 정도의 깊이일까요? 간단한 척도로 점검해 볼 수 있습니다.

1단계: 반응 관계

사람들이 좋아요를 누르고, 가끔 댓글을 답니다. "좋은 정보 감사합니다" 정도의 반응이 주를 이룹니다. 이 단계에서 사람들은 콘텐츠를 소비하고 있습니다.

2단계: 참고 관계

사람들이 내 콘텐츠를 저장하고, 주변에 공유합니다. "이 사람 채널 괜찮아, 한번 봐 봐" 하고 추천합니다. 이 단계에서 사람들은 나를 참고 자료로 여기고 있습니다.

3단계: 공동 창작 관계

사람들이 의견을 내고, 아이디어를 제안하고, 함께 만들어 갑니다. "이런 콘텐츠 해주시면 안 돼요?", "저도 이런 경험이 있어요, 나눠볼게요." 이 단계에서 사람들은 나와 '함께하고' 있습니다.

대부분의 채널은 1단계에 머물러 있습니다. 2단계로 가면 입소문이 나기 시작하고, 3단계로 가면 팬덤이 싹틉니다. 지금 내 채널은 몇 단계인가요?

또 보고 싶은 장치
구축하기

관심은 한순간이지만, 팬심은 구조에서 자랍니다. 사람들이 다시 찾아오는 채널에는 반드시 '또 보고 싶게 만드는 장치'가 있습니다. 아래 네 가지 질문으로 내 채널에 그 장치가 있는지 점검해 보세요.

① 내 콘텐츠에 과정이 보이나요? 완성된 결과만 올리고 있지는 않나요?

② 사람들과 함께한 경험(챌린지, 공동 프로젝트, 오프라인 모임 등)이 있나요? 아직 한 번도 설계해 본 적이 없다면, 가장 작은 단위로 어떤 것을 해볼 수 있을까요?

③ 내 콘텐츠는 독백인가요, 대화인가요? 최근 열 개의 게

시글 중에서 사람들에게 질문을 던진 것이 몇 개인가요?

④ 내 활동의 대의를 한 문장으로 말할 수 있나요? 그 대의가 콘텐츠에 드러나고 있나요?

이 질문에 대한 답이 하나씩 구체화 될수록, 당신의 채널에는 "또 보고 싶다"의 장치가 하나씩 심어지고 있는 겁니다. 네 가지를 한꺼번에 갖출 필요는 없습니다. 오늘 하나만 골라서 다음 콘텐츠에 넣어 보세요.

 지금 이 순간에도 함께 성장하고 있는 사람들

사람을
남기는
비즈니스의
기적

03

여기까지 읽으신 분 중에, 이런 생각이 드시는 분이 계실 겁니다.

"팬심, 관계, 공감… 다 좋은데. 그래서 이게 진짜 돈이 되긴 하나요?"

솔직한 의문이고, 당연한 질문입니다. 우리는 결국 비즈니스를 이야기하고 있으니까요. 이번에는 현실적인 이야기를 하겠습니다. 사람을 남기는 채널을 처음부터 의식하면, 비즈니스에 실제로 어떤 일이 벌어지는지. 숫자로, 현상으로, 구조로 설명하겠습니다.

좋아요는 30개인데, 매출은 수천만 원~수억 원?

먼저 한 가지 역설을 이야기하겠습니다. 팔로워 약 10만 명을 보유한 한 인플루언서가 있습니다. 평소 일상 사진을 올리면 좋아요가 1천 개까지 올라갑니다. 그런데 제품 판매 게시글을 올리면? 좋아요가 50개도 안 됩니다.

밖에서 보면 이렇게 생각할 수 있습니다. "인기가 떨어졌나 보다.", "물건이 안 팔리고 있나 보다."

하지만 실제 매출을 확인하면 전혀 다릅니다. 사람들은 알림이 뜨는 순간 제품을 담기 시작합니다. 조용히 구매하고, 조용히 결제를 마칩니다. 두 번째, 세 번째 구매부터는 감정을 표현하면서 사는 것이 아니라, 마치 생필품을 정기 구매하듯 차분하게 쇼핑을 마칩니다. 겉으로 티가 나지 않을 뿐, 제품은 매우 잘 팔리고 있는 겁니다.

좋아요는 30개인데 매출은 수천만 원에서 수억 원입니다. 팬덤이 있는 채널에서는 제법 흔한 일입니다. 왜 이런 일이 벌어질까요?

팬덤이 모여 있는 공간에서는, 판매 공지를 굳이 넓게 퍼뜨리지 않는 경우도 많습니다. 준비된 수량이 한정적이거나, 소수만 받는 서비스라면, 조용히 공지하고 조용히 마감합니다. 밖에서 보면 아무 일도 일어나지 않는 것처럼 지나가지만, 안에서는 이미 다 팔렸습니다.

초보일 때는 이 기저에 깔린 현상을 모르기 때문에, 좋아요 숫자만 보고 "저 사람 망했나 보다"라고 판단합니다. 하지만 팬덤의 구매력은 겉으로 보이는 반응과 전혀 다른 차원에서 작동합니다. 이것이 사람을 남기는 채널의 첫 번째 특징입니다. **보이는 반응이 아니라, 보이지 않는 신뢰로 거래가 이루어집니다.**

팬덤 플라이휠: 한 번 돌기 시작하면 멈추지 않는 구조

팬덤이 있는 채널에서 비즈니스가 성장하는 방식은, 일반적인 마케팅과 구조가 다릅니다.

보통의 비즈니스는 매번 새 고객을 데려오는 방식으로 돌아갑니다. 광고를 돌리고, 할인을 걸고, 이벤트를 열고. 마케팅 비용을 쓸 때만 사람이 들어오고, 마케팅을 멈추면 함께 멈추는 구조입니다.

팬덤이 있는 비즈니스는 다릅니다. 한 번 돌기 시작하면, 팬들이 스스로 바퀴를 굴려줍니다. 이것을 '팬덤 플라이휠'이라고 부릅니다. 플라이휠은 처음에는 힘이 많이 들지만, 한 번 탄력이 붙으면 점점 가속이 붙는 회전 장치입니다. 팬덤도 마찬가지입니다. 처음에는 느리지만, 일단 굴러가기 시작하면 멈추기가 더 어렵습니다. 이 플라이휠을 돌리는 네 가지 힘이 있습니다.

① 조용한 지지자: "말은 안 하지만 다 삽니다"

모든 채널에는 보이지 않는 팬이 있습니다. 이 보이지 않는 팬들은 댓글을 달지 않습니다. 좋아요도 잘 누르지 않습니다. DM도 보내지 않습니다. 하지만 알림은 켜져 있고, 새 콘텐츠가 올라오면 조용히 봅니다. 그리고 제품이 나오면, 역시 조용히 삽니다. 이 사람들을 '조용한 지지자'라고 부릅니다.

전체 팔로워의 대다수는 사실 이 유형입니다. 적극적으로 반응하는 사람은 전체의 일부에 불과합니다. 나머지는 조용히 지켜보면서, 결정적인 순간에 지갑을 엽니다. 초보 크리에이터가 가장 많이 하는 실수 중 하나가, 이 조용한 지지자의 존재를 전혀 인식하지 못하는 것입니다. 댓글이 적다고 아무도 안 본다고 생각합니다. 반응이 없다고 관심이 없다고 판단합니다.

하지만 보이지 않는 곳에서 당신의 콘텐츠를 챙겨보는 사람은, 당신이 생각하는 것보다 훨씬 많습니다. 그들은 말하지 않을 뿐, 듣고 있고 보고 있습니다.

② 자발적인 연결: "함께 나누고 싶은 마음"

팬덤이라는 선순환의 두 번째 힘은, 팬들이 마음에서 우러나와 스스로 소식을 전해주는 현상입니다. 저 역시 이를 현장에서 깊이 체감했습니다. 오콘목달이 성장하며 가장 감사했던 순간은 수강생분들이 지인에게 "이 수업 정말 좋다, 너도 꼭 경험해 봤으면 좋겠어"라고 진심 어린 추천을 건네주실 때였습니다. 화려한 광고를 내걸지 않아도, 그 따뜻한 입소문을 타고 많은 분이 강의실을 찾아주셨습니다.

이런 진심 어린 추천만큼이나 강력한 연결고리가 하나 더 있습니다. 바로 **'우리만의 언어'**입니다. 오콘목달 커뮤니티가 막 기지개를 켤 무렵, 한 수강생분이 **'은환매직'**이라는 단어를 제안해 주셨습니다. 사실 저는 쑥스러움이 많아 저를 주인공으로 만드는 그 단어가 처음엔 무척 무안했습니다. 하지만 수강생분들이 팬심을 담아 직접 지어주신 소중한 애칭이었기에, 용기를 내어 우리만의 문화로 받아들였습니다.

이제는 기쁜 일이 생길 때마다 다 같이 "은환매직!"을 외치는 것이 벌써 3년째 이어지는 우리만의 정겨운 문화가 되었습니다. 만약 '목표 달성' 같은 평범한 단어를 썼더라면, 어디서나 흔히 볼 수 있는 말이라 우리만의 끈끈한 유대감을 담아내기 어려웠을 것입니다. 고유한 언어가 생기면 그 말을 아는 사람끼리 자연스럽게 마음이 통합니다. 그리고 그 언어가 밖으로 퍼져나갈 때, 팬분들은 기꺼이 이 가치를 알리는 든든한 동료가 되어줍니다.

심리학에서 말하는 '사회적 검증의 원리'가 여기에서도 작동합니다. 낯선 광고보다 내 곁의 소중한 사람이 건네는 한마디가 수십 배 더 강력하기 때문입니다. 팬분들은 그 한마디를 자발적으로, 그리고 아주 열정적으로 전해주십니다. 누군가 시켜서 하는 일이 아닙니다. 내가 직접 경험한 것이 진심으로 좋았기에, 아끼는 이들과 그 행복을 나누고 싶은 마음뿐입니다.

이 힘이 작동하기 시작하면, 억지로 사람을 모으기 위해 애쓰지 않아도 됩니다. 팬들의 진심이 가장 강력한 울림이 되어, 우리라는 공동체를 더욱 넓고 단단하게 확장해 주기 때문입니다.

③ 방패가 되는 사람: "이 사람을 함부로 건드리지 마"

세 번째 힘은, 위기의 순간에 드러납니다. 콘텐츠를 하다 보면 예상치 못한 비난이나 오해를 받는 일이 생깁니다. 그런데 팬덤이 있는 채널에서는, 크리에이터가 방어에 나서기도 전에 팬들이 먼저 나섭니다.

크리에이터 S님의 이야기입니다. S님은 공동구매로 티백 제품을 판매하고 있었습니다. 어느 날, 티백에서 미세플라스틱이 검출될 수 있다는 기사가 뜨면서 상황이 급하게 돌아갔습니다. 비난의 댓글이 달리기 시작했습니다. "이 제품 괜찮은 거 맞아요?", "책임져야 하는 거 아닌가요?"

S님이 기사가 나오기 전에 그 사실을 알 수 있었을까요? 예측할 수 없는 일이었습니다. 그런데 흥미로운 일이 벌어졌습니다.

팔로워 중 일부가 나서기 시작한 겁니다. "이걸 미리 예상할 수는 없었잖아요. 이 크리에이터에게 비난의 화살을 돌리는 건 너무 가혹합니다.", "지금까지 얼마나 정성껏 제품을 소개해주셨는데, 이런 일로 몰아세우지 맙시다." S님은 더 확실하게 확인해서 전달하겠다고 이야기하며 그 상황을 넘어갈 수 있었습니다.

이런 장면은 팬덤이 있는 공간에서 자주 목격됩니다. 크리에이터가 무언가 실수를 하거나, 예상치 못한 문제가 생겼을 때, "실수할 수도 있는 거고, 사람이라면 누구나 그런 일을 겪을 수 있는 건데"라며 보호하는 목소리가 나옵니다. 팬덤은 좋을 때만 함께하는 관계가 아닙니다. 어려울 때 방패가 되어주는 관계입니다. 이 힘이 있는 브랜드는, 위기에서 무너지지 않습니다.

④ 함께 만드는 사람: "우리가 이 제품을 만들었어"

네 번째 힘은 팬이 상품 개발에 참여하는 현상입니다. 오콘 목달 수강생 J님의 사례가 대표적입니다. 유튜브를 운영하던 J님은 강아지 매트를 출시하기로 했습니다. 그런데 이 매트를 혼자 기획하지 않았습니다. 어떤 두께가 좋을지, 어떤 크기가 편할지, 어떻게 조립하면 좋을지를 팔로워들과 함께 나누며 준비했습니다. 그 결과는 **출시 당일, 바로 완판.**

또 다른 수강생 L님은 자기 가방에 달고 다니는 백 참이 예쁘다는 말을 자주 듣고, 어디에서 구입했냐는 질문을 자주 받았습니다. 아프리카에서 가져온 것이라고 알려 주자, "구매할 수 있으면 좋겠다"는 요청이 쏟아졌습니다. L님은 직접 수입을 결정했고, 사람들이 미리 신청을 했고, 1천 개 가까이 들여온 물량이 들어오자마자 모두 품절되었습니다.

이 두 사례의 공통점이 보이시나요? 팬들이 소비자가 아니라 공동 기획자로 참여한 겁니다. 자기 의견이 반영된 제품이니까, 나오는 순간 사는 것은 당연합니다. 내 의견이 들어간 상품은, 남의 상품이 아니라 '우리의 상품'이 되기 때문입니다. 앞에서 이야기한 D님의 보냉백도 같은 원리입니다. 사이즈, 디자인, 가격을 함께 정하는 과정 자체가, 팬들을 공동 창조자로 만든 겁니다.

이 힘이 작동하면, 제품 개발이 곧 마케팅이 됩니다. 기획 과정에서 이미 고객이 확보된 상태니까요.

수확의 기쁨을 함께 나누는 농부의 비즈니스

지금까지 이야기한 네 가지 힘을 정리해 보면, 우리가 지향해야 할 비즈니스의 모습이 선명해집니다. 이를 사냥꾼과 농부의 태도에 비유해 볼 수 있습니다.

사냥꾼의 비즈니스는 매번 새로운 고객을 찾아 나섭니다. 끊임없이 광고를 돌리고 파격적인 할인을 제안하며 누군가를 설득하려 애씁니다. 한 번의 선택이 일어나면 그것으로 관계는 끝이 나고, 다음 달이면 다시 새로운 대상을 찾아 사냥을 떠나야 합니다. 멈출 수 없는 러닝머신 위에 서 있는 것처럼 금세 지치기 마련입니다.

반면, '농부의 비즈니스'는 **관계를 정성껏 가꿉니다.** 씨앗을 심고 물을 주며 시간을 들여 기다립니다. 처음에는 속도가 느려 보일 수 있습니다. 눈에 보이는 성과가 바로 나타나지 않아 조바심이 나기도 합니다. 하지만 일단 뿌리를 깊게 내리면 수확의 기쁨은 매해 반복됩니다. 그리고 그 밭에서 자란 결실이 다시 건강한 씨앗이 되어, 우리의 터전은 자연스럽게 넓어집니다.

팬덤이라는 선순환의 고리는 바로 이 농부의 비즈니스와 닮아있습니다. 조용히 곁을 지켜주는 지지자들이 꾸준히 함께해주고, 진심을 느낀 분들이 소중한 사람들을 데려오며, 우리를 아끼는 분들이 때로는 든든한 방패가 되어주기도 합니다. 또한, 커뮤니티 안에서 소통하는 동료들이 새로운 아이디어를 제안하며 함께 더 좋은 것을 만들어갑니다. 이 네 개의 바퀴가 맞물려 돌아가기 시작하면, 크리에이터 혼자 애쓰지 않아도 우리라는 공동체는 스스로 생명력을 얻어 움직입니다.

3부에서 이야기한 스토리빌딩의 4층 구조를 기억하시나요? **인지 → 흥미 → 전환 → 팬덤**으로 이어지는 흐름에서 팬덤이 가장 높은 곳에 위치한 이유가 바로 이것입니다. 4층에 소중한 사람들이 모이기 시작하면, 그분들의 진심 어린 활동이 1층으로 새로운 인연을 이끌고, 2층에서 서로에 대한 신뢰를 쌓아주며, 3층에서 가치 있는 선택을 이끌어 냅니다. 빌딩 전체가 팬들과 함께 호흡하며 살아 움직이는 유기체가 되는 것입니다.

그래서 우리는 처음부터 **'사람이 남는 공간'**을 만들어야 합니다. 콘텐츠를 기획할 때 "이 내용이 조회수를 높여줄까?"만 고민하기보다, "이 이야기가 우리 곁에 사람을 남겨줄까?"를 먼저 물어야 합니다.

이 질문이 습관이 되는 순간, 여러분의 비즈니스는 단순히 숫자를 쫓는 행위를 넘어 삶을 풍요롭게 만드는 예술이 될 것입니다.

셀프체크

나의 비즈니스는 어떤 모습인가요?

1. 우리의 결실은 어디서 오고 있나요? 매달 새로운 인연을 찾아 나서는 노력이 매출의 대부분을 차지하나요, 아니면 우리를 이미 경험한 분들의 믿음직한 재방문이 든든한 버팀목이 되어주고 있나요?

2. 조용한 응원의 온기를 느껴본 적이 있나요? 겉으로 드러나는 좋아요나 댓글은 적을지라도, 새로운 제안이 나올 때마다 묵묵히 응원을 보내며 곁을 지켜주는 소중한 지지자들이 떠오르나요?

3. 억지로 밀지 않아도 스스로 움직이는 흐름이 있나요? 만약 지금 당장 광고를 멈춘다면, 우리의 소식도 끊기게 될까요? 아니면 광고가 없어도 사람들이 자발적으로 우리를 찾아오고 서로 연결되는 건강한 구조가 마련되어 있나요?

이 질문들에 대한 답은 현재 여러분의 비즈니스가 사냥꾼의 긴장 속에 있는지, 아니면 농부의 여유로 나아가고 있는지를 비춰주는 거울입니다.

만약 아직은 사냥꾼의 모습에 가깝게 느껴진다면, 낙담하실 필요는 없습니다. 바로 지금이 여러분의 소중한 밭에 건강한 씨앗을 심고 가꾸기 시작할 가장 완벽한 때니까요.

함께
성장하는 브랜드
: 공동 창업자와 팬덤

04

앞에서 우리는 '팬덤 플라이휠'이 어떻게 작동하는지 살펴보았습니다. 조용히 응원해 주는 지지자, 진심으로 소식을 전하는 동료, 든든한 방패가 되어주는 사람, 그리고 함께 가치를 만들어가는 기획자까지. 이 네 가지 힘이 모여 비즈니스를 정성껏 일구는 농부의 구조로 바꿔준다는 점을 이해하셨을 겁니다.

그런데 이론만으로는 조금 막연하게 느껴질 수도 있습니다. "원리는 알겠는데, 실제로 그렇게 성장한 브랜드가 정말 있을까?"라는 의문이 드실 거예요. 결론부터 말씀드리면, 네, 분명히 있습니다. 그리고 그 차이는 시간이 흐를수록 놀라울 만큼 극명하게 나타납니다.

같은 출발선, 정반대의 결과

두 명의 크리에이터 이야기를 들려드리려고 합니다. **A 대표**는 뷰티 분야에서 뛰어난 감각으로 주목받았습니다. 트렌드를 읽는 눈이 매서웠고 영상미도 훌륭해 팔로워가 빠르게 늘었죠. 광고와 협찬 제안이 쏟아지며 수익도 금세 생겼습니다. 하지만 A 대표는 팔로워와의 관계를 쌓는 일에는 큰 무게를 두지 않았습니다. 댓글이나 질문에는 무관심했고, 사람들이 무엇을 원하는지보다 자신이 보여주고 싶은 것에만 집중했습니다.

잠시 동안은 화려해 보였지만, 어느 순간부터 반응이 식기 시작했습니다. 알고리즘이 변하고 비슷한 채널이 많아지자, 사람들은 미련 없이 떠나갔습니다. 결국 A 대표는 줄어드는 매출을 메우기 위해 끊임없이 새로운 광고주를 찾아 헤매는 고단한 일상을 반복하게 되었습니다.

반면, 같은 시기에 시작한 **R 대표**는 처음 내딛는 발걸음의 방향이 달랐습니다. R 대표 역시 뷰티 콘텐츠를 만들었지만, 숫자를 쫓기보다 팔로워 한 명 한 명의 고민에 진심 어린 답을 건넸습니다. 제품을 소개할 때도 화려한 미사여구 대신, 자신의 민감한 피부에 직접 사용해 본 솔직한 경험을 나누었습니다.

R 대표의 성장 속도는 A 대표보다 느렸을지 모릅니다. 하지

만 그에게 모인 사람들의 마음은 훨씬 단단했습니다. R 대표가 자신의 브랜드를 시작하자 팬들이 먼저 팔을 걷어붙였습니다. 자발적으로 후기를 적고, 주변에 소문을 내며, 신제품이 나올 때마다 함께 기뻐했습니다. 팬들은 단순한 구매자가 아니라, 매년 모임을 열어 의견을 나누고 다음 제품 기획에 영감을 주는 소중한 조언자가 되어주었습니다.

출발은 비슷했지만 결과는 완전히 달랐습니다. **A 대표에게 팔로워는 '숫자'였지만, R 대표에게 팬은 '함께 걷는 동료'였습니다.** 이 한 끗 차이가 시간이 흐른 뒤 비즈니스의 운명을 갈라놓았습니다.

팬과 함께 성장하는 3단계 로드맵

팬과 함께 성장한 브랜드들을 관찰하면, 공통된 성장 경로가 보입니다. 한 번에 팬덤이 만들어지는 것이 아니라, 단계를 거치며 관계의 질이 바뀌어 갑니다.

1단계: 크리에이터와 첫 번째 동료들

모든 시작은 소박합니다. 혼자 콘텐츠를 만들다 보면 한 명 두 명 소중한 인연이 닿기 시작하죠. W님이 강아지 매트 아이디어를 처음 냈을 때처럼, 화려한 숫자가 아니더라도 '나를 믿어주는 사람'들과 소통하며 과정을 공유하는 시기입니다. 이 첫 번째 동료들이 W님의 플라이휠의 첫 바퀴를 함께 밀어줄 소중한 에너지가 됩니다.

2단계: 조언자와 함께 다듬는 시기

관계가 깊어지면 팬들은 적극적으로 의견을 내기 시작합니다. "이런 기능은 어떨까요?", "이 부분은 조금 아쉬워요"라며 애정 어린 조언을 건네죠. 오콘목달이 수강생분들의 피드백을 반영해 커리큘럼을 더 풍성하게 다듬는 것처럼, 크리에이터는 가르치는 사람에서 '함께 완성해 가는 사람'으로 성장합니다. 팬들은 자신의 목소리가 반영되는 경험을 통해 깊은 소속감을 느낍니다.

3단계: 공동 창업자이자 든든한 주주

가장 아름다운 단계입니다. 팬들이 브랜드의 성공을 마치 자기 일처럼 기뻐하고, 어려움은 함께 걱정합니다. R 대표의 팬들이 "우리가 함께 만든 브랜드"라는 자부심을 느끼는 것처럼 말이죠. 응원하는 대상의 성공을 나의 기쁨으로 여기는 마음이 극대화되는 시기입니다.

저도 한때는 열렬한 팬이었습니다

이 원리를 확신하게 된 데에는 저의 개인적인 경험이 큰 바탕이 되었습니다. 저는 한 다이어트 전문 기업에서 팬덤 커뮤니티를 설계하고 운영한 적이 있습니다. 꽤 높은 가격대의 프로그램이었기에, 참여하시는 분들은 오랫동안 깊이 고민한 끝에 어려운 결정을 내리곤 하셨습니다. 단톡방에 들어와서도 이것이 정말 나를 위한 선택인지, 앞으로 어떻게 해나가야 할지 조심스럽게 상의하는 분들이 많았습니다.

그때 저는 커뮤니티가 가진 진정한 힘을 처음으로 체감했습니다. 기존 멤버분들은 새로 오신 분들을 언제나 따뜻하게 품어 주셨습니다. 앞으로 어떤 과정이 기다리고 있는지, 마음 준비는 어떻게 하면 좋은지, 식단은 어떻게 챙겨야 효과적인지 본인들의 경험을 담아 친절하게 설명해 주는 문화가 자연스럽게 자리잡고 있었죠.

결과는 실로 놀라웠습니다. 한 달만 해보려던 분들이 두 달, 세 달씩 기간을 연장하며 도전을 이어가셨고, 성공 사례가 셀 수 없이 쏟아졌습니다. 사람들은 한결같이 이렇게 말했습니다.

"이 커뮤니티가 아니었으면 절대 불가능했을 거예요."

"이곳에서 만난 사람들이 없었다면, 저는 아직도 제자리였을 거예요."

사람은 혼자일 때 쉽게 마음이 약해지고 포기하고 싶은 순간을 마주합니다. 하지만 곁에서 손잡아주는 사람들이 있다면, 강한 의지가 필요한 일도 기어이 해낼 수 있게 됩니다. 그 경험은 제게 팬덤의 본질을 가르쳐주었습니다.

팬덤은 단순히 누군가를 좋아하는 마음에 그치지 않습니다. 그것은 '함께하는 힘'입니다. 그 에너지가 모이면, 혼자로서는 절대 도달할 수 없는 기적 같은 결과를 만들어냅니다.

팬과 함께하는 브랜드가 가진 세 가지 독보적 무기

팬들과 손잡고 성장하는 브랜드에는 다른 곳이 결코 흉내낼 수 없는 세 가지 구조적인 강점이 생깁니다.

① 실패하지 않는 가치 제안

보통은 시장을 분석하고 감에 의존해 제품을 기획하지만, 팬덤이 있는 곳은 다릅니다. 기획 단계부터 "이런 게 필요해요", "이 기능은 꼭 넣어주세요"라는 팬들의 목소리를 담기에 출시 전 이미 확실한 수요를 확인하고 시작할 수 있습니다. 보냉백,

강아지 매트, 백 참 사례처럼 팬과 함께 만든 제품이 곧장 완판되는 것은 운이 아니라 '함께 만든 구조' 덕분입니다.

② 진심이 담긴 자발적 홍보

광고비는 나날이 비싸집니다. 하지만 팬들이 직접 써보고 남기는 진솔한 후기와 추천은 돈으로 살 수 없는 가치를 지닙니다. 사람들은 화려한 광고보다 믿을 수 있는 지인의 한마디를 신뢰하기 때문입니다. 이 과정에서 팬들은 자발적으로 소식을 전하는 든든한 동료가 되어줍니다.

③ 흔들리지 않는 회복탄력성

어떤 브랜드에도 위기는 올 수 있습니다. 하지만 팬덤이 있는 브랜드는 어려움이 닥쳤을 때 팬들이 먼저 나서서 오해를 풀어주고 방패가 되어줍니다. 위기를 함께 견뎌낸 관계는 그 이전보다 훨씬 더 단단해지며 브랜드의 뿌리를 깊게 만듭니다.

고객을 넘어 공동 창업자라는 이름으로

저는 팬분들을 단순히 고객이라는 단어로 가두는 것이 늘 아쉬웠습니다. 고객이라는 말속에는 사고파는 관계라는 차가운 뉘앙스가 섞여 있기 때문입니다. 팬덤의 깊은 단계에 도달한 분들은 더 이상 고객이 아닙니다. 그분들은 여러분의 '공동 창업자'입니다.

제품을 함께 고민하고, 기쁜 소식을 내 일처럼 알리며, 위기를 함께 이겨내는 주주와 같습니다. 사람들은 상품이 아니라 여러분의 철학과 진심을 봅니다. 그리고 그렇게 모인 사람들은 결국 브랜드 자체를 키워주는 거대한 동력이 됩니다.

기억하세요. **사람이 남으면 비즈니스는 자연스럽게 따라오지만, 수익만을 좇으면 사람은 다 떠나갑니다.**

여러분의 첫 번째 팬은 지금 이 순간에도 조용히 콘텐츠를 지켜보고 있을지 모릅니다. 아직 인사를 건네지 않았을 뿐, 여러분의 이야기에 깊이 공감하며 마음을 열 준비를 하고 있을지도 모릅니다.

그 한 사람을 소중히 여기고, 그분의 목소리에 귀 기울이며 함께 걸어가는 것. 그것이 진정한 브랜드의 시작이자 지속 가능한 성장의 열쇠입니다.

셀프체크

당신에게도 공동 창업자가 있나요?

1. 제품이나 서비스를 준비할 때, 팔로워분들의 의견을 실제로 묻고 반영해 본 적이 있나요?

2. 나의 성장을 자기 일처럼 기뻐해 줄 분이 한 명이라도 떠오르나요? 그분과 나는 어떤 정성을 나누었나요?

3. 지금 나의 비즈니스는 어느 지점에 있나요?
   (1단계: 동료 모으기 / 2단계: 의견 나누며 다듬기 / 3단계: 파트너와 함께 성장하기)

콘텐츠가 궁극적으로 남겨야 하는 것은 무엇일까요? 답은 명확합니다. 바로 '사람'입니다. 사람이 모여 팬이 되고, 팬이 모여 브랜드를 키우는 구조가 완성되면 여러분은 더 이상 홀로 고군분투하지 않아도 됩니다. 함께 뛰는 소중한 동료들이 여러분의 가치를 상상보다 훨씬 더 먼 곳까지 데려다 줄 테니까요.

이번 장을 시작하며 던졌던 질문을 다시 꺼내겠습니다.
"콘텐츠가 남겨야 하는 것은 무엇인가?"
이제 답을 아실 겁니다.
사람입니다.

그리고 그 사람이 모여 팬이 되고, 팬이 모여 브랜드를 키우는 구조가 만들어지면, 당신은 더 이상 혼자 뛰지 않아도 됩니다. 함께 뛰는 사람들이, 당신의 브랜드를 당신보다 더 멀리 데려다 줄 테니까요.

5
부

시스템
오래 팔리는 사람은
구조를 설계한다

ORIGINAL
CODE

좋아요가 아니라
신뢰가
매출을 결정한다

01

4부에서 우리는 팬이 브랜드를 어떻게 키우는지 이야기했습니다. 조용히 응원하는 지지자, 소식을 전해주는 동료, 위기의 방패, 함께 만드는 공동 기획자. 사람이 남으면 비즈니스가 따라온다는 것을요. 그런데 자연스럽게 이런 질문이 따라옵니다.

"그 신뢰가, 내가 직접 아는 사람들 너머로도 닿을 수 있을까요?"

당신을 좋아하는 팬들이 지갑을 여는 것과, 이름조차 몰랐던 사람들이 먼저 연락해 오는 것은 완전히 다른 일처럼 느껴집니다. 전자는 관계의 결과이고, 후자는 어딘가 운이 따라줘야 할 것 같은 영역처럼 보이기도 합니다. 신뢰만 있으면 모든 문이 열린다고는 말할 수 없습니다. 시장은 복잡하고, 타이밍도 필요하고, 어느 정도의 운도 따라야 합니다.

하지만 제가 직접 보고 경험하며 확신하게 된 것이 하나 있습니다. **신뢰가 차오른 브랜드에는, 예상하지 못했던 곳에서 문이 열리기 시작한다는 것입니다.**

전혀 계획하지 않았는데 어떤 인연이 닿고, 그 인연이 다른 인연을 만들고, 어느 순간 생각보다 훨씬 멀리까지 가 있는 자신을 발견하게 됩니다. 신뢰는 결과를 보장하지는 않습니다. 하지만 가능성을 넓히고, 그 가능성은 때로 우리가 상상한 것보다 훨씬 크게 작동합니다.

한마디가 만든 도미노

제가 직접 경험한 이야기입니다. 저는 오랫동안 K사라는 침구 브랜드의 팬이었습니다. 단순히 제품이 좋아서만은 아니었습니다. '수면의 질을 높인다'라는 철학이 진심으로 느껴졌고, 고객 피드백을 끊임없이 반영하며 개선해 나가는 태도가 믿음직스러웠습니다. 백화점에서, 홈쇼핑에서도 큰 사랑을 받는 브랜드였고, 제가 직접 공동구매를 진행했을 때 고객들에게 받은 후기도 칭찬 일색이었습니다.

그러던 어느 날, 미국에서 비즈니스를 하는 파트너와 이야기를 나누다 자연스럽게 이 브랜드의 이야기를 전하게 되었습니다. 파트너는 이야기를 가만히 듣다가 "오은환 대표님이 그렇게 강력하게 추천하시니 한번 만나보고 싶은데, 소개해 주실 수 있나요?"라고 제게 물었습니다.

그렇게 파트너사 대표는 K사의 회장님을 만나게 되었습니다. 미팅이 이어졌고, 계약이 진행됐습니다. 파트너사는 미국 유통 독점 파트너가 되었고, 미국에서 K사 제품들이 팔리기 시작했습니다. 놀라운 것은 그다음이었습니다. 미국에서 팔리기 시작하니, 유럽과 동남아시아 등 각지에서 K사 본사로 수출 연락이 줄을 이었습니다.

별다른 의도 없이 꺼낸 한마디가, 제가 상상했던 것보다 훨씬 먼 곳까지 닿았습니다.

같은 패턴을 가진 이야기들

K사의 이야기만이 아닙니다. H사의 외식업 브랜드 S는 국내에서 긴 시간 동안 신뢰를 쌓아온 곳입니다. 언론에도 꾸준히 소개되고 있고, SNS에서도 좋은 반응이 이어지고 있습니다. 대표님은 최근 장인 자격까지 취득하며 실력을 공식적으로 인정받기도 했습니다.

어느 날 일본에 거주하는 한국 교민이 대표님을 만나면서 브랜드 수출에 대한 대화가 시작됐습니다. 교민은 국내에서 이 브랜드가 쌓아온 신뢰를 직접 알고 있었습니다. 교민은 식품을 일본 골프장과 지역 식당에서 특별 메뉴로 선보였습니다. 일본에서 이 음식을 맛본 고객들의 반응이 무척 좋았습니다. 그렇게 본격적인 일본 수출이 시작됐습니다.

화장품 브랜드 D사 대표님은 유튜브에서는 피부 장벽에 관한 깊이 있는 콘텐츠를 꾸준히 올리고, 인스타그램에서는 고객들과 진심 어린 소통을 이어갔습니다. 펀딩 전문 플랫폼에서 억대 펀딩을 여러 번 성공시킬 만큼 콘텐츠를 보고 직접 제품을 경험한 사람들의 반응이 뜨거웠습니다.

그러자 일이 벌어졌습니다. 콘텐츠를 보고 제품을 써본 해외 파트너사들이 동시에 여러 나라에서 연락을 해왔습니다. 한두 나라가 아니었습니다. 하나의 나라씩 조심스럽게 진출한 것이 아니라, 쌓인 신뢰가 임계점에 달했을 때 여러 방향으로 한꺼번에 문이 열린 겁니다. 현재 D사의 제품들은 7개국 이상에 수출되고 있으며 2년 차 연매출이 150억 원을 넘었습니다.

이처럼 누군가가 먼저 찾아오고, 문을 두드리고, 다른 시장의 문을 엽니다. 세계 무대로 제품과 서비스를 소개하는 그 인연들이 움직이는 이유는 브랜드가 쌓아온 신뢰입니다.

이들에게는 한 가지 공통점이 있습니다. 국내에서 성실하게 고객들과 비즈니스를 진행하는 중에, 글로벌 시장의 문을 타인이 적극적으로 열어주기 시작했다는 사실입니다. 세 기업 모두, 각자 자기 자리에서 자기 곁에 있는 사람들과 진심으로 신뢰를 쌓았습니다. 그 신뢰가 쌓인 내용은 검색 가능하고, 확인 가능한 콘텐츠로도 남아 있었습니다. 그리고 어느 시점에, 그 쌓인 신뢰가 스스로 길을 만들며 뻗어나가기 시작했습니다.

K사의 글로벌화는 저의 진심 어린 소개 한마디가 시작이었습니다. H사의 S 브랜드는 신뢰를 알아본 교민의 한 발걸음이 시작이었습니다. D사는 콘텐츠를 통해 쌓인 신뢰가 해외 파트너들을 움직였습니다.

신뢰는 계획대로만 움직이지 않습니다. 그게 매력입니다. 확실한 건, 쌓여서 터지면 예상보다 멀리 가고 그 효과는 대단하다는 점입니다.

신뢰가 시장을 여는 방식

세 브랜드가 걸어온 길에는 공통된 흐름이 있습니다. 각자의 출발점과 목표는 달랐습니다.

하지만 결과적으로 해외까지 닿게 된 건, 처음부터 글로벌을 타깃팅했기 때문이 아니었습니다. 자기 자리에서 고객과 신뢰를 쌓아가는 과정이 먼저였고, 그 신뢰가 일정 수준에 이르렀을 때 예상하지 못했던 시점에 기회들이 찾아왔습니다. 이 흐름을 정리하면, 대체로 네 단계를 거칩니다.

1단계: 신뢰가 쌓이고 눈에 보이기 시작할 때

시작은 의외로 작고 소박할 수 있습니다. 팬들과 진심으로 소통하며 신뢰를 한 장씩 쌓아가는 시기입니다. 이때의 신뢰는 아직 눈에 잘 보이지 않습니다. 하지만 조금씩 숫자로 드러나기 시작합니다. 완판, 재구매, 댓글에 담긴 마음들. "저긴 뭔가 진짜가 있다"라는 소문이 서서히 퍼져나갑니다.

화려하지 않지만, 이 단계에 쌓인 신뢰가 나중의 모든 것을 가능하게 합니다.

2단계: 업계 사람들이 먼저 찾아올 때

1단계에서 쌓인 것들이 업계 사람들의 눈에 들어오기 시작합니다. 홈쇼핑 MD, 방송국 PD, 출판사 편집장, 미디어 관계자들이 찾아옵니다. 이 사람들이 공통적으로 보는 것은 하나입니다. **이미 증명된 신뢰에서 나타나고 있는 고객 반응**입니다.

예를 들어, 방송국 PD는 이렇게 판단합니다. "저 브랜드는 이미 팬덤이 있다. 반응이 보장된다." 출판사 편집장은 이렇게 생각합니다. "저 작가의 독자는 이미 존재한다. 베스트셀러로 만들기 어렵지 않을 것이다." 제품의 본사나 공동구매 벤더도 마찬가지입니다. "저 인플루언서는 사람들 반응이 무척 뜨겁네. 제품 협업하면 많이 팔리겠다."

업계 전문가들은 가능성이 아닌 증거를 보고 움직입니다. 콘텐츠를 운영하며 쌓아온 신뢰가 눈에 띈다면 그것이 바로 그들이 움직일 이유이자 증거입니다. 그들이 찾아와서 문을 두드린다는 것은, 그 증거가 충분히 쌓였다는 신호입니다.

3단계: 정답으로 인식되기 시작할 때

신뢰가 충분히 쌓이면, 어느 순간 분위기가 달라집니다. "이 분야는 역시 저 브랜드", "이 주제라면 저 사람"이라는 인식이 사람들 사이에 자연스럽게 자리를 잡기 시작하는 겁니다. 이 시점에서 흥미로운 현상이 하나 나타납니다. '밴드왜건 효과 Bandwagon Effect'입니다. 밴드왜건은 퍼레이드 맨 앞에서 분위기를 이끄는 악대차를 뜻하는데, 사람들이 그 뒤를 따라 몰려드는 모습에서 유래한 말입니다. 쉽게 말해, "다들 저쪽으로 가니까 나도 가야겠다"라는 심리입니다.

이 효과는 브랜드에서도 똑같이 작동합니다. 팬이 아니었던 사람들까지 "다들 좋다고 하니까", "가장 확실한 선택이니까"라는 이유로 움직이기 시작합니다. 신뢰가 개인의 영역을 넘어 사회적인 인식으로 번지는 순간, 매출의 규모와 질이 함께 달라집니다.

4단계: 예상하지 못한 곳에서 문이 열릴 때

이 단계는 전략보다 인연에 가깝습니다. 앞서 언급한 K사, H사의 S 브랜드, D사가 경험했던 것처럼, 내가 먼저 찾아간 것이 아니라 누군가 먼저 찾아오는 일이 일어납니다. 다만 여기서 한 가지를 기억해 두면 좋습니다. 새로운 시장의 사람들은 '한국에서 유명하다'라는 사실만으로는 선뜻 움직이지 않습니다. 자신의 고객에게도 납득이 될 이유가 필요하기 때문입니다.

이때 필요한 것은, 내가 쌓아온 신뢰를 상대방의 맥락에 맞게 다시 설명하는 능력입니다. 언어를 바꾸는 것뿐만이 아니라, 관점을 바꾸는 겁니다.

예를 들어볼게요. '국내 완판템'이라는 표현은 한국 소비자에게는 와닿지만, 해외 바이어에게는 그냥 인기 많은 상품 중 하나처럼 들릴 수 있습니다. 하지만 '전 세계에서 가장 까다롭다는 한국 소비자들이 직접 검증한 솔루션'으로 표현을 바꾸면, 같은 사실이 완전히 다른 무게로 전달됩니다.

'한국의 인기 강의'도 마찬가지입니다. '경쟁이 가장 치열한 한국 크리에이터 시장에서, 수천 명의 실제 수익화를 도운 비즈니스 시스템'이라고 설명하는 순간, 단순한 강의가 아니라 검증된 방법론으로 읽힙니다.

신뢰는 쌓는 것만큼, 상대방이 이해할 수 있는 방식으로 전달하는 것도 중요합니다. 같은 신뢰도, 상대의 눈높이에서 설명될 때 비로소 더 넓은 곳으로 닿습니다.

앞서 이야기한 세 가지 사례 외에도, 국내에서 성실히, 신뢰가 가도록, 고객들과 팬덤 커뮤니티를 이루며 비즈니스를 하다가 해외로 확장해 글로벌에서 더 성공적인 결과를 거둔 브랜드는 셀 수 없이 많습니다. 진심으로 좋아하는 브랜드를 소개한 한마디에서, 팬덤을 알아본 누군가의 한 걸음에서, 콘텐츠를 통해 차곡차곡 쌓인 신뢰에서 시작됐습니다.

이 이야기들이 말해주는 건 이겁니다. 오늘 팬과 나누는 대화 하나, 진심으로 만드는 콘텐츠 하나가 어디까지 뻗어갈지는 아무도 모릅니다. 하지만 한 가지는 확실합니다. 신뢰가 쌓이지 않은 곳에서는 아무 문도 열리지 않는다는 것을요.

셀프체크

내 신뢰는 지금 어느 단계에 있을까요?

1. 내 브랜드를 처음 만나는 분이 "이건 진짜다"라고 느끼게 할 수 있는 구체적인 증거(후기, 재구매율, 완판 이력 등)가 있나요?

2. 나를 모르는 사람에게 내 브랜드를 한 문장으로 소개할 수 있나요? 그 한 문장이 다른 환경에 있는 사람에게도 통하는 이야기인가요?

3. 내 채널에서 쌓인 신뢰가 예상하지 못한 방향으로 뻗어간 경험이 한 번이라도 있나요?

세 가지 질문에서 대답하기에 막히는 부분이 있다면, 지금 가장 집중해야 할 단계가 보일 겁니다. 아직 구체적인 증거가 없어도 괜찮습니다. 신뢰는 드라마틱한 결과로만 증명되는 게 아닙니다. 지금 이 순간에도 신뢰를 쌓고 있다면, 그것으로 충분한 시작입니다.

 "본문 속 브랜드를 직접 확인해 보세요!"

팔지 않아도
사게 만드는
흐름 설계

02

콘텐츠를 열심히 만드는 분 중에 이런 고민을 하시는 분들이 많습니다.

"매출이 나오기 시작했는데, 내가 멈추면 매출도 멈춰요.", "하루라도 콘텐츠를 안 올리면 불안합니다.", "내가 온종일 움직여야만 수입이 생기는 구조에서 벗어나고 싶어요."

충분히 공감합니다. 저도 같은 고민을 했으니까요. 챗바퀴를 도는 기분. 멈추는 게 아니라 포기하는 것처럼 느껴지는 불안감.

그런데 어느 시점부터 다른 경험을 하기 시작했습니다. 잠들기 전에 발행한 콘텐츠가, 다음 날 아침 새로운 구매로 이어져 있었습니다. 일주일 전에 올린 글 하나가 계속해서 새로운 사람들을 데려왔습니다. 심지어 몇 달 전에 쓴 블로그 글에 상담 문의 댓글이 계속 달립니다. 이건 운이 아닙니다. 구조의 차이입니다.

점에서 선으로, 선에서 면으로

대부분의 콘텐츠는 '점'으로 존재합니다.

오늘 릴스 하나를 올립니다. 반응이 오고, 조회수가 찍힙니다. 그리고 끝입니다. 다음 날이 되면 또 새로운 점을 찍어야 합니다. 멈추면 아무 일도 일어나지 않습니다. 이렇게 운영하면 콘텐츠를 만드는 일이 끝없는 생산 노동이 됩니다. 오늘 올린 것은 내일이면 묻히고, 어제의 노력은 오늘의 매출로 이어지지 않습니다. 쳇바퀴가 멈추지 않는 이유가 바로 여기에 있습니다.

그런데 잘 설계된 콘텐츠는 점에서 머물지 않습니다. 점이 선이 되고, 선이 면이 됩니다. 릴스 하나(점)가 블로그로 이어지고(선), 그 블로그에서 만난 사람들이 커뮤니티에 모이면서 관계가 만들어집니다(면). 콘텐츠 하나에 닿은 사람이 자연스럽게 다음 콘텐츠로, 또 다음 단계로 걸어가는 흐름이 생기는 겁니다.

이것이 이번 챕터에서 드리고 싶은 핵심 관점입니다. **콘텐츠는 일회용 조회수를 쫓는 도구가 아니라, 고객의 여정을 안내하는 지도입니다.** 지도가 있으면 고객이 스스로 걷습니다. 당신이 매번 손을 잡고 안내하지 않아도 됩니다.

한 달에 한 편, 누적 100편의 블로그가 만든 것

제가 직접 설계하고 운영했던 사례를 꺼내겠습니다. 제가 다이어트 전문 기업의 팬덤 커뮤니티를 설계하고 운영할 때입니다. 시작은 단순했습니다. 블로그에 다이어트 경험담을 꾸준히 썼습니다. 어떤 과정을 거쳤는지, 어떤 점이 어려웠는지, 어떤 변화가 있었는지를 솔직하게 담았습니다. 그런데 글이 쌓이면서 상담 요청이 계속 늘어났고, 어느 순간 구조에 대한 전략이 필요해졌습니다.

저는 당시 대학원생이었습니다. 학교에서 요구되는 공부량, 연구량, 강도 모두 만만치 않았습니다. 낮에는 철저히 공부에 집중할 수 있는 환경을 반드시 만들어야만 했습니다. 그래서 제가 선택한 방법은, 글을 읽은 분들이 궁금한 것이 생겼을 때 저에게 직접 묻지 않아도 스스로 움직이실 수 있도록 구조를 짜는 것이었습니다. 모든 블로그 글 마지막에 같은 문장을 넣었습니다.

"더 궁금한 점이 있으시다면, 카카오톡 채널 친구를 추가해 주세요!"

블로그를 읽고 마음이 움직인 분들이 카카오톡 채널 친구를 추가했습니다. 채널 안에는 미리 준비해 둔 자동 버튼들이 있었습니다. FAQ 문서, 프로그램 소개, 실제 후기 모음. 궁금한 점을 스스로 찾아볼 수 있는 구조로 설계했습니다.

클릭하면 블로그 이웃님들이 도움이 필요할 때, 반드시 제가 바로 등장하지 않아도 불편함을 느끼지 않으시도록 글들을, 공간들을 친절하게 연결했습니다. 블로그를 읽고, 채널에서 정보를 찾아보고, 스스로 결정한 후 커뮤니티로 들어오실 수 있도록 한 겁니다.

그분들은 다이어트 기업의 오프라인 지점을 직접 방문해 등록했습니다. 그리고 등록 이후에는 제가 만든 네이버 카페와 단체 카카오톡 방에 합류했습니다. 다이어트를 함께 하고, 고민을 나누고, 서로 응원하면서 추억을 쌓아갔습니다.

결과가 어땠을까요? 이렇게 맺어진 카카오톡 채널 친구가 5천 명을 훌쩍 넘었고, 카페에 모여주신 분들도 3천500명이 넘었습니다. 그리고 놀랍게도 3년 동안 발생한 매출은 100억 원이 넘었다는 이야기를 전해 들었습니다.

처음에는 블로그에서 만난 단순한 온라인 인연들이었습니다. 그런데 블로그-카카오톡 채널-카페-단톡방으로 이어진 구조 안에서, 어느새 끈끈한 커뮤니티가 되어 있었습니다. **점(블로그 글 하나)이 선(채널과의 연결)이 되고, 그 선이 면(살아있는 커뮤니티)이 된 겁니다.**

한 가지 꼭 말씀드리고 싶은 게 있습니다. 이 구조를 처음 만들었을 때 저는 평범한 대학원생이었고, 블로그 이웃은 수십 명에 불과했습니다. 5천 명이라는 큰 숫자를 보고 "나는 아직 멀었다"라는 생각이 들었다면, 그 마음을 잠깐 내려놓으셔도 됩니다. 규모가 작아도 구조는 똑같이 작동합니다. 카카오톡 채널 친구 50명도, 5천 명 채널과 정확히 같은 원리로 움직입니다. 시작이 작을수록 구조를 더 섬세하게 다듬을 수 있고, 그렇게 다듬어진 구조가 나중에 더 큰 규모를 버티는 힘이 됩니다.

고객이 스스로 걸어가는 지도를 설계하는 법

이 구조에는 어렵고 복잡한 기술이 없습니다. 원리는 하나입니다. **콘텐츠 하나를 만들 때, '다음에 어디로 가야 하는지'를 함께 설계하는 것.** 구체적으로는 다음의 세 가지를 고민하면 됩니다.

① 각 채널의 역할 정하기

채널마다 고객과 만나는 깊이가 다릅니다. 이 부분에 대한 이해가 먼저 이루어져야 합니다. SNS(릴스, 쇼츠, 블로그 발행 글)는 입구입니다. 처음 만나는 사람들에게 "이런 고민, 혹시 있으신가요?"라고 말을 거는 공간입니다. 짧고, 강렬하고, 공감을 이끌어야 합니다. 뉴스레터와 카카오톡 채널은 안내서입니다. 입구로 들어온 분들에게 더 깊은 이야기를 건네고, 신뢰를 쌓는 공간입니다. 이곳에서는 좀 더 솔직하고 자세한 이야기를 나눌 수 있습니다.

웨비나, 상세 페이지, 상담 창구는 결정의 공간입니다. 충분히 신뢰가 쌓인 분들이 자연스럽게 구매나 신청으로 이어지는 단계입니다. 유료 커뮤니티와 멤버십은 면이 만들어지는 공간입니다. 함께하기로 결정한 분들이 서로 연결되고, 관계를 쌓으며 장기적인 팬이 되는 곳입니다.

지금 이 네 가지를 모두 갖춰야 한다는 뜻이 아닙니다. 처음부터 완벽한 시스템이 필요한 게 아닙니다. **지금 있는 채널 두 개를 연결하는 것부터 시작하면 됩니다.** 입구 하나, 그다음 단계 하나. 그것이 전부입니다.

인스타그램만 있다면, 인스타그램(입구)과 카카오톡 채널(안내서)을 연결하면 됩니다. 블로그만 있다면, 블로그(입구)와 네이버 이웃 공지(안내서)를 연결하면 됩니다. 유튜브가 있다면, 유튜브(입구)와 커뮤니티 탭이나 뉴스레터(안내서)를 연결하면 됩니다. 두 채널 사이에 다리 하나만 놓아도, 지도의 첫 번째 길이 생깁니다.

② 채널 사이에 다리 놓기

각 채널이 제 역할을 하려면, 사람들이 자연스럽게 다음 단계로 이동할 수 있어야 합니다. 그 다리가 바로 '다음 행동 유도Call To Action, CTA'입니다. 다리가 없으면 사람들은 콘텐츠를 보고 그냥 떠납니다. 좋아요를 누르고, 잠깐 감동을 받고, 스크롤을 내립니다. 다리가 있으면 스스로 다음 단계로 걸어갑니다. CTA는 거창하지 않아도 됩니다. 콘텐츠의 마지막에 자연스럽게 얹히는 한 문장이면 충분합니다.

- 블로그 글 마지막에: **"더 자세한 이야기는 카카오톡 채널에서 나누고 있어요. 친구 추가하시면 자료도 드려요."**
- 릴스 마지막 자막에: **"자세한 방법은 댓글을 남겨주시**

면 DM으로 자세한 방법이 담긴 자료를 보내드릴게요."

- 유튜브 영상 마지막에: "**이 내용을 실제로 적용하는 법, 칼럼으로 정리해 두었습니다. '더 보기'란 링크에서 읽어보세요.**"

- 뉴스레터 끝에: "**이번 주 무료 웨비나에서 직접 질문해 보세요. 웨비나 신청 링크는 아래에 있습니다.**"

- 카카오톡 채널 자동 메시지에: "**안녕하세요! 채널 추가 감사합니다. 아래 버튼에서 자주 묻는 질문과 후기를 확인하실 수 있어요.**" (버튼을 누르면 준비된 안내 문서로 이동합니다.)

핵심은 다음 단계가 이전 콘텐츠의 자연스러운 연장선처럼 느껴지게 하는 것입니다.

③ 콘텐츠 하나를 여러 채널에서 다르게 일하게 만들기

하나의 이야기를 채널마다 다른 형태로 배포하면, 콘텐츠 하나가 여러 곳에서 동시에 일합니다. 새로 만드는 게 아니라, 이미 만든 것을 다르게 입히는 겁니다.

몇 가지 업종별로 살펴보겠습니다.

- **홈베이킹을 가르치는 크리에이터:** 인스타그램에 완성된 케이크 사진(점)을 올립니다. 사진 아래 캡션에 "만드는 과정이 궁금하다면 유튜브에서 확인하세요"라고 적습니다. 유튜브에는 40분짜리 풀 레시피 영상(선)을 올리고, 영상 마지막에 "레시피 PDF는 카카오톡 채널에서 받으실 수 있어요"라고 안내합니다. 카카오톡 채널 친구를 추가한 분들은 자동으로 PDF를 받고, 클래스 안내도 함께 받게 됩니다. 케이크 사진 하나가 세 곳에서 다른 역할을 하며 동시에 고객을 안내하는 겁니다.

- **필라테스 강사:** 릴스에 "허리 통증 있는 분들을 위한 5분 스트레칭(점)"을 올립니다. 프로필 링크에는 블로그로 연결해 두고, 블로그에는 "왜 허리가 아픈지, 그리고 필라테스가 어떻게 도움이 되는지"를 더 깊이 설명합니다(선). 블로그 마지막에 "체험 수업 신청은 여기서"라는 링크를 달아둡니다. 릴스 조회수가 늘수록, 자는 사이 체험 신청이 들어오는 구조가 만들어집니다.

- **영어 회화를 가르치는 선생님:** 유튜브에 "원어민이 절대 안 쓰는 교과서 표현 다섯 가지(점)"를 올립니다. 영상 안에서 "이런 표현을 매일 받고 싶다면 뉴스레터를 구독하세요"라고 안내합니다(선). 뉴스레터를 구독한 분

들에게는 매주 실전 표현 하나와 함께, 한 달에 한 번 그룹 수업 안내를 보냅니다(면). 영상 하나가 뉴스레터 구독자를 모으고, 뉴스레터가 수업 신청을 만들어냅니다.

오콘목달도 같은 원리로 운영합니다. 수강생의 성공 사례가 합동 라이브로 나누어질 때, 릴스에는 30초 핵심 장면으로, 카드뉴스에는 "이 라이브를 봐야 하는 이유"로, 펀딩 칼럼에는 핵심 내용을 정리한 지식 문서로 만들어집니다. 블로그에서는 검색을 통해 새롭게 도달한 분들이 글로 정리된 버전을 읽고 "이 분의 이야기가 궁금해서"라며 다음 단계로 자연스럽게 넘어옵니다.

콘텐츠를 새로 만드는 게 아닙니다. 하나의 이야기가 여러 입구에서, 각기 다른 형태로, 각기 다른 역할로 동시에 사람들을 맞이하도록 설계하는 것입니다.

AI 시대, 신뢰가 쌓이는 방식이 달라졌습니다

여기서 한 가지를 더 말씀드리고 싶습니다. 최근 이 구조가 훨씬 더 중요해진 이유가 있습니다. 과거에는 사람들이 검색

창에 키워드를 입력하고 여러 링크 중에서 하나를 골랐습니다. 지금은 AI에게 직접 물어봅니다.

"요즘 피부 관리에 좋다는 화장품 뭐 있어?", "강남에서 믿을 만한 필라테스 스튜디오 추천해 줘.", "온라인 영어 회화 배우기 좋은 곳 어디야?"

AI는 수십 개의 링크를 나열하지 않습니다. 여러 곳에서 꾸준히 긍정적으로 언급된 브랜드를 골라서 알려줍니다. 당신이 다양한 채널에 꾸준히, 깊이 있게 콘텐츠를 쌓아온 것이 AI가 당신을 해당 분야의 전문가로 인식하는 근거가 됩니다.

점 하나는 AI의 눈에 잘 보이지 않습니다. 하지만 블로그, 유튜브, SNS에 걸쳐 유기적으로 연결된 콘텐츠들은 AI가 학습하는 신뢰의 증거가 됩니다. 점-선-면으로 연결된 구조가, AI 검색 시대에 당신의 브랜드가 추천되는 이유가 되는 겁니다.

지금 당장 AI를 의식해서 무리하게 콘텐츠를 만들라고 말씀 드리는 것이 아닙니다. 다만, 분명히 강조하고 싶습니다. 한 곳 이든, 두세 곳으로 확장하든, 일관성 있는 기록을 꾸준히 남기는 것, 디지털 세상 위에 나의 궤적을 그리는 것은 앞으로 점점 더 중요해집니다. 당신이 지금 만드는 콘텐츠는 오늘의 독자만을 위한 게 아니라, 미래의 AI가 당신을 찾아내는 흔적이기도 합니다.

원리는 모두에게 동일합니다. 지금 오콘목달 수강생분들이 이 구조를 그대로 적용하고 있습니다. 인플루언서 수강생들은 자는 사이 제품 판매 알림을 받습니다. 브랜드 수강생들은 아침에 일어나면 전날 밤 들어온 예약 문의를 확인합니다. 병원, 학원, 식당, 코칭 서비스. 업종이 달라도 원리는 동일합니다.

반려동물용품을 판매하는 한 수강생분은 인스타그램에 강아지 일상 영상을 올리다가, 블로그에 제품 사용 후기를 쌓고, 카카오톡 채널로 구매 문의를 자동 안내하는 구조를 만들었습니다. 처음에는 팔로워 400명이었는데, 구조를 잡고 6개월이 지나자 매달 안정적인 주문이 들어오기 시작했습니다.

피부 관리를 하는 다른 수강생분은 유튜브 영상 하나가 네이버 블로그로, 블로그가 상담 예약으로 연결되는 흐름을 만든 뒤, 처음으로 "내가 자는 사이에 예약이 들어왔다"라는 경험을 했습니다. 그분이 그 후 저에게 보내주신 메시지가 아직도 기억납니다.

"선생님, 진짜로 자고 일어났더니 예약이 세 건이나 들어와 있었어요."

콘텐츠가 고객의 여정을 안내하는 지도가 되어 있기 때문에 일어나는 일입니다. 지도 위에는 입구가 있고, 안내 표지판이 있고, 목적지가 있습니다. 고객은 그 지도 위를 자연스럽게 걸어가며, 어느 순간 스스로 "이거 해봐야겠다"라는 결론에 도달합니다.

저를 포함해 이것을 경험한 분들은 한결같이 같은 말을 합니다. "처음에는 믿기지 않았어요. 내가 자는 사이에 이런 일이 일어난다는 게."

고객이 걸어갈 길 설계하기

아무리 좋은 콘텐츠도 '다음'이 없으면 그 자리에서 끝납니다. 사람들은 감동하고, 좋아요 버튼을 누르고, 스크롤을 내립니다. 콘텐츠와 콘텐츠 사이, 채널과 채널 사이에 다리가 놓여 있을 때, 사람들은 스스로 다음 단계로 걸어갑니다.

아래 세 가지 질문으로 내 콘텐츠에 그 다리가 있는지 점검해 보세요.

① 지금 내 콘텐츠를 본 사람이 '다음에 어디로 가야 하는지' 알 수 있나요? 각 채널의 마지막에 다음 단계를 안내하는 문장이 있나요?

② 내 채널들이 각자 따로 존재하고 있지는 않나요? SNS에

서 뉴스레터로, 뉴스레터에서 상담으로 이어지는 흐름이 설계되어 있나요?

③ 하나의 콘텐츠가 여러 채널에서 다른 형태로 배포되고 있나요? 아니면 매번 새로운 콘텐츠를 처음부터 만들고 있나요?

세 질문 중 막히는 부분이 있다면, 지금 당장 콘텐츠를 더 만드는 것보다 구조를 먼저 점검하는 것이 훨씬 효율적입니다. 한번 잘 설계된 지도는, 오래도록 당신 대신 고객을 안내해 드릴 테니까요.

세 질문 모두 "아직 없다"라고 느끼셨다면, 오늘 딱 한 가지만 해보세요. 지금 가장 자주 쓰는 채널의 최근 콘텐츠를 하나 열어보세요. 그리고 맨 마지막에 이 한 문장을 추가해 보세요. **"더 궁금한 점이 생기셨다면, [다음 채널]에서 만나요."**

이 한 줄이 당신의 첫 번째 다리입니다. 지도는 거창한 계획에서 시작되지 않습니다. 오늘 놓은 다리 하나에서 시작됩니다.

 "이 책에도 다음 단계가 있어요! 직접 확인해 보세요."

오래 가는
견고한
수익 구조
구축하기

03

기대 이상의 성공 앞에서 사람들의 반응은 각기 다릅니다. 제가 지난 몇 년간 2만 5천 명이 넘는 수강생분들의 성장을 지켜보며 깨달은 사실입니다. 어떤 분은 기대 이상의 성취를 이룬 후 "이 기세를 몰아 다음엔 더 잘해야겠습니다!"라며 더 큰 열정에 불타오릅니다.

반면, 어떤 분은 갑자기 찾아온 성공 앞에서 길을 잃습니다. "이번엔 정말 운이 좋았던 것 같아요. 다음엔 이렇게 안 되면 어떡하죠?"

첫 성공의 기쁨이 하룻밤 만에 다음 실패에 대한 불안감으로 바뀌는 겁니다. 전자는 계속해서 성장하며 나아가지만, 후자는 그 자리에서 멈추거나 뒷걸음질 치기도 합니다. 이 책을 읽고 있는 우리 모두의 마음은 같을 겁니다. 반짝 성공하고 멈추고 싶은 사람은 아무도 없습니다. 그렇다면 진짜 중요한 질문은 다음과 같습니다.

어떻게 하면 성공을 계속 이어갈 수 있을까요?

오래 이 질문에 매달렸습니다. 오래도록 살아남아 성장하는 비즈니스들을 찾고, 면밀하게 분석하면서 한 가지 공통점을 발견했습니다. 결국 오래 살아남은 브랜드 곁에는, 그 브랜드가 잘되기를 진심으로 응원하는 고객들이 있었습니다. 고객과의 관계가 모든 지속가능성의 뿌리였습니다.

그런데 여기서 많은 분이 한 가지를 놓칩니다. **팬이 쌓이면 저절로 오래간다는 말은 반만 맞는 이야기입니다.**

10만 팔로워인데 채널이 조용한 사람. 구독자가 수만 명인데 새 콘텐츠를 올려도 반응이 없는 채널. 주변에서 한 번쯤 보셨을 겁니다. 숫자는 살아있는데, 채널은 죽어있는 것처럼 느껴지는 상태. 왜 이런 일이 일어날까요?

팔로워 숫자가 곧 액티브 유저를 의미하진 않기 때문입니다. 사람의 뇌는 기대가 충족되면 자연스럽게 주의를 거둡니다. 뇌에서 "이 사람이 어떤 이야기를 할지 이미 알아"라고 말하는 순간, 사람들은 더 이상 알림을 기다리지 않습니다.

오래 가는 수익 구조에는 두 개의 엔진이 필요합니다. **첫 번째는 내부 엔진입니다. 한 사람과의 관계를 깊게 가져가는 것.** 지나가던 손님을 평생의 파트너로 만드는 구조입니다. **두 번째는 외부 엔진입니다. 채널을 살아있게 유지하는 것.** 이미 당신을 아는 사람들이 계속 돌아올 이유를 만들고, 당신을 모르는 새로운 시장에 문을 여는 구조입니다. 이 두 엔진이 맞물려 돌아갈 때, 비즈니스는 진짜로 오래 갈 수 있습니다.

내부 엔진: 고객 한 사람과 오래 함께하는 여정

지속 가능한 수익 구조의 첫 번째 핵심은, 고객을 단순히 한 번 구매하는 손님이 아니라 당신의 세계관 안에서 오랜 시간 함께 성장하는 파트너로 맞이하는 것입니다. 이를 위한 설계도가 있습니다. 고객이 당신의 세계 안에서 계속 성장하며 더 깊은 만족을 느끼도록 이끄는 **'관계의 사다리'**입니다.

이 사다리에는 네 개의 층이 있습니다.

① 첫 만남: 갈증을 풀어주는 시원한 냉수 한 잔

모든 관계는 기분 좋은 첫 경험에서 시작됩니다. 고객이 어떤 문제로 갈증을 느끼고 있을 때, 당신의 무료 콘텐츠는 시원한 냉수 한 잔 같은 역할을 해야 합니다. 가장 시급한 문제를 대가 없이 해결해 주는 것. 이 경험을 통해 고객은 '이 사람, 진짜구나'라는 첫 신뢰를 가지게 됩니다.

여기서 무료 콘텐츠의 형태는 정말 다양합니다. 매일 만드는 요리를 정성스럽게 담은 무료 레시피일 수도 있고, 아이를 키우면서 직접 써본 발달 단계별 체크리스트일 수도 있고, 피부 타입별로 정말 좋았던 화장품을 솔직하게 정리한 리스트일 수도 있습니다. 내가 오래 써보고, 고민해 보고, 경험으로 걸러낸 것들. 누군가에게는 그게 정말 필요했던 바로 그 정보입니다.

'진짜구나'라는 느낌은 자격증이나 경력에서 오는 게 아닙니다. '이 사람, 나를 위해 이걸 진심으로 만들었구나'라는 느낌에서 옵니다. 그 진심이 신뢰의 씨앗입니다. 이 단계의 목표는 판매가 아닙니다. 그 씨앗을 심는 것입니다.

② 가벼운 경험: 부담 없이 즐기는 샘플러 세트

첫 만남이 좋았다면, 이제 고객이 당신의 세계를 더 깊이, 하지만 부담 없이 경험할 기회를 만들어야 합니다. 핵심은 낮은

리스크로 당신의 가치를 시험해 볼 기회를 주는 것입니다. 고객이 적은 비용으로 '이 사람, 믿어도 되겠구나'를 확인하는 단계입니다.

이 단계도 형태는 다양합니다. 저가의 강의 VOD나 전자책일 수도 있고, 소용량으로 구성한 제품 샘플러일 수도 있고, 체험 수업이나 원데이 클래스일 수도 있습니다. 소규모 팝업 이벤트, 첫 구매 한정 구성 세트, 미니 패키지. 업종에 따라 형태는 달라질 수 있어도, 구조는 같습니다. 큰 결정 전에 먼저 경험해 볼 수 있는 문을 열어두는 것입니다.

제가 좋아하는 향수 브랜드 바이레도의 사례가 딱 이 구조입니다. 저는 수십만 원짜리 본품을 바로 사기에는 부담스러웠는데, 인기가 많은 향 다섯 가지를 12ml씩 담은 미니 세트는 기꺼이 구매했습니다. 직접 여러 향을 경험한 뒤 저는 결국 가장 마음에 드는 향의 본품을 구매했습니다. 저는 지금도 그 브랜드의 팬입니다. 처음부터 큰 결정을 요구하지 않았기 때문에 가능한 경험이었습니다.

③ 핵심 경험: 차원이 다른 감동을 선사하는 코스 요리

가벼운 경험에 만족한 고객은 이제 당신의 진짜를 경험할 준비가 되어 있습니다. 이 단계에서는 당신의 철학과 노하우가 가장 깊이 담긴 핵심 상품이 등장합니다. 단편적인 정보나 가벼운 체험이 아니라, 고객의 삶에 실질적인 변화를 만들어주는 것. 브랜드의 주력 매출이 바로 이 단계에서 탄생합니다.

강의나 클래스일 수도 있고, 브랜드가 가장 공들여 만든 시그니처 제품일 수도 있고, 장기 케어 프로그램이나 정기 구독 서비스일 수도 있습니다. 형태가 무엇이든, 이 단계의 핵심은 단순한 만족을 넘어 '이걸 경험하기 전과 후가 다르다'라는 느낌을 주는 것입니다.

맛있게 먹었던 배달 음식점에 직접 찾아갔는데, 배달 메뉴와는 차원이 다른 코스 요리를 먹은 적이 있습니다. 그 경험을 한 이후 저는 귀한 손님을 대접할 때마다 그 식당을 찾게 되었습니다. 코스 요리를 경험하고 나서야 그 식당이 제 삶에 진짜로 자리를 잡은 겁니다.

제가 운영하는 오콘목달의 프리미엄 클래스도 그렇습니다. 100일을 함께 걸어가면서 수강생분들이 실제로 삶의 변화를 만들어낼 때, 오콘목달은 그분들에게 단순한 강의 플랫폼이 아니라 인생의 한 챕터가 됩니다.

④ 평생의 동반자: VIP만이 누리는 이너서클

핵심 경험을 통해 열광적인 팬이 된 고객은 이제 더 이상 단순한 상품이나 콘텐츠만을 원하지 않습니다. 그들이 원하는 건 당신과의 더 깊은 유대감, 그리고 같은 마음을 가진 사람들과의 연결입니다. 이 단계는 업종마다 형태가 달라집니다. 일대일 코칭이나 소수 정예 멤버십일 수도 있고, 단골만 초대하는 프라이빗 이벤트일 수도 있고, 신제품을 가장 먼저 경험하는 서포터스 그룹일 수도 있습니다. 브랜드의 방향에 의견을 내고, 함께 만들어가는 공동 창작자가 되는 것. 형태는 달라도 본질은 같습니다.

이 단계에서 고객은 더 이상 구매자가 아닙니다. 당신의 브랜드를 함께 만들어가는 동반자가 됩니다.

지나가던 손님을 당신의 세계로 초대해 갈증을 풀어주고(1단계), 부담 없는 경험으로 신뢰를 얻고(2단계), 핵심 경험으로 감동시킨 뒤(3단계), 마침내 평생의 동반자(4단계)로 맞이하는 것. 이런 관계의 사다리가 탄탄하게 서 있으면, 고객 한 사람이 지속적으로 머물고, 오래도록 함께합니다.

관계의 사다리를 잘 만들어뒀는데도, 어느 날 보면 사람이 빠져있을 수 있습니다. 열심히 쌓아왔는데 줄어든 숫자를 보면 당황스럽고, 때로는 절망스럽기까지 합니다. "내가 뭘 잘못한 걸까? 사람들이 나를 버린 걸까?" 하고요.

우선은 안심하셔도 됩니다. 사람이 빠져나가는 건 잘못된 신호가 아닙니다. 지극히 자연스러운 현상입니다. 이걸 연구로 증명한 사람들이 있습니다. 미국 다이어트 프로그램 기업 웨이트워처스Weight Watchers 회원들을 대상으로 진행된 연구에서 흥미로운 사실이 밝혀졌습니다. 서비스의 질이나 운영자의 노력과 상관없이, 자신의 목표를 달성한 사람들은 자연스럽게 그 커뮤니티에서 빠져나갔습니다. 살을 빼고 싶어서 들어온 사람이 목표를 이루고 나면, 관심사가 삶의 다음 과제로 이동하는 겁니다. 나쁜 서비스라서가 아닙니다. 오히려 너무 좋은 경험을 했고, 니즈가 만족되었기 때문에 더 이상 필요하지 않게 된 것입니다.

이 현상은 유료 서비스에만 해당하지 않습니다. 무료 팔로워도 마찬가지입니다. SNS 팔로워가 줄어들 때 받는 상처, 유료 서비스 해지 알림이 올 때 밀려오는 불안감. 그 감정마저도 충분히 알고 있습니다. 내가 뭔가 잘못한 것 같고, 나를 싫어하게 된 것 같은 느낌이 들 수 있습니다. 그런데 실제로는 그렇지 않습니다. 팔로워가 줄어드는 것도, 멤버십을 해지하는 것도, 그분들의 삶이 흐르고 있다는 증거일 뿐입니다.

구독 경제에는 '이탈률Churn Rate'이라는 개념이 있습니다. 매달 일정 비율의 구독자가 나가는 것을 당연한 수치로 여기고,

사업 계획에 반드시 포함하는 개념입니다. 넷플릭스도, 스포티파이도, 세상에서 가장 사랑받는 구독 서비스에도 매달 해지자가 생깁니다. 이탈률이 0%인 서비스는 어디에도 존재하지 않습니다.

업계 평균으로 보면 디지털 구독 서비스의 월간 이탈률은 보통 5~8% 수준입니다. 잘 운영되는 커뮤니티형 서비스는 2~3%대를 유지하기도 하지만, 이탈률을 완전히 없앨 수는 없습니다. 세계 최고의 서비스들이 이 숫자와 함께 사업을 운영하고 있다는 사실이, 오히려 위안이 됩니다.

중요한 건 이겁니다. 이탈을 거절로 받아들이지 않는 것, 그리고 떠난 자리에 새로운 사람이 들어올 수 있도록 문을 열어두는 것. 이것이 오래 가는 사람들이 이탈 앞에서 하는 일입니다.

외부 엔진 ① : 계속 새롭게 볼 이유를 만들어라

다시 한번, 이 불편한 진실을 직면해야 합니다. **구독자 숫자는 절대 액티브 유저 숫자가 아닙니다.**

팔로워가 5만 명인 채널과 5천 명인 채널, 어느 쪽이 더 잘 팔릴까요? 숫자만 보면 당연히 5만일 것 같습니다. 그런데 현실에서는 그렇지 않은 경우가 얼마든지 있습니다. 신선하게 떠오르고 있는 5천 명의 채널이 오래된 5만 명의 채널보다 훨씬 많이 팔리는 일이 실제로 벌어집니다. 왜 그럴까요?

팔로워 5만 명 채널에는 '예전에 한 번 팔로우한' 사람들이 많습니다. 그 사람들은 알림이 와도 넘기고, 피드에 뜨면 무심하게 스크롤을 내립니다. 이미 그 채널에서 받을 수 있는 것을 다 받았다고 느끼기 때문입니다.

반면 라이징 스타로 성장 중인 팔로워 5천 명 채널에는 '이 사람 다음에 또 뭘 보여주나?'라며 기다리는 사람들이 있습니다. 그 차이가 매출의 차이를 만들어냅니다.

어떻게 해야 사람들이 계속 돌아올까요? 다음 세 가지를 기억해 주세요.

① 성장하는 모습을 계속 보여주세요

오래 사랑받는 채널을 보면 공통점이 있습니다. 그 사람이 어디로 가고 있는지 보입니다. 작년의 그 사람과 올해의 그 사람이 다릅니다. "지금까지도 멋졌는데, 앞으로는 또 얼마나 더 멋져질까요?"라는 말이 나오는 채널. 그 채널들의 공통점은, 크리에이터 자신이 멈추지 않고 성장한다는 것이었습니다.

사람들은 완성된 사람을 따르기도 하지만, 성장하는 사람을 더 오래 따릅니다. 완성된 사람 곁에 있으면 결국 내가 그 사람에게 도달하면 끝이지만, 성장하는 사람 곁에 있으면 함께 앞으로 나아가는 느낌이 생깁니다. 그 느낌이 사람들을 떠나지 못하게 합니다.

당신이 배우고 있는 것, 시도하고 있는 것, 다시 일어나는 것. 그 과정을 사람들에게 보여주고 나눠주세요. 그게 가장 강력한 계속 볼 이유가 됩니다.

② 시의성을 활용하세요

사람의 뇌는 지금 이 순간과 연결된 것에 더 반응합니다. 계절이 바뀌는 것, 사회적으로 화제가 되는 것, 공통적으로 많은 사람들이 고민하는 시기. 이것들과 당신의 콘텐츠를 연결하면 '때맞춰 등장한 사람'이 됩니다.

매번 트렌드를 쫓으라는 이야기가 아닙니다. 당신의 세계관과 지금 세상이 만나는 접점을 찾는 것입니다. 새해가 되면 사람들은 변화를 꿈꿉니다. 봄이 오면 새로 시작하고 싶습니다. 연말이 되면 돌아보고 싶어 합니다. 그 마음과 당신의 이야기를 연결할 때, "딱 지금 이게 필요했는데"라는 반응이 나옵니다.

③ 참여를 설계하세요

사람들은 보는 사람일 때보다 함께하는 사람일 때 더 오래 머뭅니다. 챌린지를 기획하거나, 질문에 콘텐츠로 응답하거나, "이번 주 여러분은 어땠나요?"를 물어보는 것. 작은 장치처럼 보여도, 이것이 관객을 동료로 바꿉니다. 내 목소리가 이 채널에 닿는다고 느끼면 사람들은 더 이상 쉽게 떠나지 않습니다.

라이브에서 댓글 질문에 직접 답하는 것, 팔로워들이 요청한 주제를 다음 콘텐츠에 반영하고 "지난번에 요청해 주셨던 내용입니다"라고 짚어 주는 것, 온라인에서만 만나던 사람들과 실제로 자리를 만들어 얼굴을 보는 것. 이런 경험이 쌓이면 사람들은 이 채널이 나와 무관하게 돌아가는 공간이 아니라, 내 목소리가 닿는 공간이라는 걸 느끼기 시작합니다.

그 느낌을 받은 사람은 쉽게 떠나지 않습니다. 살아있는 채널은 운영자 혼자 만드는 게 아닙니다. 함께하는 사람들이 만들어갑니다.

외부 엔진 ②: 컬래버로 서로의 시장을 열어보라

내부 엔진이 기존 고객과의 관계를 깊게 하고, 살아있는 채널이 이미 당신을 아는 사람들이 돌아올 이유를 만든다면,

이제 당신을 전혀 모르는 사람들에게 닿는 방법이 필요합니다.

가장 효과적인 방법 중 하나가 컬래버, 즉 컬래버레이션 collaboration입니다. 이 단어는 서로 다른 채널이나 브랜드가 힘을 합쳐 함께 콘텐츠를 만들거나 프로젝트를 진행하는 것을 의미합니다. 왜 컬래버가 그렇게 강력할까요? 신규 팔로워를 직접 모으는 일은 시간이 오래 걸립니다. 광고를 써서 데려올 수도 있지만, 아직 아무 관계도 없는 상태에서 만난 사람이 진짜 팬이 되기까지는 또 시간이 필요합니다.

그런데 컬래버는 다릅니다. 이미 다른 누군가를 깊이 신뢰하는 사람들에게, 그 신뢰를 빌려 처음 소개받는 것입니다. "내가 좋아하는 사람이 좋아하는 사람"이라는 맥락으로 처음 만나게 됩니다. 처음부터 신뢰의 온도가 다릅니다. 차가운 시장에 들어가는 게 아니라, 이미 따뜻하게 열린 문으로 들어가는 겁니다. 형태는 다양합니다.

- **인터뷰:** 당신의 채널에 다른 분야의 사람을 초대하거나, 반대로 그분의 채널에 당신이 등장하는 것. 서로의 시각이 만나는 지점에서 두 채널의 독자 모두에게 새로운 가치가 생깁니다.
- **공동구매:** 각자의 브랜드를 믿는 사람들이 함께 혜택을

받는 구조입니다. 각자의 팬덤이 상대 브랜드를 처음 경험하는 기회가 됩니다.

- **공동 이벤트나 무대:** 두 브랜드가 함께 기획한 라이브, 세미나, 오프라인 행사에서는 혼자서는 만들 수 없는 규모가 되고 더 큰 에너지가 생깁니다.

오콘목달에서도 이런 경험을 여러 번 했습니다. 저와 비슷한 세계관을 가진 분들과 함께 라이브를 진행하거나, 공동의 무대를 만들 때마다 서로의 커뮤니티 사이에 새로운 연결이 생겼습니다. 그 연결은 단순한 팔로워 숫자가 아니라 "이 사람도 좋은 사람일 것 같아"라는 신뢰를 이미 가지고 오는 연결이었습니다.

한 가지 꼭 짚어드리고 싶은 것이 있습니다. 컬래버는 아무하고나 하는 게 아닙니다. **가장 중요한 기준은 세계관입니다.** 내가 추구하는 것과 충돌하지 않는 사람. 내 독자가 그 사람을 만났을 때 "오, 이 사람도 좋다"라는 반응이 나올 수 있는 사람. 그런 사람과의 컬래버는 양쪽 모두에게 도움이 됩니다. 반대로 단순히 팔로워가 많다는 이유만으로, 혹은 당장 노출이 필요하다는 이유만으로 세계관이 맞지 않는 사람과 억지로 엮이면, 오히려 기존 팬들에게 혼란을 줍니다. 반응이 아예 없을 수도 있습니다.

두 엔진이 맞물릴 때

내부 엔진은 관계의 사다리입니다. 한 사람이 당신의 세계에 들어와서 갈수록 깊어지는 여정. 처음엔 무료 콘텐츠로 만나고, 작은 경험을 하고, 핵심 경험으로 감동을 받고, 마침내 평생의 동반자가 되는 구조.

외부 엔진은 두 가지로 돌아갑니다. 이미 아는 사람들이 계속 돌아올 이유를 만드는 것. 그리고 컬래버를 통해 당신을 모르던 새로운 시장에 문을 여는 것.

내부 엔진만 있으면 들어오는 사람은 깊어지지만, 들어오는 사람이 줄어듭니다. 외부 엔진만 있으면 새로운 사람이 계속 들어오지만, 깊어지지 않고 스쳐 지나갑니다. 두 엔진이 함께 돌아갈 때, 새로운 사람이 들어오고, 들어온 사람이 머물고, 머문 사람이 더 깊이 연결됩니다. 그리고 그 사람들의 목소리가 또 새로운 사람을 데려옵니다. 이것이 일회성 성공이 아니라, 시간이 지날수록 더 단단해지는 수익 구조의 실제 모습입니다.

롱런 시스템
설계하기

　콘텐츠 비즈니스가 오래 가려면 두 개의 엔진이 함께 돌아야 합니다. 이미 나를 아는 사람들이 계속 돌아오는 엔진, 그리고 나를 모르는 사람들에게 새로 닿는 엔진. 둘 중 하나만 돌아가면 비즈니스는 결국 멈춥니다.

　아래 세 가지 질문으로 내 비즈니스에 두 엔진이 살아 있는지 점검해 보세요.

① 관계의 사다리가 서 있나요? 지나가던 손님이 평생의 동반자가 되기까지, 단계별 경험이 설계되어 있나요?

② 사람들이 계속 돌아올 이유가 있나요? 내 채널에서 성장하는 모습, 시의성, 참여의 장치 중 하나라도 살아 있

나요?

③ 새로운 시장으로 향하는 문이 열려 있나요? 콜라보, 소개, 협업을 통해 나를 모르는 사람들에게 닿는 경로가 있나요?

세 질문 중 막히는 곳이 있다면, 거기서부터 시작하면 됩니다. 처음부터 세 가지를 완벽하게 갖출 필요는 없습니다. 처음부터 완벽한 시스템을 갖춘 사람은 없습니다. 하나씩 쌓아가다 보면, 어느 날 돌아봤을 때 두 개의 엔진이 함께 돌고 있는 자신을 발견하게 됩니다.

 "당신의 수익 구조, 함께 탐색해 볼까요?"

콘텐츠를 만든다는 것,
삶을 만든다는 것

04

이 챕터를 시작하기 전에, 고백을 먼저 해야 할 것 같습니다. 저는 이 책을 쓰기가 두려웠습니다. 영상은 업로드한 다음에도 수정할 수 있습니다. 라이브로 소통하면서 생각이 바뀌면 바로 이야기할 수 있습니다. 그런데 책은 다릅니다. 인쇄 잉크가 종이 위에 굳으면, 그 문장은 그대로 세상에 돌아다닙니다.

머릿속엔 늘 이런 목소리가 있었습니다. '이건 오은환 한 개인의 경험담 아닐까. 수천 명에게 공통적으로 작동하기엔 아직 검증이 덜 된 것 아닐까. 이건 우연일 거야. 충분하지 않아. 증거가 부족해.' 그 두려움 때문에 몇 년을 미뤘습니다. 심지어, 밖에서는 계속 일이 벌어지고 있는 동안에도요.

오콘목달 강의가 세상에 나온 첫 해, 수강생이 1만 명을 넘어섰습니다. 현장 강의는 열릴 때마다 초광속 매진이었습니다. 300석, 400석짜리 무대가 공지와 동시에 품절이 됐습니다. 출판사의 출간 제의가 물밀듯 밀려왔습니다. 그런데도 저는 쓰지 않았습니다. 아니, 더 솔직히는 쓸 용기를 내지 못했습니다. 밖에서는 매진이 일어나고 있는데, 제 안에서는 아직 허락이 안 떨어지고 있었습니다.

그러는 사이 2021년 말에 시작한 강의가 어느새 5년 차에 접어들었고, 수천 명이 직접 편지를 써서 말해줬습니다. **"제 인생이 바뀌었어요."** 그때 용기를 냈습니다. 그리고 용기를 냈기에 쓸 수 있었던 그 책을 여러분이 지금 읽고 계십니다.

이 이야기를 먼저 꺼낸 이유가 있습니다. 오콘목달에서 강의를 시작하면, 첫날 거의 빠짐없이 나오는 질문이 있습니다. "저 같은 사람도 할 수 있을까요?"

저도 그 질문을 했었습니다. 모두가 "블로그는 끝났다, 유튜브를 해야 한다"라고 말하던 시절, 저는 블로그에 글을 끄적이고 있었습니다. 자격도 없는 내가, 소재도 없는 내가, 이게 과연 누군가에게 닿기나 할까. 막막한 마음으로 시작했습니다.

강의를 시작하기 전에는 더 심각하게 생각했습니다. 박사 과정 중이고, 팔로워가 특별히 많지도 않고, 내세울 만한 화려한 성공 스토리도 없는데. 내가 콘텐츠에 대해 강의할 자격이 있을까? 저는 제 안에 특별한 면이 없다고 생각했습니다.

그런데 그건, 저의 잘못된 해석이었습니다. 그리고 그것은, 지금 이 책을 읽으면서 "저 같은 사람이 해도 될까요?"라고 묻고 싶은 당신도 마찬가지입니다.

저의 해석이 잘못된 것을 처음으로 알게 된 건, 다이어트 콘텐츠를 블로그에 적기 시작하면서였습니다. 거창하지 않게, 제가 직접 경험한 것을 솔직하게 올리기 시작했습니다. 그랬더니 사람들이 모이기 시작했고, 어느 날부터 메시지가 쌓이기 시작했습니다.

"은환님 덕분에 몸무게 앞자리가 바뀌었어요."

"진짜 건강해졌어요! 덕분에 먹던 수십 종류의 약을 다 끊었어요."

"은환님 블로그를 우연히 만난 덕분에 새 인생을 사는 기분이에요."

저는 병원이나 다이어트 업체를 운영한 게 아니었습니다. 그냥 제가 경험한 것을 콘텐츠로 나누었을 뿐이었는데 손을 잡고 우는 분들을 만났습니다. 감사 편지를 써서 선물을 들고 찾아오는 분들도 있었습니다.

그때 처음 알았습니다. '작은 메시지 하나가 사람의 삶을 이토록 바꿀 수 있구나. 이것이 콘텐츠가 가진 힘이구나.' 저에게 어떤 자격이 있어서가 아니었습니다. 진심으로 나눴기 때문이었습니다.

그 이후로 저는 수천 명의 수강생분들이 제가 경험한 변화를 동일하게 경험하는 것을 매우 가까이서 지켜봤습니다. 그 안에서 가장 오래, 가장 따뜻하게 기억에 남는 장면들이 있습니다. 아이를 더 낳고 싶었지만, 경제적 무게가 두렵던 분들. 임신과 출산이 기쁨이기 이전에 커리어의 단절, 수입의 상실처럼 느껴져서 두려움에 떨던 분들.

그분들이 콘텐츠를 통해 경제적 기반을 만들고, 아이를 키우면서도 자신감이 올라가고, 표정이 밝아지고, 가정이 환해지는 것을 봤습니다. 경력 단절이 오히려 새로운 출발이 되었습니다. 그리고 시간이 흘러, 아이들과 배우자와 더불어 행복한 가정을 이루고 살아가는 것을 수도 없이 목격하게 되었습니다.

그 장면을 볼 때마다 생각했습니다. 콘텐츠가 만들어준 천국이 있다면 이런 모습이 아닐까.

오콘목달이 언젠가부터 '다산목달'이라는 별명으로 불리기 시작했습니다. 아이를 낳을 용기를 주는 커뮤니티라는 뜻입니다. 수강생분들이 오콘목달에 애정을 가지고 만들어주신 별명 중에 제가 가장 자랑스러워하는 별명입니다.

그리고 그 모든 변화의 시작점에는, 언제나 평범한 한 사람의 진심 어린 콘텐츠 하나가 있었습니다.

꽃은 누구에게나 핍니다

"꽃은 특별한 사람에게만 핍니다." 이 말은 거짓말입니다. **꽃은 누구에게나 핍니다.** 오콘목달을 시작한 이후로 한 번도 바꾸지 않은 믿음입니다. 수천 개의 이야기들이 그 믿음을 증명해 줬습니다.

누군가에게 꽃이 핀 건, 모르는 사람에게서 온 짧은 한 줄, "덕분에 용기 냈어요"라는 메시지를 읽던 그 순간이었습니다. 누군가에게 꽃이 핀 건, 내 이름으로 떨리는 마음으로 론칭한 사업에, 첫 고객의 결제 알림이 울리던 순간이었습니다.

어떤 꽃이든, 피는 순간의 충만함은 같습니다. 그 꽃이 피기 시작하는 출발점도, 언제나 같았습니다. "저 같은 사람이 해도 될까요?"라는 의문을 가진 채로, 그래도 한 발을 내디딜 때입니다.

이 책의 원리들을 기억하며 콘텐츠를 만들고, 내보내고, 수

정하고, 다시 만드는 과정을 반복하다 보면 어느 날 문득 달라진 자신을 발견하게 됩니다. 내가 만든 콘텐츠로 기회를 얻고, 그 기회가 또 다른 기회를 부르고, 꿈꾸던 자리에 서 있는 자신을 만날 것입니다. 그 변화 안에서 느끼는 행복과 충만함은, 경험해 본 사람만이 압니다. 그 경험을 당신도 꼭 하셨으면 좋겠습니다.

콘텐츠는 만드는 사람을 만듭니다

콘텐츠를 시작해야 하는 이유가 하나 더 있습니다. 콘텐츠는 만드는 사람을 만듭니다.

콘텐츠를 만들면서 자신의 경험을 언어로 정리하게 됩니다. 그 과정에서 내가 무엇을 알고 있는지, 무엇을 잘하는지, 무엇을 소중히 여기는지를 발견하게 됩니다. 타인의 반응을 통해, 내가 알아차리지 못했던 나의 가치를 처음으로 보게 됩니다.

시스템을 만들면서 규칙적으로 콘텐츠를 올리게 됩니다. 그 규칙이 삶에 리듬을 만들어줍니다. 그 리듬이 자신감이 됩니다. 자신감이 다음 도전을 가능하게 합니다. 팬이 생기면서, 나를 믿어주는 사람들이 생깁니다. 그 신뢰가 나를 더 나은 사람이 되고 싶게 만듭니다. 더 나은 콘텐츠를 만들게 됩니다. 더 나은 삶을 살게 됩니다. 수익이 목적이었는데, 어느 순간 수익은 결과가 됩니다.

그리고 진짜 목적은 삶 자체가 됩니다. 이것이 콘텐츠가 단순한 마케팅 도구가 아닌 이유입니다. **콘텐츠는 삶을 만드는 도구입니다.** 그리고 이 사실을 알면, 지금 당장 시작해야 하는 이유가 하나 더 생깁니다. 수익을 위해서만이 아니라 더 나은 나를 만들기 위해서. 내가 원하는 삶을 만들기 위해서.

바로 지금입니다

인쇄된 잉크가 굳으면 돌이킬 수 없다는 두려움을 알면서도, 결국 쓰기로 한 건 하나의 마음 때문이었습니다. 이 책을 읽을 당신에게 꼭 전하고 싶은 말이 있었기 때문입니다.

힘내시라고.

당신은 할 수 있다고.

그리고 혼자가 아니라고.

이 책을 여기까지 읽었다는 것은, 당신 안에 무언가가 있다는 증거입니다. 더 나아지고 싶다는 마음, 달라지고 싶다는 의지. 그것이 당신이 수백 페이지를 읽게 하고 여기까지 데리고 왔습니다. 당신이 생각하는 것보다 훨씬 가까이에, 당신의 꽃이 있습니다.

다음 6부에서는 지금까지 우리가 함께 배운 원리들을, AI와 함께 어떻게 실제 콘텐츠로 증폭시킬 수 있는지를 이야기하겠습니다. 원리는 이미 여러분의 것이 됐습니다. 이제 그것을 실제로 움직이게 할 차례입니다.

당신의 꽃이 피는 것을, 함께 보고 싶습니다.

셀프체크
당신의 첫 발을 내딛기 위한 질문

1. 지금 어떤 삶을 원하고 계시나요? 콘텐츠는 그 삶과 어떻게 연결될 수 있을까요?
2. "저 같은 사람이 해도 될까요?"라고 스스로에게 말할 때, 그 말 뒤에 숨겨진 진짜 두려움은 무엇인가요?
3. 지금 당장 누군가에게 나눠주고 싶은 것이 있다면 무엇인가요?
4. 1년 뒤, 내 콘텐츠를 통해 단 한 가지 변화가 일어

나 있다면, 그것은 무엇이길 바라나요?

막막해도 괜찮습니다. 이 질문들 앞에 앉아 있는 것,
그것이 이미 시작입니다.

오은환 저자의 전작,
베스트셀러 『꽃은 누구에게나 핀다』 보러 가기

AI 시대, 오리지널리티로
살아남는 콘텐츠 설계법

ORIGINAL
CODE

AI는 당신의 전략가가 될 수 있습니다

01

질문력과 관점이 모든 차이를 만든다

AI를 한 번이라도 써보셨나요? 아마 대부분 이런 과정을 거치셨을 겁니다. 처음에는 설레는 마음으로 시작합니다. "이게 그렇게 대단하다고? 나도 써봐야지." 그리고 뭔가를 입력합니다. "SNS 콘텐츠 아이디어 다섯 개 알려 줘.", "내 상품 소개 글 써 줘.", "이 상품의 마케팅 문구 만들어 줘."

그러면 AI가 답을 줍니다. 보는 순간, 어딘가 찜찜합니다. 이미 어디서 본 것 같고, 누구에게나 해당할 것 같고, '나'가 전혀 없는 거 같습니다. '이게 뭐야… 뭐가 대단하다는 거야?' 이 경험을 하고 나서 AI를 잠시 덮어둔 분들, 생각보다 정말 많습니다.

그런데 여기서 중요한 질문이 하나 있습니다. AI가 별로였던 걸까요? AI를 쓰는 방식을 다르게 하면 어떨까요?

6부에서 다루는 것과 다루지 않는 것

먼저 한 가지 말씀드리고 싶습니다. AI를 잘 쓰는 방법에는 끝이 없습니다. 자동화, 에이전트 설계, 파인튜닝, 멀티모달 활용…. 깊이 들어갈수록 세계는 더 넓어집니다. 그 이야기들은 유튜브와 수업에서 보다 상세하게 다루고 있습니다.

여기에서는 위와 같은 내용을 다루지 않습니다. 대신, 이것을 이야기합니다. **화려한 기술을 익히기 전에 반드시 먼저 잡아야 할 것.**

AI를 아무리 고급스럽게 활용해도, 이것이 빠지면 결과물은 앵무새 수준을 벗어나지 못합니다. 쉽게 들릴 수 있습니다. 하지만 이것을 제대로 하는 사람은 생각보다 많지 않습니다. 이 장에서 이야기하는 내용들을 간과하지 않는 것이 매우 중요합니다. 기초가 흔들리면, 그 위에 쌓은 모든 고급 기술도 함께 흔들리는 법이니까요.

같은 도구,
완전히 다른 결과

저는 수천 명이 AI를 배우고 활용하는 과정을 옆에서 지켜봤습니다. 그러면서 이상한 현상을 반복해서 목격했습니다. 똑같은 도구. 똑같은 인터넷. 똑같은 버전. 그런데 결과는 전혀 달랐습니다.

어떤 사람은 "진짜 세상이 달라졌어요"라고 합니다. 어떤 사람은 "써 봤는데, 별거 없던데요"라고 합니다. 같은 챗지피티를 쓰고, 같은 클로드Claude를 쓰는데, 한 사람은 업무 시간이 반으로 줄고, 다른 사람은 그냥 검색 도구로만 쓰다 포기합니다.

처음엔 이렇게 생각하기 쉽습니다. '저 사람은 원래 IT를 잘 아니까.', '저 사람은 글재주가 있으니까.' 그런데 아닙니다. 제가 직접 확인한 차이의 원인은 전혀 다른 곳에 있었습니다. 차이는 딱 두 가지에서 시작됩니다. 질문력, 그리고 관점.

AI는 도구입니다. 그런데 이 도구는 '무엇을 어떻게 묻느냐'에 따라 완전히 다른 물건이 됩니다. 같은 칼이라도 누가 쥐느냐에 따라 요리사가 되기도 하고, 그냥 칼집 안에 놓인 쇳덩이가 되기도 하는 것처럼요.

그리고 여기, 반가운 소식이 있습니다. 이 두 가지는 특별한 사람만 타고나는 재능이 아닙니다. 이 책을 여기까지 읽어오신 분들은, 사실 이미 그것을 조금씩 키워오고 있었습니다. **이 책**

에서 쌓아온 것이 AI의 연료가 됩니다

잠깐, 여기서 한번 돌아볼게요. 우리가 지금까지 함께 해온 것들을 기억하시나요?

1부에서는 당신 안의 오리지널 코드를 발견했습니다. 당신의 경험, 관점, 심지어 취약함까지. 그것이 누구도 복제할 수 없는 차별점이 된다는 사실을요. 2부에서는 감정으로 연결하는 원리를 배웠습니다. 사람들이 '좋아요'에서 '구매'로 넘어오는 그 결정적인 순간, 그 다리를 어떻게 놓는지를요. 3부에서는 콘텐츠를 설계했습니다. 내가 어떤 사람인지, 누구에게 말하는지, 어떤 역할로 서는지. '뭘 만들지'가 아니라 '왜 만드는지'를 먼저 정의하는 것을요.

이 모든 것이, AI를 만나는 순간 비로소 진짜 힘을 발휘합니다. AI는 당신이 제공하는 맥락과 관점 안에서만 생각합니다. 그 이상도, 그 이하도 아닙니다. 그러니까 당신이 무엇을 넣느냐가 전부입니다. 3부에서 설계한 당신의 정체성, 타깃, 역할. 1부에서 발견한 당신만의 이야기. 2부에서 이해한 고객의 감정. 이것들을 AI에게 건네는 순간, AI는 완전히 다른 도구로 변합니다.

반대로, 이것 없이 그냥 "콘텐츠 아이디어 줘"라고만 하면 어떻게 될까요? AI는 아무것도 모르는 상태에서, 인터넷에 떠도는 수백만 개의 평균값을 그럴듯하게 조합할 뿐입니다. 그게 바로 "써 봤는데 별거 없던데요"라는 말을 하게 되는 이유입니다.

도구는 같습니다. 하지만 무엇을 넣느냐에 따라, 나오는 것은 완전히 달라집니다.

AI를 앵무새로 만드는 사람, 전략가로 만드는 사람

아주 직관적인 비유 하나를 드릴게요. AI에게 질문을 던지는 방식은 크게 두 가지입니다. 앵무새에게 말을 가르치듯 묻는 것, 아니면 유능한 전략가에게 임무를 부여하듯 지시하는 것.

앵무새에게 "이거 해 줘"라고 하면, 앵무새는 들은 것을 그대로 되풀이합니다. 화려하게 포장되어 있지만, 결국은 어디선가 본 것들의 조합입니다. 반면, 전략가에게 임무를 줄 때는 다릅니다. 상황을 설명하고, 목표를 말하고, 원하는 방향을 제시하죠. 그러면 전략가는 그 맥락 안에서 최선의 답을 찾아냅니다.

놀라운 건, 같은 AI가 이 둘 모두가 될 수 있다는 겁니다. 어떻게 접근하느냐에 따라, 그냥 앵무새가 되기도 하고, 당신만을 위한 전략가가 되기도 합니다. 그렇다면 어떻게 해야 AI를 전략가로 만들 수 있을까요? 여기에는 반드시 담겨야 할 네 가지 핵심 요소가 있습니다.

AI를 전략가로 만드는 질문의 공식: C-G-R-O

저는 이것을 **C-G-R-O 프레임워크**라고 부릅니다. 아래의
네 가지를 AI와 일을 할 때 꼭 챙겨서 대화하세요.

① C: **Context(나의 맥락)** – 당신이 누구이고, 지금 어떤 상황
에 있는지를 알려줍니다.

② G: **Goal(나의 목표)** – 이 질문으로 궁극적으로 무엇을 얻
고 싶은지, 구체적으로 말합니다.

③ R: **Role(AI의 역할)** – AI가 어떤 전문가의 관점에서 답해
야 하는지 역할을 부여합니다.

④ O: **Output(결과물의 형식)** – 어떤 형식과 톤으로 답해야
하는지 가이드라인을 줍니다.

이 네 가지를 담아 질문하는 순간, AI는 완전히 다른 존재
가 됩니다. 말로 설명하는 것보다 직접 보시는 게 빠릅니다.

실전 비교: 앵무새의 답과 전략가의 제안
• **상황**: 당신은 회사 생활에 지친 3040 직장인들의 커

리어 전환을 돕는 퍼스널 브랜딩 코치입니다. 유튜브
영상 제목이 필요합니다.

- **앵무새에게 던지는 질문**: 직장인이 볼 유튜브 제목
열 개 추천해 줘.

→ **AI의 답:**

성공하는 법

퍼스널 브랜딩 팁

커리어 전환 가이드

직장인을 위한 조언

나만의 브랜드 만들기

어디서나 볼 수 있는, 아무에게도 닿지 않는 제목들입
니다. 틀리지는 않았습니다. 그냥 아무 의미가 없을 뿐
이죠.

- **전략가에게 내리는 지시:**

[맥락] 나는 1인 기업가이자, 회사 생활에 지친 3040
직장인들의 성공적인 커리어 전환을 돕는 퍼스널 브랜
딩 코치야.

[목표] 그들이 영상을 보는 순간 '아, 이거 내 얘기잖아?'라며 깊이 공감하고, '나도 할 수 있다'라는 용기를 얻어 내 채널을 구독하게 만들고 싶어.

[역할] 너는 지금부터 15년 차 전문 카피라이터처럼 행동해 줘. 타깃의 불안감을 정확히 짚어내면서도, 긍정적인 희망을 주는 감성적인 문구의 대가가 되어 줘.

[결과물] 이런 맥락에서, 사람들의 시선을 사로잡고 클릭을 유도할 수 있는 강력한 유튜브 제목 열 가지를, 각각 다른 콘셉트로 제안해 줘.

→ AI의 제안:

[공감형] 회사가 전부인 줄 알았던 30대, 퇴사 없이 '나'라는 브랜드 만드는 법

[질문형] 월급 말고 '나의 가치'로 돈 버는 삶, 언제까지 미루실 건가요?

[희망형] 마흔, 아직 아무것도 시작하지 못한 것 같을 때 당신이 들어야 할 이야기

[결과형] 제가 만난 40대가 '이 방법'으로 월 천만 원 벌게 된 비결

차이가 느껴지시나요? 첫 번째는 AI를 생각 없는 앵무새로 만들었고, 두 번째는 AI를 당신의 의도를 이해하고 함께 통찰력 있게 일하는 전략가로 만들었습니다. 그 차이를 만든 건 AI의 버전이 아닙니다. 질문 방식이었습니다.

AI를 천재로 만드는 3가지 심화 기술

C-G-R-O를 이해했다면, 이제 한 단계 더 나아갈 준비가 됐습니다. 현장에서 AI를 오래 써온 사람들에게는 공통적인 습관이 있습니다. 단순히 좋은 질문을 하는 것을 넘어서, AI 자체를 '나만을 위한 전략가'로 훈련하는 것입니다. 그 방법, 세 가지를 지금부터 공개합니다

첫째, 위대한 재료를 넣어야 위대한 결과가 나온다

컴퓨터 과학에 오래된 격언이 있습니다. "Garbage In, Garbage Out(쓰레기를 넣으면 쓰레기가 나온다)."

AI 시대에 이 격언은 이렇게 진화했습니다. "**Greatness In, Genius Out**(위대한 것을 넣으면, 천재적인 것이 나온다)."

당연한 말 같지만, 대부분의 사람이 이걸 지키지 않습니다. "콘텐츠 아이디어 줘"라는 한 줄을 던져놓고, 왜 결과물이 평범

한지 의아해합니다. AI는 당신이 준 것 이상을 만들어낼 수 없습니다. 최고의 결과를 원한다면, 먼저 최고의 재료를 줘야 합니다.

그렇다면 AI에게 줄 수 있는 '최고의 만찬'은 무엇일까요?

- **당신의 대표작**: 가장 반응이 좋았던 콘텐츠, 영상 스크립트, 강의안을 통째로 제공하세요. AI가 당신의 스타일과 세계관을 학습하는 교과서가 됩니다.
- **당신의 철학 선언문**: 이 일을 하는 이유, 고객에게 주고 싶은 가치를 정리한 글을 입력하세요. AI가 당신 생각의 뿌리, 그러니까 영혼을 이해하기 시작합니다.
- **성공적인 고객 후기**: 팬들이 남긴 진심 어린 말들을 보여주세요. AI는 어떤 언어에 감동했는지, 어떤 말이 마음을 움직였는지를 학습합니다.
- **당신의 페르소나 가이드**: 자주 쓰는 비유, 피하고 싶은 표현, 말투의 특징. 이것을 주면 AI의 답변에서 어색한 번역투가 사라집니다.

이 자료들을 직접 붙여 넣을 수도 있고, 최근에는 AI가 당신의 파일과 채널을 직접 살펴보며 학습하는 것도 가능해졌습니다. 어떤 방식이든 핵심은 같습니다. AI에게 당신을 충분히 알려 주는 것입니다.

3부에서 우리가 함께 설계한 것들, 기억하시나요? 내가 누구이고, 누구에게, 어떤 역할로 이야기하는지. 그것이 바로 지금 AI에게 줄 수 있는 가장 강력한 첫 번째 재료입니다. 최고의 재료를 학습한 AI는 더 이상 인터넷에서 평범한 정보를 짜깁기하지 않습니다. 당신의 철학과 목소리를 담아, 세상에 단 하나뿐인 결과물을 만들어내기 시작합니다.

둘째, 한 번에 끝내려 하지 말고, 대화하며 조각하라

AI를 처음 쓰는 분들이 가장 많이 하는 실수가 있습니다. 질문 하나를 입력하고, 결과물 하나를 받은 뒤, 마음에 들지 않으면 실망하고 덮어버리는 겁니다. AI를 자판기처럼 쓰는 거죠. 동전 하나 넣고, 버튼 누르고, 나온 것이 마음에 안 들면 포기합니다.

하지만 AI를 잘 쓰는 사람들은 다릅니다. 그들은 AI를 '유능하지만 아직 내 마음을 완벽히 모르는 파트너'처럼 대합니다. 한 번의 지시로 완벽함을 기대하는 게 아니라, 여러 번의 대화를 통해 함께 결과물을 빚어나갑니다. 찰흙을 주무르며 원하는 형태를 만들어가는 조각가처럼요. 구체적으로는 다음과 같이 할 수 있습니다.

1. **첫 지시**: C-G-R-O에 맞춰 최대한 구체적인 첫 지시를 냅니다.
2. **칭찬 섞인 비판**: AI가 내놓은 초안을 보고, 좋은 점과 아쉬운 점을 명확히 토론합니다. "흐름은 좋은데, 도입부가 평범해. 더 강렬한 질문으로 시작하는 버전 세 가지를 보여줘."
3. **선택과 발전**: 가장 마음에 드는 것을 고르고, 그것을 바탕으로 더 발전된 요구를 합니다. "3번 버전이 좋아. 여기에 내가 보내준 고객 후기를 더 구체적으로 녹여서 써 줘."
4. **마무리 다듬기**: 거의 완성된 결과물을 원하는 톤으로 최종 조율합니다.

첫 결과물에 실망하지 마세요. 그것은 완성품이 아니라, 이제 막 당신의 손길을 기다리는 재료일 뿐입니다.

셋째, 나만의 분신 AI '미니미'를 훈련해라

매번 같은 맥락을 설명하는 게 번거롭다면, 아예 나의 분신처럼 생각하고 행동하는 맞춤형 AI를 만들 수 있습니다. 가장 간단하게는 AI에 맞춤 설정을 저장하는 것부터, 나만의 챗봇을 만들거나, 프로젝트 폴더에 자료를 넣어두고 AI가 상시 참고하게 하거나, 특정 작업을 자동으로 수행하는 스킬을 설계하는 것까지 가능합니다. 지금 이 순간에도 방법은 계속 늘어나고 있습니다.

3부에서 정의한 당신의 정체성, 타깃, 역할. 1부에서 발견한 오리지널 코드. 이것들을 AI에게 각인시키는 거죠.

예를 들어, 맞춤 설정부터 이렇게 시작해 보세요.(단, 이건 제 경우의 예시입니다. 여러분은 여러분의 철학과 스타일에 맞게 바꿔 적어보세요.)

① AI가 나에 대해 알아야 할 것:

- 나는 누구이고, 어떤 비즈니스를 하는지
- 핵심 철학은 무엇인지
- 주요 고객은 어떤 사람들인지
- 내 말투와 스타일의 특징은 무엇인지

② AI가 나에게 답변할 때 따라야 할 규칙:

- 항상 긍정적이고, 실행할 수 있는 희망을 주는 톤을 유

지한다.

- 어려운 전문 용어 대신, 초보자도 이해할 수 있는 비유를 든다.
- 모든 답변에는 독자가 당장 할 수 있는 구체적인 액션이 포함된다.

이렇게 설정하는 순간, 당신은 불특정 다수를 위한 범용 AI가 아니라, 세상에서 오직 당신의 비즈니스와 철학만을 위해 존재하는 전략가를 얻게 됩니다.

이 미니미를 만들 때 가장 좋은 재료가 뭔지 이미 아시겠죠? 바로 3부에서 함께 정의한 것들입니다. 강점, 타깃, 역할. 이것을 미니미에 입력하면, AI는 그 정체성을 기억하고 매번 그 관점에서 답을 찾아냅니다.

이제 당신은 앞으로 함께 일하게 될 파트너를 갖게 되었습니다. 도구는 같지만, 이 파트너를 어떻게 다루느냐에 따라 완전히 다른 경험이 시작됩니다. 다음 챕터에서는, 이 파트너와 함께하면서도 '오리지널 코드'를 잃지 않는 법을 이야기하겠습니다.

나만의 첫
C-G-R-O 질문 만들기

이 장을 읽은 지금, 당장 해볼 수 있는 가장 작은 시작이 있습니다. 3부에서 정의한 것을 꺼내보세요. 내가 어떤 사람이고, 누구에게, 어떤 역할로 이야기하는지.

그것을 아래 틀에 채워서, 오늘 AI에게 한 번만 던져보세요.

①　**C(맥락)**: 나는 [　]을 하는 사람이야.
②　**G(목표)**: 이것을 통해 [　]가 [　]를 얻길 바라.
③　**R(역할)**: 너는 지금부터 [　]처럼 행동해 줘.
④　**O(결과물)**: [　] 형식으로 [　]를 만들어 줘.

첫 결과물이 완벽하지 않아도 괜찮습니다. 그것은 시작일 뿐입니다. 대화를 이어가며 함께 다듬어가는 그 과정에서, 당신의 AI는 점점 당신을 닮아갑니다.

 "지금 읽은 내용, 영상으로 더 깊이 공부하고 싶다면?"

당신다움을
증폭시키는
똑똑한
도구 활용 가이드

02

얼마 전, 두 가지 장면을 같은 시기에 경험했습니다. 하나는 대학 강의실이었습니다. 교수님께서 수업 첫날, 단호하게 말씀하셨습니다. "과제를 할 때 AI는 절대 쓰지 마세요. AI를 쓴 흔적이 보이면 바로 0점입니다."

또 하나는 집이었습니다. 초등학교 5학년인 아들이 무심하게 한마디 던졌습니다. "엄마, AI로 만든 콘텐츠는 좀 수준이 떨어지는 것 같지 않아?"

교수님과 초등학생이 같은 말을 하고 있었습니다. 그리고 솔직히 말씀드리면, 저도 그 마음을 완전히 부정하기 어려웠습니다. 저 역시 AI를 쓴 게 눈에 뻔히 보이는 콘텐츠들을 수도 없이 목격했으니까요. 다들 비슷한 문장 구조, 어딘가 어색한 번역 말투, 쓴 사람의 색깔이 전혀 없는 글. 그것을 보며 저도 이런 생각이 들었습니다. "AI가 창작자의 목소리를 죽이는 건 아닐까?"

이 불안은, 사실입니다. AI를 아무 생각 없이 쓰면 그렇게 됩니다. 아무런 관점이나 철학 없이 AI에게 질문을 던지면, 인터넷에 떠도는 평범한 정보들을 짜깁기한 영혼 없는 결과물이 나오기 때문입니다. 교수님도, 아들도, 우리 모두가 불안해하는 그 장면들은 실제로 일어나고 있습니다.

그런데 저는 그 반대의 장면도 똑같이 많이 봤습니다. AI를 쓰는데도, 쓸수록 더 자기다워지는 사람들. 읽을수록 '이 사람만이 쓸 수 있는 글이다'라는 느낌이 강해지는 콘텐츠.

차이는 어디서 오는 걸까요. AI라는 도구가 아니라, 그 도구를 어떻게 쓰느냐에 달려 있습니다. **AI는 당신의 대체재가 아니라, 당신의 가장 강력한 증폭기입니다.** 반복적이고 구조적인 업무를 AI에게 위임함으로써, 당신만이 할 수 있는 가장 본질적인 일 즉, 콘텐츠에 영혼을 불어넣는 일에 더 집중할 수 있는 시간을 버는 것. 이 챕터는 그 방법에 대한 이야기입니다.

먼저, 나다움의 재료를 준비해야 합니다

앞의 챕터에서 이런 말씀을 드렸습니다. "당신의 대표작, 철학 선언문, 페르소나 가이드를 AI에게 먼저 제공하라." 그런데 막상 하려니 막막하신 분들이 많습니다. "내 대표작이 뭔지 모르겠어요.", "철학 선언문은 어떻게 쓰는 건가요?", "페르소나 가이드가 뭔지도 모르겠는데요."

그래서 이 챕터의 첫 번째 이야기는, 나다움의 재료를 어떻게 발굴하는가입니다. 바로 해 보실 수 있는 두 가지 방법을 공유해 드릴게요.

① AI를 거울로 활용해 나의 문체를 분석하라

내 글의 스타일이 무엇인지 가장 객관적으로 파악하는 방법은, 놀랍게도 AI에게 물어보는 것입니다. 당신의 글 중 가장 '나답다'라고 느끼는 글을 세 개에서 다섯 개 정도 골라보세요. AI에게 직접 복사해서 붙여 넣어도 되고, 블로그나 파일을 AI가 직접 읽게 하는 것도 가능합니다.

어떤 방식이든, AI에게 '나의 글'을 충분히 보여준 뒤 이렇게 요청합니다. "이 글들의 공통적인 문체, 톤앤드매너, 자주 쓰는 단어나 비유, 문장 구조의 특징을 분석해서 〈나의 문체 가이드라인〉이라는 제목으로 정리해 줘."

결과물을 보면 깜짝 놀랄지도 모릅니다. 본인도 무의식적으로 사용하던 글쓰기 습관, 즐겨 쓰는 비유, 문장의 호흡, 자주 쓰는 첫 문장 패턴까지 AI가 객관적으로 정리해 줍니다.

예를 들어 이런 분석이 나올 수 있습니다.

나의 문체 가이드라인(예시)

- 독자에게 먼저 질문을 던진 뒤, 공감으로 받아낸다.
- 어려운 개념을 일상적인 비유로 풀어낸다("마치 ~처럼").
- 짧은 문장과 긴 문장을 번갈아 쓰며 리듬을 만든다.
- 결론을 먼저 말하고, 이유를 뒤에 붙이는 두괄식 구조를 선호한다.

이것이 바로 나의 AI에 각인시킬 가장 핵심적인 재료입니다. 이 가이드라인을 AI에 각인시키는 순간, AI가 만들어주는 콘텐츠에서 어색한 번역투 대신 당신의 목소리가 담기기 시작합니다. 맞춤 설정에 붙여넣어도 되고, 프로젝트 폴더에 저장해두어도 됩니다. 방법은 다양하지만, 핵심은 하나입니다. AI가 당신의 결을 기억하게 하는 것.

② 흩어진 경험을 AI와 함께 스토리 자산으로 만들어라

나다움은 문체뿐 아니라, 당신이 살아온 경험과 철학이라는 소재에서도 나옵니다. 1부에서 발견한 오리지널 코드를 기억하시나요? 경험 코드, 관점 코드, 취약함 코드. 그것을 AI와 함께 콘텐츠로 쓸 수 있는 스토리 자산으로 정리할 수 있습니다.

> 나는 [당신의 직업/역할]이야. 내가 겪었던 아래 경험들을 읽고, 사람들이 공감하고 흥미를 느낄 만한 핵심 스토리 소재 열 가지를 정리해 줘. 각각 어떤 감정을 건드릴 수 있는지도 함께 알려줘.
>
> [여기에 자신의 경험담 요약 입력]

이 과정을 통해 자신의 삶을 한 걸음 떨어져 객관적으로 바라볼 수 있게 됩니다. 어떤 이야기가 사람들의 마음을 움직이는지, AI가 먼저 가려내 줍니다. 이렇게 나다움의 스타일(문체)과 소재(경험)가 모두 준비되었다면, 이제 AI와 본격적으로 협업할 준비가 된 것입니다.

AI와 나답게
협업하는 네 가지 방법

① 뼈대는 AI에게, 영혼은 당신이

가장 많이 겪는 상황이 있습니다. 머릿속에는 수년간 쌓인 경험과 노하우가 가득한데, 막상 글이나 콘텐츠로 만들려고 하면 어디서부터 시작해야 할지 몰라 몇 달째 제자리인 상황입니다.

저의 수강생 A씨가 딱 그랬습니다. 10년간 강의를 해온 비즈니스 컨설턴트였는데, 그 내용을 책으로 쓰고 싶었지만 목차 구성에서부터 막혀 몇 달째 시작을 못 하고 있었습니다. 방대한 지식을 체계적으로 구조화하는 뼈대 작업에 모든 에너지를 쏟고 있었던 거죠. 그는 AI에게 자신의 강의안 세 개와 수강생 성공 사례 열 가지를 재료로 제공한 뒤, 이렇게 지시했습니다.

이 내용을 바탕으로 3040 CEO를 위한 경영 전략서의 목차와 챕터별 핵심 요약 초안을 작성해 줘.

AI는 단 하루 만에 논리적인 뼈대를 완성했습니다. A씨는 AI가 벌어준 몇 달의 시간 동안, 고객과 함께 울고 웃었던 감동적인 순간들, 아무도 모르는 쓰라린 실패담, 책에만 담을 수 있는 비하인드 스토리, 오직 그만이 쓸 수 있는 영혼을 불어넣는 작업에만 집중했습니다.

뼈대는 AI가, 영혼은 당신이. 이것이 나다움이 담긴 콘텐츠를 가장 효율적으로 만드는 협업 모델 중 하나입니다.

② 나누는 자료의 격을 차원이 다르게 높여라

얼마 전, 오프라인 모임에서 이런 장면이 있었습니다. "어떻게 하면 손님상을 그럴듯하게, 큰 힘 들이지 않고 차릴 수 있을까요?"

누군가 던진 질문 하나에 모임 전체가 들썩였습니다. 저마다 노하우를 가지고 있었습니다. 풍성하고 유용한 이야기들이 쏟아졌죠. 서로 공유하고 싶어 했습니다. 그런데 정리해서 전달하는 방법을 찾지 못해서 그 자리에서만 노하우를 나누고 끝났습니다.

온라인에서도 비슷한 순간들이 찾아옵니다. 우리 아이 공부 잘 시킨 방법, 안 먹던 강아지 밥 먹게 한 요령, 처음 해외여행 가는 사람에게 알려주고 싶은 항공권 고르는 법. 거창한 내용이 아닙니다. 삶에서 직접 부딪히고 해결한, 내 지인에게 쥐여 주고 싶은 그 노하우들. 마음은 있는데 방법이 막막합니다. 그리고 또 한 가지, 어설프게 주고 싶지 않습니다. 내가 읽어도 부족하다 싶은 내용을 사람들에게 내밀 바엔, 그냥 안 주고 말고 싶은 마음을 모두가 가지고 있습니다.

이 막막함과 이 기준, 둘 다 맞습니다. 그리고 이 지점에서 AI가 아주 똑똑하게 도울 수 있습니다. 자료의 진심이 부족한 게 아닙니다. 진심을 제대로 전달할 구조와 논리가 없을 뿐입니다. AI는 바로 그 부분을 채워줍니다.

예를 들어, 처음 해외여행을 가는 친구에게 항공권 고르는 법을 알려주고 싶습니다. 이때 AI에게 세 단계로 물어보면 됩니다.

1단계: 구조 잡기

내 머릿속에 있는 것들을 순서대로 꺼내달라고 요청합니다.

> 의외로 사람들이 모르는 나만의 비행기 티켓 잘 구매하는 노하우를 정리하려고 해. 아래 내용을 읽고, 처음 해외여행 가는 사람이 순서대로 따라할 수 있게 단계별로 깔끔하게 정리해 줘.
> [내가 아는 것들 두서없이 적기]

2단계: 빈틈 찾기

나는 당연해서 넘긴 것 중에, 처음 접하는 사람이 헷갈릴

부분을 찾아달라고 합니다.

> 이 자료를 처음 보는 사람 관점에서 읽어봐 줘. 내가
> 너무 당연하게 여겨서 설명을 빠뜨린 부분이나, '이게
> 무슨 말이야?' 싶을 만한 부분이 있으면 알려 줘.

3단계: 완성도 확인

완성되어 간다 싶을 때, 받는 사람 관점에서 마지막으로 한 번 더 체크해 달라고 합니다.

> 이 자료를 받은 사람이 '진짜 도움 됐다, 이거 저장해
> 둬야겠다'라고 느끼려면 여기에서 뭐가 더 있으면 좋을
> 까? 세 가지만 말해 줘.

이 세 단계를 거친 자료는 달라집니다. 단순히 "좋은 내용이네요"가 아니라, "이걸 어떻게 이렇게 정성스럽게 만드셨어요?"라는 반응이 돌아옵니다. 무료 나눔 자료든, 유료 전자책이든 상관없습니다. 나누는 자료의 퀄리티가 곧 당신에 대한 신뢰가 됩니다. 그리고 그 신뢰가 쌓여 팬이 됩니다.

2부에서 우리가 함께 확인했던 것 기억하시나요? 팬덤은 거

창한 이벤트가 아니라, 매번 기대를 넘어서는 작은 경험들이 쌓이면서 만들어진다고 했습니다. 당신이 나누는 자료 하나하나가 바로 그 쌓임의 증거가 됩니다.

③ 지치지 않는 조수와 함께, 마음에 들 때까지 고쳐라

요즘 글, 그림, 음악, 영상까지, AI가 만들어낸 창작물이 정말 많습니다. 그중에 가끔 감탄을 자아내는 것들이 있습니다. 그런 결과물에는 대부분 공통점이 있습니다. 단번에 뽑아낸 게 아니라는 겁니다. 만든 사람이 수정하고 싶은 지점을 정확히 짚어서 지시하고, AI가 고쳐오면 또 보고, 또 지시하고…. 이 과정을 수없이 반복한 끝에 나온 결과물입니다.

보통 사람에게 수십 번, 수백 번의 수정을 부탁하기는 어렵습니다. 부탁하는 사람도, 받는 사람도 지칩니다. 그런데 AI는 지치지 않습니다. "이 부분만 컬러를 수정해 줘.", "전체 톤을 조금 더 친절하고 쉽게 다듬어 줘.", "예시를 좀 더 이해하기 쉽게 상세하게 풀어서 설명해 줘." 이렇게 원하는 방향을 명확히 말하면, AI는 불평 없이 다시 해옵니다. 그리고 마음에 들 때까지 이 과정을 반복할 수 있습니다.

이것을 가장 극적으로 보여준 실제 사례가 있습니다. 2022년, 미국의 게임 기획자 제이슨 앨런은 콜로라도 주립 박람

회 미술대회 '디지털 아트' 부문에서 1위를 차지하며 전 세계적인 논란의 중심에 섰습니다. 그의 수상작 '스페이스 오페라 극장'이 AI 이미지 생성 도구인 미드저니Midjourney로 만들어졌기 때문입니다.

하지만 그가 AI를 사용한 과정을 들여다보면 생각이 달라집니다. 결코 '클릭 몇 번'으로 얻어낸 결과가 아니었습니다. 그는 머릿속의 막연한 비전을 구체화하기 위해 **80시간 넘게** 매달렸고, **624번에 걸쳐** 텍스트 명령어를 수정하고 조합했습니다. AI라는 지치지 않는 조수와 함께 구도, 색감, 분위기를 끊임없이 다듬어 나간 끝에 탄생한 작품이었습니다.

앨런은 AI가 자신의 비전을 구현해 준 도구일 뿐, 창작의 주체는 자신임을 분명히 했습니다. 심사 위원들 역시 AI 사용 사실을 알고서도 "작품이 담고 있는 독창적인 서사와 예술성에 높은 점수를 주었기에 결과는 바뀌지 않았을 것"이라며 그의 노력을 인정했습니다. 창작의 방향을 정하고, 무엇을 고칠지 판단하고, 마지막 선택을 내리는 것은 처음부터 끝까지 그의 몫이었습니다.

당신의 글도, 콘텐츠도 마찬가지입니다. 마음에 들 때까지 고칠 수 있는 조수가 생겼다는 것, 그것만으로도 당신이 만들어낼 수 있는 결과물의 수준이 달라집니다.

④ 하나의 오리지널 코드를 모든 채널에 심어라

인스타 영상 하나를 완성하는 것만 해도 쉬운 일이 아닙니다. 거기에 유튜브, 블로그, 스레드까지 따로 기획하고 만들어야 한다면, 솔직히 엄두가 나지 않습니다. 채널이 늘어날수록 에너지는 쪼개지고, 결국 어느 채널도 제대로 못 채우게 됩니다.

그래서 많은 분이 인스타에 콘텐츠 하나만 올리고 결과를 기다립니다. 그게 현실입니다. 여기서 AI가 도울 수 있는 부분이 있습니다. 인스타 영상 하나를 완성하고 나면, 그 스크립트를 AI에게 주고 이렇게 물어볼 수 있습니다.

스크립트를 직접 붙여 넣어도 되고, 파일 채로, 계정을 통채로 AI가 읽게 해도 됩니다.

[나에 대해]

나는 [당신의 직업/역할]이야.

주로 [타깃 독자]를 위한 콘텐츠를 만들고 있어.

내 말투는 [예: 친근하지만, 신뢰감 있는 / 따뜻하고 공감 중심의] 스타일이야.

[원본 콘텐츠]

아래는 내가 방금 완성한 인스타그램 영상의 전체 스

크립트야.

이 영상의 핵심 메시지는 [한 문장으로 요약]이야.

[스크립트 전문 붙여넣기 등 재료 제공]

[요청]

이 스크립트를 바탕으로, 각 채널의 특성에 맞는 콘텐츠 초안을 아래 조건에 맞게 만들어 줘.

① 스레드(3~5개 연속 게시물 형식)

• 첫 문장은 스크롤을 멈추게 하는 훅으로 시작해 줘.

• 각 게시물은 짧게, 한 가지 메시지만 담아 줘.

• 마지막 게시물은 팔로워가 댓글이나 공유를 하고 싶게 만드는 질문이나 제안으로 끝내 줘.

② 블로그(800~1,000자 분량)

• 영상을 보지 않은 사람도 맥락을 이해할 수 있도록 배경 설명을 자연스럽게 넣어 줘.

• 소제목을 2~3개 써서 읽기 편하게 구성해 줘.

• 마무리는 독자가 바로 실천할 수 있는 한 가지 행동으로 끝내 줘.

③ 유튜브 스크립트 확장본

- 인스타 영상보다 두세 배 풍성하게, 예시와 설명을 추가해 줘.
- 시청자가 중간에 이탈하지 않도록 중간마다 공감 포인트를 하나씩 넣어 줘.
- 영상 말미에 댓글을 유도하는 질문 하나를 넣어 줘.

물론 이 초안이 바로 올릴 수 있는 수준은 아닙니다. 당신의 말투로 다듬고, 어색한 부분을 고치고, 당신의 오리지널 코드를 입히는 작업은 여전히 당신의 몫입니다. 하지만 출발점이 달라집니다. 아무것도 없는 빈 화면 앞에서 시작하는 것과, AI가 밑재료를 깔아 준 초안 앞에서 시작하는 것은 체감이 다릅니다.

여러 채널에 올리는 콘텐츠가 하나의 오리지널 코드에서 뻗어 나온 것처럼 느껴질 때, 사람들은 채널이 달라도 같은 사람을 팔로우하고 싶어집니다. 3부에서 우리가 정의한 정체성, 타깃, 역할이 모든 채널의 공통 뿌리가 됩니다. AI는 그 뿌리를 각 채널의 언어로 번역하는 밑 작업을 도와주는 것입니다.

기억해야 할 한 가지

이 네 가지 방법에는 공통점이 있습니다. 어디에서든 창작의 주도권은 당신에게 있다는 것입니다.

AI는 뼈대를 만들고, 논리를 보강하고, 가능성을 탐험하고, 채널에 맞게 번역합니다. 하지만 그 모든 과정을 설계하고, 어떤 영혼을 불어넣을지 결정하고, 마지막 선택을 내리는 건 오직 당신만이 할 수 있습니다.

당신의 목소리는 사라지지 않습니다. 오히려 AI를 통해 더 많은 사람에게, 더 선명하게 닿게 됩니다.

Coding 12

AI에게 나의
오리지널 코드 심기

이 장을 읽은 지금, 당장 해볼 수 있는 가장 작은 시작이 있습니다. 당신이 직접 쓴 글 중 가장 '나답다'라고 느끼는 것을 세 가지 골라보세요. 블로그 글, SNS 게시물, 카카오톡 단톡방에 올린 공지도 괜찮습니다.

그리고 AI에게 이렇게 물어보세요.

> 이 글들의 공통적인 문체와 톤앤드매너를 분석해서 나의 문체 가이드라인을 만들어 줘.

결과물을 AI의 맞춤 설정에 저장해도 되고, 프로젝트 폴더에 넣어두어도 됩니다. 어떤 방식이든, AI가 당신의 결을 기억하게 하는 것이 핵심입니다.

오늘 이 한 걸음이, 당신의 AI를 진짜 당신의 목소리를 아는 파트너로 만드는 시작입니다.

기술이 넘칠수록
사람의 온도가
느껴지는 것만
살아남는다

03

AI 시대, 따뜻함은 가장 희귀한 경쟁력이다

이런 말을 들어보셨을 겁니다. "AI가 콘텐츠를 다 만들어주는 시대에, 창작자는 뭐로 살아남아야 하나?"

솔직히 말씀드리면, 저도 이 질문을 진지하게 고민했습니다. 유튜브에는 AI가 만든 영상이 넘쳐나고, 블로그에는 AI가 쓴 글들이 가득합니다. 분량의 문제가 아닙니다. 퀄리티도 이미 평균 이상입니다. 구조도 잡혀 있고, 문장도 매끄럽고, 정보도 있습니다.

그런데 이상한 일이 생겼습니다. 콘텐츠는 넘쳐나는데, 사람들이 오히려 더 목마르다고 합니다. 더 많은 영상을 봐도, 더 많은 글을 읽어도, "이 사람이 나를 이해하는 것 같다"라는 느낌을 주는 콘텐츠는 찾기가 점점 어렵다고요.

그 이유가 무엇인지, 저는 이제 압니다. **AI는 정보를 전달할 수 있습니다. 하지만 감정을 나누지는 못합니다.** 사람들이 콘텐츠를 통해 진짜 원하는 건 정보가 아닙니다. 앞에서 이야기 했듯, 우리는 감정선으로 연결됩니다. 그리고 AI 시대일수록, 사람의 온기가 담긴 콘텐츠는 더 희귀해지고, 그만큼 더 강력해집니다.

그런데 여기서 제가 드리고 싶은 이야기가 하나 더 있습니다. 아이러니하게도, 이 사람의 온기를 콘텐츠에 더 깊이 불어넣도록 도와주는 최고의 도구가 바로 AI라는 점입니다.

T도 사람을 깊이 공감하는 콘텐츠를 만들 수 있습니다

오콘목달 수업에서 가장 많이 받는 질문 중 하나입니다. "선생님, 저는 MBTI가 T예요. 감정 공감이 너무 어렵습니다. 사람들의 마음을 이해해서 감동을 주는 콘텐츠를 만들고 싶은데, 제가 할 수 있을까요?"

이 고민을 하시는 분들이 정말 많습니다. 3부에서 우리는 마음을 움직이는 콘텐츠를 만들려면, 상대방이 무엇을 느끼는지, 무엇을 두려워하는지, 어떤 말에 움직이는지를 알아야 한다는 이야기를 했습니다.

그런데 이것이 어떤 사람들에게는 재능처럼 느껴집니다. "나는 원래 감정에 둔하니까, 나는 T니까, 나는 그게 안 돼." 하지만 저는 이 생각을 바꿔야 한다고 말씀드리고 싶습니다.

감정은 본능이지만, 감정의 패턴은 데이터입니다. AI는 수억 개의 인간 이야기, 수억 개의 감정 표현, 수억 가지 상황과 반응 패턴을 학습했습니다. 그 덕분에 AI는 특정 상황에 놓인 사람이 어떤 감정을 느끼고, 어떤 말에 위로받고, 어떤 이야기에 용기를 얻는지를 놀랍도록 정교하게 분석해 줍니다. AI는 당신의 타깃이 느끼는 감정을 시뮬레이션해 주는 최고의 감정 컨설턴트입니다.

예를 들어봅시다. 번아웃으로 힘들어하는 30대 직장인들을 위한 콘텐츠를 만들고 싶은데, 그들의 마음속을 잘 모르겠다면 이렇게 요청할 수 있습니다.

> 번아웃을 겪고 있는 30대 직장인의 가장 깊은 감정 세 가지를 분석해 줘. 그리고 그 사람이 오늘 아침 일어나면서 느꼈을 감정을 일기 형식으로 써 줘.

AI가 써준 가상의 일기를 읽는 순간, 무언가가 달라집니다.

막연하게 '번아웃 직장인'이었던 사람이, '아침에 눈을 뜨는 것조차 버거운, 꿈을 잃어가는 한 사람'으로 생생하게 느껴집니다. 그 마음이 느껴지는 순간, 어떤 말이 그에게 진짜 위로가 될지, 어떤 이야기가 용기를 줄지가 자연스럽게 보이기 시작합니다.

당신의 MBTI는 상관없습니다. AI가 당신의 타깃의 마음을 언어로 번역해 주면, 당신은 그 번역된 내용을 바탕으로 콘텐츠 기획을 시작하면 됩니다.

위기의 순간에도 AI는 당신 편입니다

감정 공감이 가장 어려운 순간이 또 있습니다. 고객이 화가 났을 때입니다.

제 지인에게 있었던 일입니다. 그녀는 고객들에게 한국어판의 교구를 판매했는데, 직원 실수로 전량 영어판이 배송됐습니다. 고객들은 거세게 항의했고, 당황한 그녀는 마음을 먼저 다독이는 대신 해결책부터 꺼냈습니다. "죄송합니다. 곧 한국어판을 다시 보내드리겠습니다. 영어판은 회수하겠습니다."

고객들은 더 화를 냈습니다. 사과부터 하지 않고, 고객에게 끼친 불편을 전혀 공감하지 못한다는 느낌을 받은 겁니다. 이

상황에서 어쩔 줄 몰라 하며 발을 동동 구르는 그녀에게 저는 지금이라도 AI에게 현재 상황을 다 설명하고, 가장 현명한 대응 전략을 짜달라고 부탁하라고 조언했습니다.

그녀가 AI와 상의해서 나온 전략은 '사과와 공감 → 현 상황 설명 → 구체적인 보상안 → 향후 재발 방지 약속' 순서였습니다. 그 흐름대로 고객들과 소통하자, 화는 빠르게 가라앉았고, 상황은 수습됐습니다.

감정이 격앙된 순간일수록, 차분하고 이성적인 절차가 필요합니다. 그리고 그건 AI가 정말 잘하는 일입니다. 프롬프트 하나만 기억해 두세요.

> 고객이 [상황]에 대해 매우 화가 나 있습니다. 지금부터 10년 차 위기관리 전문가처럼 행동해 주세요. 이 고객의 마음을 진심으로 위로하고, 문제를 해결하며, 오히려 이번 일을 계기로 우리 브랜드의 팬이 될 수 있도록 하는 가장 현명한 응대 스크립트를 작성해 주세요.

AI를 이렇게 활용한다면, 비즈니스 현장에서, 고객의 불만이나 위기 상황을 혼자 감당하지 않아도 됩니다.

AI가 데려온 사람들을, 당신이 직접 만나세요

AI 덕분에 콘텐츠가 더 많은 사람의 마음을 움직이게 됐다고 합시다. 그 사람들이 팔로우하고, 댓글을 달고, 수업에 등록합니다. 2부에서 이야기했듯, 팬덤은 감정의 연결로 시작됩니다. 그런데 그 감정의 연결이 가장 강렬하게 이루어지는 순간은 어디일까요.

온라인? 물론 온라인도 중요합니다. 하지만 제가 수십 번의 오프라인 행사를 경험하면서 확인한 것이 있습니다. **사람들은 화면으로 좋아하게 되고, 직접 만나서 팬이 됩니다.** 아무리 잘 만든 콘텐츠도, 직접 손을 맞잡고 눈을 마주치는 그 5분을 이기지 못합니다.

AI는 사람들을 당신의 문 앞까지 데려오는 세상에서 가장 유능한 안내자입니다. 하지만 문을 열고 들어온 사람들에게 온기를 전하는 건, 오직 당신만이 할 수 있습니다.

그렇다면 오프라인 경험은 어떻게 설계해야 할까요. 진심만으로 좋은 경험이 설계되지는 않습니다. 좋은 경험은 설계가 필요합니다. 그리고 이 설계 역시, AI에게 부탁해도 됩니다. 예를 들어, 오프라인 미팅을 처음 기획할 때 이렇게 요청할 수 있습니다.

> 나의 온라인 강의 수강생 30~50명을 대상으로 오프
> 라인 미팅을 기획하고 있어. 참석자들이 서로 금방 가
> 까워지고, 평생 기억에 남는 하루를 만들어줄 수 있는
> 프로그램 아이디어 다섯 가지를, 구체적인 진행 방식
> 과 함께 제안해 줘.

AI는 유능한 행사 기획자처럼 수십 가지 아이디어를 내놓습니다. 당신이 할 일은 그 아이디어들 위에 당신의 철학과 색깔을 얹어서, 최고의 경험을 선택하고 실행하는 것입니다. 설계는 AI가 돕고, 온기는 당신이 채웁니다. 그 역할 분담이 정확할수록, 팬들은 더 깊이 당신에게 연결됩니다.

나의 약점이 가장 강력한 콘텐츠입니다

많은 창작자가 콘텐츠에서 약점을 감추려 합니다. 실패는 숨기고, 흔들렸던 순간은 지우고, 완성된 모습만 내보이려 합니다. 이해합니다. 그 마음은 자연스러운 것입니다.

하지만 수천 명의 콘텐츠를 분석하면서 제가 발견한 점이 있습니다. 사람들이 가장 깊이 연결되는 콘텐츠는 완벽한 이야

기가 아니었습니다. 진짜 이야기였습니다. 3부에서 우리는 점들이 연결될 때 스토리가 만들어진다고 이야기했습니다. 그리고 그 스토리의 가장 강력한 재료는 바로 당신이 넘어졌다가 일어난 경험, 흔들렸다가 다시 중심을 잡은 순간입니다.

문제는, 그 이야기를 '어떻게 꺼내느냐'입니다. 막연하게 내 실패담을 쏟아내면 신세 한탄처럼 들립니다. 하지만 그 이야기가 듣는 사람에게 위로와 교훈이 되도록 구조화되면, 그건 팬을 만드는 최고의 콘텐츠가 됩니다. AI가 도울 수 있는 것이 바로 이 지점입니다.

> 내가 과거에 [실패 경험]을 겪었어. 이 이야기를 듣는 사람에게 '실패해도 괜찮다'라는 위로와 '거기서 무엇을 배울 수 있는지'의 교훈을 줄 수 있도록, 스토리 텔링 구조를 잡아 줘. 감동적인 도입부와 마무리 문장도 제안해 줘.

당신의 실패 경험을 AI에게 넘기면, AI는 그것을 가장 빛나는 방식으로 재구성하는 컨설턴트가 됩니다.

이것도 재료는 당신만이 가지고 있습니다. AI는 구조를 잡아주지만, 그 구조 안에 들어가는 경험, 감정, 관점은 당신의 것입니다. 그러므로 그 결과물은 여전히 당신의 콘텐츠입니다.

AI 시대에 살아남는 창작자의 공통점은 화려한 AI 기술을 쓰는 사람이 아닙니다. 오히려 AI 덕분에 더 인간다워진 사람들입니다. 더 깊이 공감하고, 더 진실하게 경험을 나누고, 더 따뜻하게 사람들을 연결하는 창작자들. AI는 당신이 더 인간적인 창작자가 될 수 있도록 돕기 위해 존재합니다.

셀프체크

내 콘텐츠에 사람이 있나요?

다음 질문에 솔직하게 답해보세요.

1. 내 타깃이 느끼는 가장 깊은 감정을 알고 있나요? AI에게 타깃의 감정을 분석해달라고 요청해 보신 적이 있나요?

2. 온라인 팔로워를 오프라인에서 만날 계획이 있나요? 오프라인 행사, 미팅, 소모임을 기획해 보신 적이 있나요?

3. 내 실패와 취약성을 콘텐츠로 만들어 본 적이 있

나요? 숨기고 계신 실패담이 있다면, 그것을 어떻게 이야기로 바꿀 수 있을까요?

4. 내 최근 콘텐츠 세 개를 보면서 이 질문에 답하세요. "이 콘텐츠를 보면, 뒤에 사람이 있다는 게 느껴지나요?"

느껴진다면, 잘 하고 계신 겁니다. 느껴지지 않는다면, 이 챕터의 방법 중 하나를 골라 오늘 바로 적용해 보세요.

정보는 AI가 넘쳐나게 공급하는 시대입니다. 하지만 사람의 온기는 당신만이 공급하실 수 있습니다. 그것이 당신의 가장 강력한 경쟁력입니다.

오은환은 AI를 어떤 식으로 사용하나요?

04

나만의 슈퍼 어시스턴트와 함께 사는 법

강의를 하다 보면 질의응답 시간에 거의 빠지지 않고 나오는 질문이 있습니다. "작가님은 AI를 실제로 어떻게 사용하세요? 하루 루틴을 보여주실 수 있나요?"

처음에는 이 질문을 받을 때마다 설레는 마음으로 설명했습니다. 그런데 AI가 제 하루에 완전히 스며든 어느 순간부터, 같은 질문이 다르게 들리기 시작했습니다. 마치 누군가 "선생님, 숨은 어떻게 쉬세요?"라고 묻는 것처럼요. AI가 특별히 꺼내 쓰는 도구가 아니라, 그냥 숨 쉬듯 함께하는 하루의 일부가 되어 버린 겁니다.

이 챕터에서는 그 하루를, 제가 쓰는 도구들을, 그리고 그 과정에서 제가 느낀 것들을 솔직하게 공개하려 합니다. 한 가지 미리 말씀드리고 싶은 게 있습니다. AI 기술의 변화 속도는 상상 이상입니다. 저조차도 오늘 아침에 업데이트된 새로운 기능을 오늘 바로 쓰고 있고, 제가 AI를 쓰는 루틴 자체가 매일 달라지고 있습니다. 그러니 이 챕터에 적힌 도구와 방법은 매우 가까운 미래에 '그땐 그랬지'가 될 수 있습니다. 이 챕터는 "이렇게 따라 하세요"가 아닙니다. "이렇게도 살 수 있구나" 정도로 참고해 주세요.

도구보다 먼저, 마음가짐

저는 AI를 쓰기 전에 항상 두 가지를 유념합니다.

첫째, AI는 내 팀이다

저에게 AI는 만능 비서 한 명이 아닙니다. 각자 다른 전문성을 가진 팀원들입니다. 글쓰기에 강한 팀원, 이미지를 잘 만드는 팀원, 일정을 관리해 주는 팀원, 공부를 도와주는 팀원 등 많은 팀원들을 이끌며 역할을 나눠주는 사람, 저는 팀장입니다. 실제로 저는 여러 개의 AI를 동시에 띄워놓고 일합니다. 한

쪽에서는 글을 다듬고, 한쪽에서는 자료를 분석하고, 또 한쪽에서는 일정을 정리합니다. 많을 때는 대여섯 개가 동시에 돌아갑니다. 혼자인데 팀으로 일하는 느낌. 이것이 AI 시대에 일하는 방식입니다. 반복적이고 구조적인 일은 팀원들에게 위임하고, 저는 오직 제가 아니면 할 수 없는 일, 판단하고, 방향을 잡고, 사람들과 직접 소통하는 일에 집중합니다.

둘째, 최전선에 있어야 한다

저는 현재 실리콘밸리에 본사를 둔 글로벌 톱 AI 기업들의 공식 앰배서더로 활동하고 있습니다. 다양한 AI 기업으로부터 새로운 도구와 기능에 대한 정보를 다른 사람보다 일찍 접합니다. 거기에 더해, 글로벌 자료를 찾아 읽고, 깃허브GitHub에 올라오는 새로운 도구를 직접 테스트하고, 해외 웨비나와 팟캐스트를 챙겨 듣고, AI 교육을 배우러 다니기도 합니다. AI 적용이 빠른 분들과 컬래버를 하면서 서로의 방법을 나누고, IT 기업을 이끌고 있는 남편과는 저녁 식탁에서 AI 이야기를 합니다.

원래도 공부를 좋아했지만, 요즘은 이전과 비교가 안 될 만큼 공부량이 늘었습니다. AI 세계에서 정보 격차는 그대로 실력 격차가 된다는 걸 알기에, 긴장하며 공부하고 바로 적용하고 있습니다.

이 모든 입력이 수업에 먼저 적용되고, 유튜브에 녹아들고, 수강생들의 피드백을 통해 다시 발전합니다. 이 순환을 멈추지 않는 것이 제 콘텐츠와 수업을 계속 앞으로 나아가게 만듭니다.

오은환의 실제 AI 생태계

글쓰기와 생각 정리: 옵시디언 +클로드 코드

글을 쓰는 모든 과정은 옵시디언Obsidian과 클로드 코드Claude Code에서 이루어집니다. 떠오른 생각을 메모하고, 그것을 글의 구조로 발전시키고, 초안을 쓰고, 다듬는 모든 과정입니다. 지금 여러분이 읽고 계신 이 책도 그렇게 썼습니다. 이 이야기는 잠시 후에 더 자세히 드리겠습니다.

공부: 릴리스에이아이

새로운 분야를 공부할 때, 긴 영상이나 강의 자료를 빠르게 소화할 때 씁니다. AI 시대에 가장 중요한 능력 중 하나가 학습 속도인데, 릴리스에이아이Lilys AI는 그 속도를 몇 배로 높여줍니다.

지속적 협업: 클로드 프로젝트, 지피티 프로젝트

루틴처럼 반복되는 업무들은 클로드 프로젝트와 지피티 프로젝트에서 진행합니다. 대화가 쌓이고, 맥락이 누적되면서 AI가 저를 더 잘 알게 됩니다. '미니미'가 바로 이 프로젝트들 안에 살고 있습니다.

일을 함께하는 도구들

시각 표현과 콘텐츠 제작에도 AI가 함께합니다. 이미지와 디자인 작업에는 제미나이와 클로드, 피그마 AI를, 영상 편집에는 캡컷 AI를, 강의안이나 발표 자료에는 감마 AI를 씁니다. 정보를 정리하고 자료를 찾는 일상적인 순간에는 노션 AI와 레이캐스트 AI가 늘 곁에 있습니다.

나열하면 많아 보이지만, 실제로 쓸 때는 그냥 자연스럽습니다. 요리할 때 칼이 필요하면 칼을 쓰고, 뒤집개가 필요하면 뒤집개를 쓰는 것처럼요.

오콘목달 챗봇의 제공

AI를 잘 쓰는 사람과 못 쓰는 사람의 차이가 무엇인지 오래 생각했습니다. 결론은 하나였습니다. **자신의 업무 목적에 맞게 숙련된 전문가로 AI를 만들 수 있느냐 없느냐.** 그런데 현장에서 보면, 이 과정 자체를 어려워하는 분들이 대부분이었습니다. AI가 좋은 건 알겠는데, 어떻게 나한테 맞는 전문가로 만드는지를 모르는 겁니다.

그래서 저는 제 전문 지식을 직접 이식한 챗봇을 만들어, 오콘목달 프리미엄 클래스 수강생분들께 제공했습니다. 이름은 '루틴 봇', '수익화 봇', '꽃핀다 봇'입니다. 이 챗봇들은 제가 수강생분들께 해드리는 역할을 24시간 대신할 수 있도록 설계했습니다. "은환 쌤, 이건 어떻게 하면 좋을까요?"라고 물으면, 제 답을 바탕으로 질문하신 분들이 저처럼 생각하고 저처럼 일할 수 있도록 돕는 도구입니다.

한 예로, 아침에 일어나 머릿속에 떠도는 것들(해야 할 일, 걱정되는 것, 하고 싶은 것)을 아무렇게나 쏟아내면 루틴 봇이 이를 정리해 줍니다. 오늘의 우선순위를 잡아주고, 하루 일정을 짜주며, 저녁에는 하루를 돌아보는 회고를 도와줍니다. 콘텐츠로 돈을 버는 방법이 막막할 때는 수익화 봇을 켭니다. 질문을 던지면, 이 책의 내용을 바탕으로 콘텐츠 수익화에 대한 상담과 조언을 상세하게 해줍니다. 마음이 힘들고 비교에 지칠 때는 꽃핀다 봇을 켭니다. 말을 걸면 심리학 전공자 오은환이 그 마음을 공감해 주고, 어떤 마인드셋을 가져가면 자신감과 효능감을 회복할 수 있는지까지 가이드를 해 줍니다.

챗봇을 제공해 드린 뒤 사용 후기를 전해주실 때마다 늘 감사한 마음으로 기억하고 있습니다.

"선생님, 이 챗봇을 쓰고 나서 아침이 달라졌어요."

"처음으로 하루를 '설계하고' 산다는 느낌을 받았어요."

그 반응을 보며 한 가지를 깨달았습니다. AI를 '쓰는 사람'에서, AI에 이식할 수 있는 시스템을 '만들어주는 사람'으로 나아가는 것. 그것이 AI 활용의 다음 단계라는 것을요.

이 책을 함께 쓴 이야기

이제 아까 잠깐 언급했던 이야기를 드릴 차례입니다. 이 책, 어떻게 썼을까요?

저는 20년 넘게 전공으로 사람의 마음과 행동을 공부했고, 지난 4년은 콘텐츠 오콘목달 수업 현장에서 수강생들의 질문을 매일 받아 왔습니다. 수업 자료, 특강 원고, 칼럼, 수강생 질문에 답하며 쌓인 수백 개의 노트, 그리고 수천 개의 후기까지. 중요한 조각들이 많았지만, 문제는 한 가지였습니다. 너무 흩어져 있었다는 것입니다.

그래서 먼저 클로드 코드로 흩어진 자료들을 한곳에 모아 '데이터베이스처럼' 정리했습니다. 그다음 옵시디언에서 그 재료들을 연결해 구조로 만들고, 챕터로 키워갔습니다.

작업하는 동안 계속 이런 느낌이 들었습니다. **"나만의 슈퍼 어시스턴트와 함께 일하고 있다."** 내가 지나온 시간의 기록에서 핵심을 꺼내 주고, 내가 하고 싶은 말을 더 정확한 문장으로 옮겨주는 존재. 그 경험이 굉장히 행복했고, 그 결과가 지금 여러분 손에 들려 있는 이 책입니다.

AI를 쓴 이후, 달라진 것

유튜브 조회수가 달라졌습니다. 실제로 유튜브는 1년 사이 10만 명 이상의 구독자가 증가하며 빠른 속도로 실버버튼을 받았습니다. 현재는 15만 명의 구독자와 함께하고 있습니다.

오콘목달 강의 만족도 반응이 달라졌습니다. 강의를 마치고 늘 수강생분들이 장문의 하트라이팅(감동을 가득 담은 후기)을 적어주십니다. 제가 제공해 드리는 콘텐츠에 대한 피드백이 달라졌습니다.

달라진 건 업무만이 아닙니다. 영어 공부를 위해 더 이상 전화영어를 등록하지 않습니다. AI와 직접 토론을 이어가며 즉시 피드백을 받습니다. 사업적으로 컬래버하고 있는 기업의 대표님들과 만날 때는, 예전이라면 최고 수준의 컨설턴트 팀이 여러 날 붙어야 했을 분석 보고서를 AI와 함께 만들어 들고 갑니다.

이 책의 원고를 출판사와 협업하며 다듬는 과정에서도 하나하나 QR 코드를 만들고, 도메인을 마련하고, 연결하고 실행하는 기획과 검토 전 과정을 AI가 함께했습니다. 멘털이 흔들리는 날에는 AI와 대화하며 생각을 정리하고, 아이의 교육 방향을 고민할 때도 AI와 먼저 상의합니다.

이제 AI는 업무 도구가 아닙니다. 일하고, 배우고, 고민하고, 결정하는 삶의 거의 모든 장면에 함께하는 존재가 되었습니다. 삶의 질도 개선되고, 비즈니스 성과도 좋아졌습니다. AI가 반복적인 작업을 가져가면서, 저는 가장 중요한 것에만 집중할 수 있게 됐습니다. 더 좋은 질문을 만드는 것, 더 깊이 사람의 마음을 들여다보는 것, 더 진심 어린 이야기를 전하는 것. AI가 강해질수록, 인간인 제가 해야 할 일이 더 선명해졌습니다.

그리고 그 선명함의 효과가 콘텐츠의 깊이로, 비즈니스의 성장으로, 삶으로 나타나고 있습니다. AI는 제 안에 이미 있던 것을 증폭시켜 주는 강력한 파트너로 일하고 있습니다.

이제 당신의 차례입니다.

6부의 01챕터에서 우리는 AI를 전략가로 만드는 법을 이야기 했습니다. 02챕터에서는 AI로 당신의 오리지널 코드를 더 강하게 만드는 법을 이야기했습니다. 03챕터에서는 AI 시대에도 사람의 온기가 가장 강한 무기임을 이야기했습니다. 그리고 04챕터인 지금, 저의 실제 이야기를 공유했습니다. 네 챕터를 통해 제가 드리고 싶었던 말은 결국 하나입니다.

AI는 당신을 대체하러 온 게 아닙니다. 당신이 당신으로서 더 크게 살 수 있도록 돕기 위해 왔습니다.

AI로 단단해진 당신에게, 이제 한 가지 질문을 드리고 싶습니다. 이 모든 무기를 갖게 된 당신은, 어떤 사람들과 어떻게 연결되고 싶으신가요?

셀프체크

지금 당장 생각의 무게를 덜어 보세요!

딱 5분입니다. 지금 AI를 열고, 아래 문장을 그대로 붙여 넣은 다음, 빈칸만 채워보세요.

나는 [직업/역할]이야. 오늘 이 책을 읽으면서 느낀 느낌, 떠오르는 생각을 쏟아내 볼게.

[지금 머릿속에 떠도는 것들을 아무렇게나 쏟아낸다]

이걸 읽고 나서 세 가지만 말해 줘.

① 내가 지금 가장 집중해야 할 일 세 가지와 이유

② 내가 회피하고 있는 것처럼 보이는 게 있다면 솔직하게 알려 줘.

③ 오늘 딱 한 시간만 쓴다면 어디부터 시간을 써야 하는지, 이유는 무엇인지 설득해 줘.

AI가 뭐라고 하는지 읽어보세요. 생각보다 정확할 겁니다.

특히 두 번째 답이 조금 뜨끔하게 느껴진다면, 이미 변화는 시작된 겁니다. 불편함을 알아차린 순간부터 사람은 달라지기 시작하거든요. 오늘 하루, 딱 한 시간만 '내 편'으로 써보세요.

 오은환 저자가 요즘 쓰는 AI, 구경하기

이제 당신이
누군가의 시작이
될 차례입니다

처음 이 책을 펼쳤을 때의 당신과, 지금의 당신은 다를 겁니다.

달라진 건 능력이 아닙니다. 자신을 보는 시선입니다.

당신이 힘들게 통과한 시간
예민하게 지켜온 기준
심지어 숨기고 싶었던 결핍까지

그것은 버려야 할 약점이 아니라, 당신만의 브랜드를 세울
가장 귀한 재료였습니다.

내 아픔을 '나만 겪은 고통'이 아니라 '누군가도 지금 겪고 있는 문제'로 번역할 때, 결핍은 세상에서 가장 강력한 동력이 됩니다.

프롤로그에서 저는 "신기루"라는 말을 들었던 날을 꺼냈습니다. 그 이야기를 들려드린 이유가 있습니다.

신기루는 보이는데 없는 것입니다. 하지만 제가 하고 있던 일은 정반대였습니다. **안 보이는데 있는 것**이었습니다.

블로그 일기 한 줄, 조회수 몇백, 당장의 수익 없는 콘텐츠. 겉보기엔 아무것도 없는 빈 땅 같았을 겁니다. 하지만 그 땅 아래에서는 씨앗이 조용히 뿌리를 내리고 있었습니다. **신뢰라는 이름의 뿌리를요.** 신뢰는 눈에 보이지 않습니다. 그래서 없는 것처럼 느껴집니다. 하지만 뿌리가 충분히 깊어지는 순간, 예상치 못한 곳에서 싹이 올라옵니다.

누군가 당신에게 "그게 되겠어?"라고 물을 때, 흔들리지 마세요. 지금 보이지 않는다고 없는 것이 아닙니다. 아직 땅 위로 올라오기 전인 것입니다.

사실 저는 대차게 밀고 나가는 사람이 아니었습니다. 도전할 때마다 불안했고, 자기검열이 심했고, 스스로를 의심하는 데 누구보다 능숙한 사람이었습니다.

그런 제가 여기까지 올 수 있었던 건, 제 안에 있는 것을 먼저 발견해 준 사람들이 있었기 때문입니다. 바쁜 걸음을 잠시 멈추고 손을 내밀어 준 사람들이었습니다. 저도 그런 사람이 되고 싶습니다.

받은 은혜가 큰 만큼, 저도 그것을 세상에 흘려보내는 통로로 살고 싶습니다. 제게 이 길을 허락하신 분의 뜻 안에서 귀하게 쓰임 받기를 소망합니다.

앞으로도 저는 헤맬 겁니다. 부족할 겁니다. 하지만 한 가지는 분명합니다. 혼자 걷지 않겠다는 것. 그리고 지금 이 마지막 페이지를 읽고 있는 당신 또한, 이미 저와 함께 걷는 동료 중 한 명입니다.

당신과 함께하는 이 길이, 제겐 가장 큰 행복입니다.

이 책은 여기서 끝이 아닙니다. 17개의 QR을 통해 제가 먼저 부딪히며 알아낸 것들을 계속 업데이트하겠습니다. 콘텐츠와 비즈니스가 흔들릴 때마다 꺼내 중심을 함께 잡아 주는 나침반이 되길 바랍니다.

혼자 시작하셔도 됩니다. 하지만 함께 걷고 싶다면, 같은 길 위의 동료들이 기다리는 곳이 있습니다. 이 책의 마지막 페이지에 있는 QR이 당신을 그곳으로 안내할 것입니다.

당신 안에 이미 있는 것으로 충분합니다.

부족함은 무기가 되고, 평범함은 누군가에게 가장 절실한 해결책이 됩니다. 만약 스스로가 부족하다고 느껴진다면, 그 채워 나가는 과정 자체가 당신만의 유일한 서사가 됩니다. 나다움을 회복하고, 그것을 상대의 언어로 번역해 건네는 순간, 당신의 씨앗은 이미 싹을 틔운 것입니다.

꽃은 누구에게나 핍니다.

저도 계속 피워가는 중입니다.
같이 피워봅시다.

당신만의 오리지널 코드로 세상에 단 하나뿐인 꽃이 피어나는 그 풍경을, 저는 이 길 위에서 설레는 마음으로 함께 바라

보고 싶습니다. 우리 모두의 꽃이 피어나는 그날을 기대하며.

함께 시작합시다.

감사의 글

이 책은 혼자 쓴 것이 아닙니다.

학문의 길을 이끌어주신 교수님들, 사회에서 감히 상상하지 못했던 문들을 먼저 열어주신 회장님과 대표님들, 새로운 도전마다 탁월함으로 함께 뛰어준 파트너 여러분. 그 모든 도움 덕분에 제가 여기까지 올 수 있었습니다.

사랑하는 가족에게 감사합니다. 말없이 존재로 지켜봐 준 남편, 이 책도 그림으로 그리겠다며 기다리고 있는 아들, 오콘 목달 식구가 되어 강의를 함께 들어주신 부모님, 멀리서도 늘 마음으로 함께해 준 가족들. 그리고 낯선 싱가포르에서 우리 가족을 품어 주신 교회 식구들, 조용히 곁을 지켜준 친구들에게도 깊이 감사합니다.

무엇보다, 이 모든 만남과 여정을 인도하시고 허락해 주신 사랑하는 하나님께 감사드립니다.

오콘목달 스태프 여러분, 자기 일처럼 함께 뛰어주신 덕분에 이 책이 세상에 나올 수 있었습니다. 여러분 한 분 한 분의 헌신이 오콘목달의 진짜 힘이었습니다.

구독자 여러분과 오콘목달 수강생 여러분께. 콘텐츠를 일회성으로 소비하지 않고 삶에 적용하며 성장해 주신 분들, 포기하려던 조원 곁에서 "한 번만 더 해보자"고 말해준 분들. 여러분이 있었기에 이 일은 나의 일이 아니라 '우리의 일'이 될 수 있었습니다.

마지막까지 퇴고를 함께해 주신 에디터님, 두 번째 책의 손을 먼저 내밀어 주신 출판사 대표님, 그리고 이 마지막 페이지까지 읽어 주신 당신께. 당신이 여기까지 와 주셨기에, 이 책은 비로소 완성되었습니다.

2026년 4월, 싱가포르에서

오은환

혼자 시작하셔도 됩니다.
하지만 함께 걷고 싶다면,
같은 길 위의 동료들이 기다리는 곳이 있습니다.
이 QR이 당신을 그곳으로 안내합니다.

오리지널 코드

**나만의 콘텐츠를
성공의 코드로 만드는 절대 법칙**

초판 1쇄 발행 | 2026년 4월 22일

지은이 | 오은환
책임편집 | 양예주
콘텐츠 그룹 | 조혜영 양예주 전연교 김신우 정다솔 문혜진 기소미
디자인 | R DESIGN 이보람

펴낸이 | 전승환
펴낸곳 | 책 읽어주는 남자
신고번호 | 제2024-000099호
이메일 | bookfarmers@thebookman.co.kr

ISBN 979-11-24038-36-9 (03190)

ORIGINAL
CODE

『오리지널 코드』 워크북
마이 오리지널 코드

내 콘텐츠의 목표 세우기

당신의 목표를 가장 선명한 문장으로 응축해 봅니다.
나의 콘텐츠가 존재하는 이유:
내 콘텐츠를 통해 세상(타인)에게
전하고 싶은 궁극적인 가치는 무엇인가요?

"나는 _____ 을(를) 통해

_____ 을(를) 돕는 사람입니다."

차
례

1부 내 오리지널 코드 찾기

2부 내 오리지널 코드를 콘텐츠로 확장시키기

나의 오리지널 코드
MY ORIGINAL CODE

이 워크북은 단순히 빈칸을 채우는 노트가 아닙니다.

당신 안에 잠들어 있는 오리지널 코드를 깨우고,

그것을 세상이 열광하는 시스템으로 구축하는 프로세스입니다.

마이 오리지널 코드 사용법

1. 책을 읽으며 떠오른 생각,

바로 실천해 보고 싶은 아이디어를 적어보세요.

2. 책의 핵심 내용을 나의 콘텐츠에 접목,

적용하여 발행할 콘텐츠를 기획해 보세요.

3. 책과 워크북의 질문에 답하며 실행까지 꼭 해보세요.

[오리지널 코드 내비게이터]

 워크북을 시작하기 전에, 여기 접속해 당신의 오리지널 코드에 대한 힌트를 얻어보세요. 워크북을 직접 손으로 작성하면서, 바로 답변을 적는 것이 어려운 질문, 생각이 필요한 질문을 만났을 때, 이 내비게이터와 함께 해답을 찾아보세요!

1
부

내 오리지널 코드
찾기

ORIGINAL
CODE

1
페르소나 너머의
'진심'

핵심 지침

"사람은 상품이 아니라 당신(진심)을 삽니다."

핵심 요약

시장은 이제 화려한 포장에 속지 않습니다.

당신의 가장 강력한 무기는 완벽함이 아니라,

타인과 연결될 수 있는 날것의 진실함입니다.

페르소나 너머,

당신이 왜 이 일을 하는지,

어떤 진심을 전하고 싶은지

그 시작점에 집중하세요.

미션 1

본질 :
페르소나 너머의 진심을 대면하다

[Step 1]   당신이 가진 가장 날것의 경험(성공 혹은 실패)은
              무엇인가요?

[Step 2]   당신의 콘텐츠나 이야기를 접한 사람들이 어떤 감
              정(울컥함, 기쁨, 동지애)을 느끼기를 원하나요?

[Mission]   "사람들은 상품이 아니라 사람을 산다"라는 원칙 아래,
              당신이 줄 수 있는 '무형의 신뢰'는 무엇일지 한 문장으
              로 정의해 보세요.

2
서사를 '데이터'로
코딩하기

핵심 지침

"성공은 우연이 아니라,

발견되기를 기다리는 데이터입니다."

핵심 요약

당신의 과거 경험 속에 흩어져 있는

성공과 실패의 흔적을 추적하세요.

특히 스스로 '결핍'이라 느꼈던 지점은

타인에게 가장 강력한 해결책이 되는 오리지널 소스입니다.

본능적으로 해오던 일을 이성적인 데이터로 분석할 때

비로소 **복제 불가능한 당신만의 '코드'**가 추출됩니다.

 **미션 2**

추출 :
나의 서사를 '데이터'로 코딩하다

[Step 1]   과거 당신의 글, 말, 행동 중 타인이 유독 열광하
거나 질문을 던졌던 지점은 어디인가요?

....

....

[Step 2]   당신이 겪은 '결핍(예: 경단녀, 비전공자)'이 어떻게
타인에게 해결책이 될 수 있을까요?

....

....

[Mission]   흩어져 있던 당신의 경험을 키워드 몇 가지로 적어보세
요. 그것이 당신의 첫 번째 오리지널 코드입니다.

....

....

3

'타인 사고력'으로
주파수 맞추기

핵심 지침

"내가 하고 싶은 말을 그냥 하지 마세요.
상대방의 언어로 번역해서 건네세요."

핵심 요약

브랜딩은 나의 자랑이 아니라
타인의 고통에 응답하는 과정입니다.
누군가가 밤잠을 설치며 고민하는 문제를 정의하고,
나의 코드가 그들의 삶을 어떻게 개선할 수 있을지
이타적 관점에서 설계하세요.
당신의 메시지가 그들의 고민과 공명할 때
강력한 팬덤이 형성됩니다.

미션 3

설계 :
타인 사고력으로 '주파수'를 맞추다

[Step 1]   당신의 도움을 간절히 기다리는 그 사람이 밤잠
            을 설치며 고민하는 진짜 문제는 무엇인가요?

[Step 2]   나의 경험이 타깃의 고통을 어떻게 기쁨이나 안도
            로 바꿀 수 있을지 적어보세요.

[Mission]   당신의 코드를 타깃의 언어로 번역한 한 줄의 헤드카피
            를 작성해 보세요.

4

끌림을
'구매'로 바꾸는 경로

핵심 요약

노출만으로는 충분하지 않습니다.

당신을 발견하고, 신뢰하고,

결국 선택하기까지 그 사이에 계단이 필요합니다.

전문성으로 인정받고,

인간적인 매력으로 가까워지세요.

'이 사람처럼 되고 싶다'는 끌림이

가장 자연스러운 구매의 시작입니다.

**미션 4**

구현 :
끌림을 '구매'로 연결하다

[Step 1]   당신의 전문성 사이에 배치할 인간적인 매력(라이
             프스타일, 가치관)은 무엇인가요?

[Step 2]   독자가 당신을 처음 발견하고(인지), 좋아하게 되
             고(호감), 결국 구매하기까지(확신), 어떤 콘텐츠로
             표현하면 좋을지 경로를 설계해 보세요.

[Mission]   오늘 바로 실행할 수 있는 '신뢰 구축 콘텐츠' 하나를 기
              획해 보세요.

5

덧셈이 아닌
'곱셈'의 시스템

핵심 지침

"매번 새로 만드는 사람에서,

한 번 해 놓은 일이 계속 일하는 구조로 가세요."

핵심 요약

매번 0에서 시작하는 콘텐츠는

당신을 지치게 합니다.

한 번 만든 것이 시간이 지나도 사람을 데려오고,

내가 쉬는 동안에도 신뢰를 쌓아주는 구조를 설계하세요.

덧셈이 아니라 곱셈으로 자라는 시스템,

그것이 진짜 성장입니다.

미션 5

확장:
'곱셈'의 시스템을 만들다

[Step 1]　지금 하고 있는 일 중 '내가 없어도 돌아가는 시스템'으로 바꿀 수 있는 것은 무엇인지 적어보세요.

[Step 2]　내 채널에서 발행한 지 한 달이 지났는데도 여전히 누군가 좋아요를 누르거나 질문을 남기는 효자 콘텐츠는 무엇인가요? 그 콘텐츠가 해결해 준 독자의 고민은 무엇이었나요?

[Mission]　나의 오리지널 코드가 수익으로 확장되는 한 문장을 완성하세요.

예시: 나는 [무료 또는 저가형 상품]으로 문턱을 낮춰 사람을 모으고, [메인 서비스/상품]으로 실력을 증명하며, [고단가/장기 프로그램]으로 고객의 삶을 완전히 변화시키겠다.

6
AI,
'슈퍼 어시스턴트'와의
협업

핵심 지침

"AI가 강해질수록,

인간은 본질에 더 집중해야 합니다."

핵심 요약

AI는 당신의 도구일 뿐, 대체재가 아닙니다.

반복적인 업무는 AI에게 맡기고,

당신은 더 좋은 질문을 던지고

더 깊은 맥락을 읽어내는 일에 집중하세요.

당신의 오리지널리티에 AI라는 엔진을 달 때,

성장의 속도는 비약적으로 빨라집니다.

미션 6

가속:
AI, 나의 '슈퍼 어시스턴트'와 협업하다

[Step 1]   당신의 철학을 AI에게 학습시키기 위해 던져야
할 가장 본질적인 데이터는 무엇인가요?

[Step 2]   오늘 콘텐츠에서 다룰 주제 중에서 AI는 절대 알
수 없는 나만 알고 있는 에피소드나 나만의 독특
한 관점을 적어보세요.

[Mission]   내 생각을 한눈에 들어오게 정리해 줄 '황금 프롬프트'
를 만들어 보세요.

예시: 너는 지금부터 [나의 정체성: 10년 차 IT 전문가]야. 내가 준 [나만

의 에피소드]를 바탕으로, [나의 핵심 가치]가 느껴지는 말투로 [검색 키

워드]에 대한 콘텐츠 초안을 제안해 줘.

2
부

내 오리지널 코드를
콘텐츠로 확장시키기

ORIGINAL
CODE

1

내 이야기의
'첫 번째 관객' 정의하기

콘텐츠는 불특정 다수가 아닌,

내가 잘 알고 좋아하는

'단 한 사람'과의 대화에서 시작되어야 합니다.

화려한 정보보다

나의 진심 어린 이야기에 귀를 기울여주는

구체적인 대상을 떠올릴 때

비로소 **반응이 살아있는 콘텐츠**가 탄생합니다.

관계와 공명

지인과의 대화 테마

평소 좋아하는 지인들에게 즐겁게 들려줄 수 있는 나만의 이야기는 무엇인가요?

구체적 페르소나 설정

내 이야기를 가장 즐겁게 들어주는 사람을 한 명 떠올려 보세요.(이름, 나와의 관계, 나이, 성격, 평소 나누는 대화의 성격 등)

결핍과 고통 분석

그 사람이 현재 가장 필요로 하는 것은 무엇인가요? 내가 무엇을 해결해 줄 때 가장 속 시원해할까요?

나의 매력 자산

주변 사람들이 나에게 자주 묻는 질문, 자주 들은 칭찬을 적어보고, 어떤 콘텐츠로 만들면 좋을지 구상해 보세요.

2
알고리즘과
시의성을 잡는
콘텐츠 설계

좋은 내용은 기본입니다.

선택받기 위해서는 '지금 이 순간'

사람들이 어디에 시선을 두는지 파악하고,

클릭할 수밖에 없는 포장(제목과 섬네일)을 갖추어야 합니다.

상업적인 목적과 비상업적인 가치의 균형을

맞추는 것이 핵심입니다.

전략적 구성

시의성 연결고리

요즘 유행하는 트렌드, 뉴스 이슈, 계절, 특별한 날을 활용해 콘텐츠 도입부를 기획해 보세요.

콘텐츠 믹스Mix

내가 발행할 비상업적 콘텐츠(공감/정보)와 상업적 콘텐츠(수익화)의 리스트를 제목 위주로 작성해 보세요.

상업적 핵심가치

기획하고 있는 상업적 콘텐츠가 고객에게 주게 될 확실한 이득은 무엇인가요?

클릭을 부르는 기획

미래에 발행할 콘텐츠의 제목과 섬네일을 구상해 보세요. 선택받기 위해 어떤 장치를 넣으면 좋을지 적어보세요.

3
지속 가능한
운영 시스템 구축하기

수많은 SNS 중에서
어떤 채널에 힘을 줄지 결정했다면,
그다음은 감이 아닌 '데이터'로 말해야 합니다.
나의 현재 위치를 정확한 수치로 기록하고,
경쟁 채널의 흐름을 분석하여
나만의 발행 주기를 만드는 것이 프로의 브랜딩입니다.

채널과 분석

메인 채널 확정

현재 운영 중인 SNS들을 나열하고, 가장 집중할 메인 채널과 그 운영 목적을 작성해 보세요.

데이터 기준점Before 세팅

메인 채널의 통계/분석 탭에서 중요 지표들의 현재 수치를 기록하세요. 이 지표들을 어떻게 개선할지 계획을 세워보세요.

발행 시스템 설계

내 구독자들이 주로 활동하는 시간과 경쟁 채널의 발행 시간을 적어 보고, 발행 골든 타임을 정해 보세요.

브랜드 일관성 점검

내 닉네임, 프로필 사진, 소개글, 채널 메인 등이 하나의 브랜드로서 일관되게 느껴지나요? 개선이 필요한 부분을 적어보세요.

4
선택받는 언어와
포맷 수집하기

잘 되는 콘텐츠에는 이유가 있습니다.

시장에서 이미 검증된 패턴과 포맷을 살펴 보세요.

영감을 받아,

나만의 매력적인 콘텐츠도 만들어 보세요.

또한 단순히 발행하는 것에 그치지 않고,

먼저 다가가 소통하는 마음이

성장을 앞당깁니다.

실전 카피라이팅

벤치마킹

최근 인상 깊게 봐서 잊히지 않는 타인의 카피를 세 개 이상 적어보세요. 내 채널에서 활용할 수 있게 변경해 보세요.

숏폼 포맷 아카이빙

릴스, 쇼츠 등에서 나도 만들 수 있겠다고 생각되는 포맷 세 가지를 찾아서 적고, 내 채널에서 활용할 수 있게 변경해 보세요.

롤모델 계정 분석

상업적이지만 자꾸 방문하게 되는 계정 세 곳을 적고, 그들이 고객에게 주는 핵심가치와 매력 포인트를 분석해 보세요.

목표 및 소통 계획

콘텐츠 발행 후 타깃과 소통할 구체적인 방법(소통 시간, 답글 원칙 등)을 정해서 적어보세요. 위의 롤모델 계정이 소통하는 방식 중 내가 적용할 수 있는 방법이 있다면 같이 적어보세요.

오리지널 코드 선언

"나는 나의 오리지널 코드를 발견하며,

타인과 비교하기보다

어제의 나보다 한 걸음 더 나아가는 것에 집중하겠습니다.

나의 진심이 담긴 콘텐츠가

누군가의 삶에 닿아

의미 있는 변화를 일으킬 것을 기대하며,

나의 오리지널 코드를

품격 있게 세상에 표현해 나갈 것을 약속합니다."

20   년   월   일

성함: _____(서명)

[마지막 미션]
막연한 꿈이 아닌, 실천 가능한 숫자로 미래를 코딩하세요.

구분	기간	핵심 목표	실행 계획
단기 목표	지금부터 3개월	예: 나의 오리지널 코드를 담은 콘텐츠 10개 발행	
중기 목표	1년 이내	예: "이 사람 콘텐츠는 다르다"는 반응이 오는 채널 만들기	
장기 목표	3년 뒤 나의 모습	예: 내 콘텐츠로 삶이 바뀌었다는 사람을 직접 만나기	

마이 오리지널 코드

오리지널 코드 워크북

발행 | 2026년 4월 22일

지은이 | 오은환
책임편집 | 양예주
콘텐츠 그룹 | 조혜영 양예주 전연교 김신우 정다솔 문혜진 기소미
디자인 | R DESIGN 이보람

펴낸이 | 전승환
펴낸곳 | 책 읽어주는 남자
신고번호 | 제2024-000099호
이메일 | bookfarmers@thebookman.co.kr